어휘가
문해력
이다

초등 6학년 1학기

교과서 어휘

KB193060

교과서 내용을 이해하지 못하는 우리 아이?
평생을 살아가는 힘, '문해력'을 키워 주세요!

'어휘가 문해력이다'
어휘 학습으로 문해력 키우기

1 교과서 학습 진도에 따라
과목별(국어/사회/수학/과학) · 학기별(1학기/2학기)로 어휘 학습이 가능합니다.

교과 학습을 위한 필수 개념어를 단원별로 선별하여 단원의 핵심 내용을 이해하도록 구성하였습니다.
교과 학습 전 예습 교재로, 교과 학습 후 복습 교재로 활용할 수 있도록 필수 개념어를 엄선하여 수록
하였습니다.

2 교과 어휘를 학년별 2권, 한 학기별 4주 학습으로
단기간에 어휘 학습이 가능합니다.

한 학기에 310여 개의 중요 단어를 공부할 수 있습니다.
쉬운 뜻풀이와 교과서 내용을 담은 다양한 예문을 수록하여 학교 공부에 직접적으로 도움을 주고자
하였습니다.
해당 학기에 학습해야 할 중요 단어를 모두 모아 한 번에 살펴볼 수 있고, 국어사전에서 단어를 찾는
시간과 노력을 줄일 수 있습니다.

3 **관용어, 속담, 한자 성어, 한자 어휘 학습까지 가능합니다.**

글의 맥락을 이해하고 응용하는 데 도움이 되는 관용어, 속담, 한자 성어뿐만 아니라 초등에서 중학
교육용 필수 한자 어휘 학습까지 놓치지 않도록 구성하였습니다.

4 **확인 문제와 주간 어휘력 테스트를 통해 학습한 어휘를 점검할 수 있습니다.**

뜻풀이와 예문을 통해 학습한 어휘를 교과 어휘별로 바로바로 점검할 수 있도록 다양한 유형의 확인
문제를 수록하였습니다.
한 주 동안 학습한 어휘를 종합적으로 점검할 수 있는 주간 어휘력 테스트를 수록하였습니다.

5 **효율적인 교재 구성으로 자학자습 및 가정 학습이 가능합니다.**

학습한 어휘를 해당 교재에서 쉽게 찾아볼 수 있도록 과목별로 '찾아보기' 코너를 구성하였습니다.
'정답과 해설'은 축소한 본교재에 정답과 자세한 해설을 실어 스스로 공부할 수 있도록 하였습니다.

EBS 〈당신의 문해력〉 교재 시리즈는 약속합니다.

교과서를 잘 읽고 더 나아가 많은 책과 온갖 글을 읽는 능력을 갖출 수 있도록
문해력을 이루는 핵심 분야별, 학습 단계별 교재를 준비하였습니다.
한 권 5회×4주 학습으로 아이의 공부하는 힘,
평생을 살아가는 힘을 EBS와 함께 키울 수 있습니다.

어휘가 문해력이다

어휘 실력이 교과서를 읽고 이해할 수 있는지를 결정하는 척도입니다.
〈어휘가 문해력이다〉는 교과서 진도를 나가기 전에 꼭 예습해야 하는 교재입니다.
20일이면 한 학기 교과서 필수 어휘를 완성할 수 있습니다.
교과서 수록 필수 어휘들을 교과서 진도에 맞춰
날짜별, 과목별로 공부하세요.

쓰기가 문해력이다

쓰기는 자기 생각을 표현하는 미래 역량입니다.
서술형, 논술형 평가의 비중은 점점 커지고 있습니다.
객관식과 단답형만으로는 아이들의 생각과 미래를 살펴볼 수 없기 때문입니다.
막막한 쓰기 공부. 이제 단어와 문장부터 하나씩 써 보며 차근차근 학습하는
〈쓰기가 문해력이다〉와 함께 쓰기 지구력을 키워 보세요.

ERI 독해가 문해력이다

독해를 잘하려면 체계적이고 객관적인 단계별 공부가 필수입니다.
기계적으로 읽고 문제만 푸는 독해 학습은 체격만 키우고 체력은 미달인 아이를 만듭니다.
〈ERI 독해가 문해력이다〉는 특허받은 독해 지수 산출 프로그램을 적용하여 글의 난이도를
체계화하였습니다.
단어·문장·배경지식 수준에 따라 설계된 단계별 독해 학습을 시작하세요.

배경지식이 문해력이다

배경지식은 문해력의 중요한 뿌리입니다.
하루 두 장, 교과서의 핵심 개념을 글과 재미있는 삽화로 익히고 한눈에 정리할 수 있습니다.
시간이 부족하여 다양한 책을 읽지 못하더라도 교과서의 중요 지식만큼은 놓치지 않도록
〈배경지식이 문해력이다〉로 학습하세요.

디지털독해가 문해력이다

디지털독해력은 다양한 디지털 매체 속 정보를 읽어 내는 힘입니다.
아이들이 접하는 디지털 매체는 매일 수많은 정보를 만들어 내기 때문에
디지털 매체의 정보를 판단하는 문해력은 현대 사회의 필수 능력입니다.
〈디지털독해가 문해력이다〉로 교과서 내용을 중심으로 디지털 매체 속 정보를 확인하고
다양한 과제를 해결해 보세요.

이 책의 구성과 특징

1

교과서 어휘 국어/사회/수학/과학

교과목·단원별로 교과서 속 중요 개념 어휘와 관련 어휘로 교과 어휘 강화!

한자 어휘

초등·중학 교육용 필수 한자, 연관 한자어로 한자 어휘 강화!

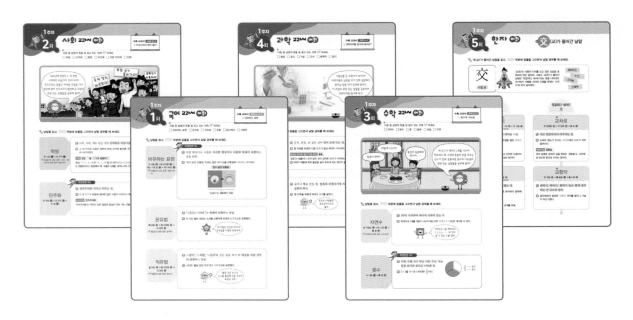

● 교과서 속 핵심 어휘를 엄선하여 교과목 특성에 맞게 뜻과 예문을 이해하기 쉽게 제시했어요.
● 어휘를 이해하는 데 도움이 되는 그림 및 사진 자료를 제시했어요.
● 대표 한자 어휘와 연관된 한자 성어, 초등 수준에서 꼭 알아야 할 속담, 관용어를 제시했어요.

2

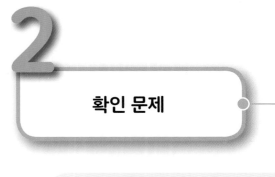

확인 문제

교과서(국어/사회/수학/과학) 어휘, 한자 어휘 학습을 점검할 수 있는 다양한 유형의 확인 문제 수록!

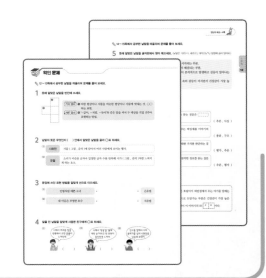

3

어휘력 테스트

한 주 동안 학습한 교과서 어휘, 한자 어휘를 종합적으로 점검할 수 있는 어휘력 테스트 수록!

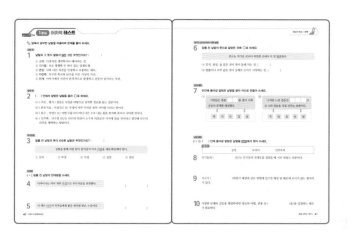

다양한 유형의
어휘 문제로
한 주 마무리!

찾아보기

학습한 어휘를 찾아보기 쉽게 교과목 ㄱ, ㄴ, ㄷ, … 순서로 정리했어요.

정답과 해설

축소한 본교재에 정답과 해설을 실어 자학자습과
학습 지도를 수월히 할 수 있도록 했어요.

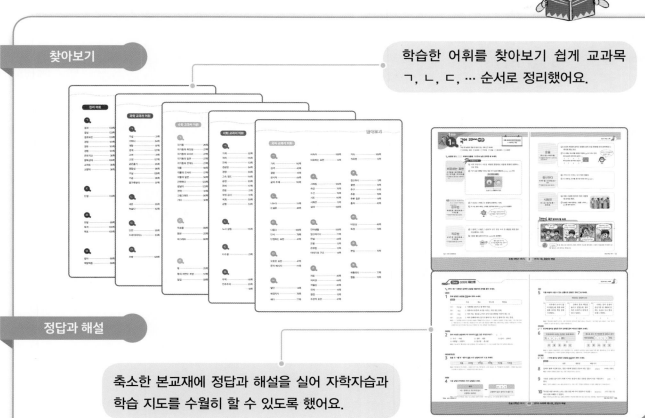

초등 6학년 1학기
교과서 연계 목록

✎ 『어휘가 문해력이다』 초등 6학년 1학기에 수록된 모든 어휘는 초등학교 6학년 1학기 국어, 사회, 수학, 과학 교과서에 실려 있습니다.

✎ 교과서 연계 목록을 살펴보면 과목별 교과서의 단원명에 따라 학습할 교재의 쪽을 한눈에 파악할 수 있습니다.

✎ 교과서 진도 순서에 맞춰 교재에서 해당하는 학습 회를 찾아 효율적으로 공부해 보세요!

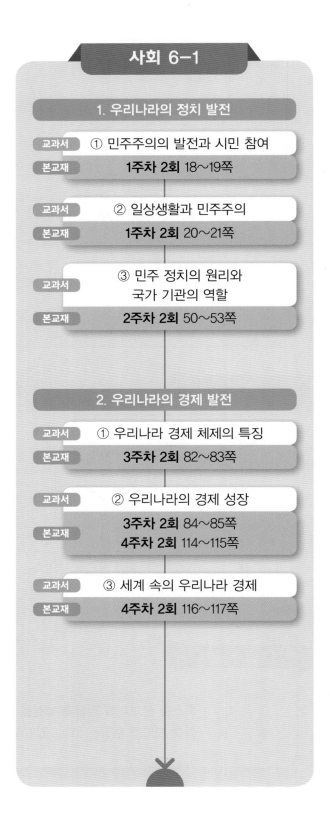

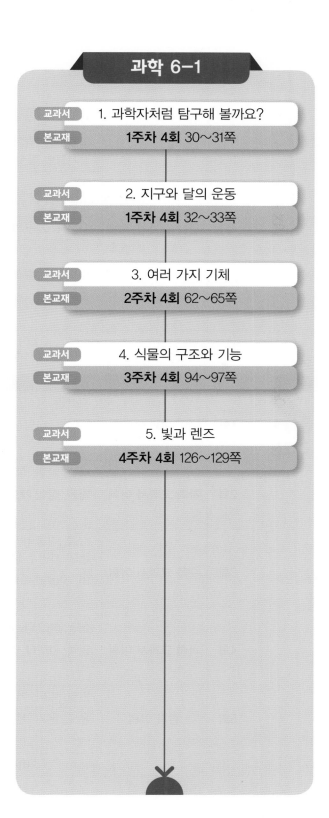

이 책의 차례

1주차 어휘 미리 보기

한 주 동안 공부할 어휘들이야. 쓱 한번 훑어볼까?

1회 학습 계획일 ○월 ○일

국어 교과서 어휘

비유하는 표현	추론 질문
은유법	이야기의 구조
직유법	발단
운율	전개
참신하다	절정
시화전	결말

2회 학습 계획일 ○월 ○일

사회 교과서 어휘

혁명	민주주의
민주화	선거
항쟁	다수결
직선제	존엄
지방 자치제	관용
집회	불공평

3회 학습 계획일 ○월 ○일

수학 교과서 어휘

자연수	입체도형
분수	각기둥
몫	각기둥의 밑면
등분	각기둥의 모서리
큰술	각기둥의 꼭짓점
인분	각기둥의 전개도

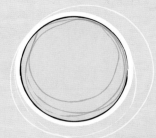

4회 학습 계획일 ◯월 ◯일

과학 교과서 어휘

발효	자전축
효모	지구의 자전
가설	지구의 공전
고려	초승달
체계적	음력
일치	주기

5회 학습 계획일 ◯월 ◯일

한자 어휘

관포지교	직선
수교	직립
교차로	이실직고
교향악	직접

어휘력 테스트

2주차 어휘 학습으로 가 보자!

다음 중 낱말의 뜻을 잘 알고 있는 것에 ✓ 하세요.

☐ 비유하는 표현 ☐ 은유법 ☐ 직유법 ☐ 운율 ☐ 참신하다 ☐ 시화전

✏ 낱말을 읽고, ▢▢▢ 부분에 밑줄을 그으면서 낱말 공부를 해 보세요.

이것만은 꼭!

비유하는 표현

比 견줄 **비** + 喻 비유할 **유** +
하는 + 表 겉 **표** + 現 나타날 **현**
👆 '유(喻)'의 대표 뜻은 '깨우치다'
야.

뜻 어떤 현상이나 사물을 비슷한 현상이나 사물에 빗대어 표현하는 것을 말함.

예 "아기 손은 단풍잎."이라는 말은 아기 손을 단풍잎에 비유하는 표현이다.

접시 같은 보름달

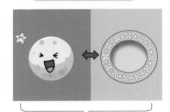

'둥글다'는 공통점이 있음.

은유법

隱 숨을 **은** + 喻 비유할 **유** +
法 방법 **법**
👆 '법(法)'의 대표 뜻은 '법'이야.

뜻 "~은/는 ~이다."로 빗대어 표현하는 방법.

예 이 시는 봄비 내리는 소리를 교향악에 빗대어 은유법으로 표현했다.

'내 마음은 잔잔한 바다'도 은유법을 사용한 표현이야.

직유법

直 바로 **직** + 喻 비유할 **유** +
法 방법 **법**
👆 '직(直)'의 대표 뜻은 '곧다'야.

뜻 '~같이', '~처럼', '~듯이'와 같은 말을 써서 두 대상을 직접 견주어 표현하는 방법.

예 시인은 '풀잎 같은 친구'라고 직유법으로 표현했다.

'풀잎 같은 친구'는 친구를 풀잎에 직접 견주어 표현한 거야.

운율

韻 소리 **운** + 律 법칙 **율**

🖱 '운(韻)'의 대표 뜻은 '운'이야.

뜻 소리가 비슷한 글자나 일정한 글자 수를 반복해 시가 음악처럼 느껴지게 하는 요소.

예 이 시에는 빗소리를 표현한 부분에 운율이 드러나 있다.

꼭꼭 숨어라 머리카락 보인다
　2　　3　　　4　　　3
꼭꼭 숨어라 옷자락이 보인다
　2　　3　　　4　　　3

글자 수 반복

글자 수가 반복되면 운율이 생겨.

참신하다

斬 매우 **참** + 新 새로울 **신** + 하다

🖱 '참(斬)'의 대표 뜻은 '베다'야.

뜻 전에 보던 것과는 달리 아주 새롭다.

예 이 시에서는 친구를 호수에 비유한 것이 참신했다.

시화전

詩 시 **시** + 畵 그림 **화** + 展 펼 **전**

뜻 시를 그림에 담아서 여러 사람에게 보이는 행사.

예 낭송한 시에 어울리는 그림을 그려서 시화전을 열어 봅시다.

꼭! 알아야 할 속담

어휴, 벌써 용돈이 떨어졌네.

쯧쯧, 어쩐지 매일 과자를 사 먹더라니.

그러고 보니 요새 군것질을 많이 했지.

가랑비에 옷 젖는 줄 모르는 법이라니까.

빈칸 채우기

'　　　　에 옷 젖는 줄 모른다'는 말은 아무리 사소한 것이라도 그것이 거듭되면 무시하지 못할 정도로 크게 된다는 뜻입니다.

1주차 1회 국어 교과서 어휘

다음 중 낱말의 뜻을 잘 알고 있는 것에 ✓ 하세요.

☐ 추론 질문 ☐ 이야기의 구조 ☐ 발단 ☐ 전개 ☐ 절정 ☐ 결말

✏️ 낱말을 읽고, ▨ 부분에 밑줄을 그으면서 낱말 공부를 해 보세요.

추론 질문

推 추측할 추 + 論 논할 론 +
質 바탕 질 + 問 물을 문
🐭 '추(推)'의 대표 뜻은 '밀다'야.

뜻 사실을 바탕으로 짐작한 정보를 묻는 질문. 인물의 말이나 행동한 까닭에 대한 질문임.

예 글을 읽고 난 다음 추론 질문을 통해 인물이 한 생각이나 행동의 까닭을 생각해 볼 수 있다.

관련 어휘 **사실 질문, 평가 질문**

• 사실 질문: 사실을 묻는 질문.
 예 사건이 언제 어디에서 일어났나요?
• 평가 질문: 사실에 대한 가치를 판단하는 질문.
 예 만약 나라면 어떻게 했을까요?

이야기의 구조

이야기의 +
構 연결할 구 + 造 만들 조
🐭 '구(構)'의 대표 뜻은 '얽다', '조(造)'의 대표 뜻은 '짓다'야.

이것만은 꼭!

뜻 이야기의 여러 부분이 서로 어울려 전체를 이루는 짜임새. 발단, 전개, 절정, 결말이 있음.

예 이 글에서 이야기의 구조가 어떻게 짜여졌는지 살펴보았다.

발단

發 일어날 발 + 端 처음 단
🐭 '발(發)'의 대표 뜻은 '피다', '단(端)'의 대표 뜻은 '끝'이야.

뜻 이야기의 사건이 시작되는 부분.

예 처음 이야기가 시작되는 발단 부분은 어디인가요?

반대말 **결말**

'결말'은 이야기에서 사건이 해결되고 끝나는 부분이야.

전개

展 펼 **전** + 開 시작할 **개**
'개(開)'의 대표 뜻은 '열다'야.

뜻 이야기에서 사건이 본격적으로 발생하고 갈등이 일어나는 부분.

예 나는 사건이 본격적으로 일어나는 전개 부분이 시작되면서 이야기 속으로 빠져들었다.

절정

絕 으뜸 **절** + 頂 꼭대기 **정**
'절(絕)'의 대표 뜻은 '끊다', '정(頂)'의 대표 뜻은 '정수리'야.

뜻 이야기에서 사건 속의 갈등이 커지면서 긴장감이 가장 높아지는 부분.

예 이 글에서 두 인물의 갈등이 점점 깊어지는 절정 부분은 어디인지 찾아보세요.

여러 가지 뜻을 가진 낱말 절정

'절정'은 사물의 진행이나 발전이 최고에 이른 상태라는 뜻도 있어.

예 그 배우는 인기가 절정에 이르렀다.

결말

結 맺을 **결** + 末 끝 **말**

뜻 이야기에서 사건이 해결되는 부분.

예 누나는 주인공의 죽음으로 끝난 결말이 슬프다며 눈물을 보였다.

비슷한말 결미

'결미'도 어떤 일이 마무리되는 끝부분을 뜻해.

꼭! 알아야 할 관용어

○표
하기
'(눈 , 코)에 익다'는 여러 번 보아서 익숙하다는 뜻입니다.

확인 문제

✏️ 12~13쪽에서 공부한 낱말을 떠올리며 문제를 풀어 보세요.

1 뜻에 알맞은 낱말을 빈칸에 쓰세요.

가로 열쇠 ❶ 어떤 현상이나 사물을 비슷한 현상이나 사물에 빗대는 것. ○○ 하는 표현.

세로 열쇠 ❷ '~같이, ~처럼, ~듯이'와 같은 말을 써서 두 대상을 직접 견주어 표현하는 방법.

2 낱말의 뜻은 무엇인지 ( ) 안에서 알맞은 낱말을 골라 ○표 하세요.

(1) 시화전 | 시를 (그림 , 음악)에 담아서 여러 사람에게 보이는 행사.

(2) 운율 | 소리가 비슷한 글자나 일정한 글자 수를 반복해 시가 (그림 , 음악)처럼 느껴지게 하는 요소.

3 문장에 쓰인 표현 방법을 알맞게 선으로 이으세요.

(1) 인형처럼 예쁜 소녀 •   • 은유법

(2) 내 마음은 투명한 호수 •   • 직유법

4 밑줄 친 낱말을 알맞게 사용한 친구에게 ○표 하세요.

(1) 시에서 어려운 말을 반복해서 쓰면 운율이 느껴진대. ( )

(2) 시에서 '벚꽃'을 '봄에 내린 눈'이라고 한 표현이 참신하게 느껴져. ( )

(3) 친구들 앞에서 시의 분위기를 살려 시화전을 낭송해 보았어. ( )

✏️ 14~15쪽에서 공부한 낱말을 떠올리며 문제를 풀어 보세요.

5 뜻에 알맞은 낱말을 글자판에서 찾아 묶으세요. (낱말은 가로(ㅡ), 세로(ㅣ), 대각선(╱╲) 방향에 숨어 있어요.)

절	구	발	단
정	경	생	물
미	결	전	우
참	말	소	개

❶ 이야기의 사건이 시작되는 부분.
❷ 이야기에서 사건이 해결되는 부분.
❸ 이야기에서 사건이 본격적으로 발생하고 갈등이 일어나는 부분.
❹ 이야기에서 사건 속의 갈등이 커지면서 긴장감이 가장 높아지는 부분.

6 빈칸에 들어갈 낱말로 알맞은 것에 ◯표 하세요.

(1) '사건이 언제 어디에서 일어났나요?'처럼 사실을 묻는 질문은 ☐ 질문이다.
(추론 , 사실)

(2) 이야기의 여러 부분이 서로 어울려 전체를 이루는 짜임새를 이야기의 ☐ 라고 한다.
(종류 , 구조)

(3) '만약 나라면 어떻게 행동했을까요?'처럼 사실에 대한 가치를 판단하는 질문은 ☐ 질문이다.
(평가 , 추론)

(4) '왜 그렇게 행동했을까요?'처럼 사실을 바탕으로 짐작한 정보를 묻는 질문을 ☐ 질문이라고 한다.
(추론 , 평가)

7 빈칸에 들어갈 알맞은 낱말을 완성하세요.

이야기 「호랑이와 곶감」에서 (1) ☐ㅂ ☐ㄷ 은 배고픈 호랑이가 외딴집에서 우는 아기를 달래는 엄마를 보는 부분이다. 곶감이 무서워 호랑이가 산으로 도망가는 부분은 긴장감이 가장 높은 (2) ☐ㅈ ☐ㅈ 이다. 도망간 호랑이가 숨어 살았다는 것이 이 이야기의 (3) ☐ㄱ ☐ㅁ 이다.

사회 교과서 어휘

다음 중 낱말의 뜻을 잘 알고 있는 것에 ☑ 하세요.

☐ 혁명 　☐ 민주화 　☐ 항쟁 　☐ 직선제 　☐ 지방 자치제 　☐ 집회

1960년에 있었던 4·19 혁명 시위대의 모습이야. 우리나라의 민주주의는 힘들고 어려운 과정을 거쳐 발전해 왔어. 민주주의가 발전해 온 과정과 관련 있는 낱말들을 공부해 볼까?

독재 정치 바로잡자!

부정 선거 물러 가라!

공명 선거 이룩 하자!

✏️ 낱말을 읽고, ⬜ 부분에 밑줄을 그으면서 낱말 공부를 해 보세요.

혁명

革 고칠 **혁** + 命 규칙 **명**

↪ '혁(革)'의 대표 뜻은 '가죽', '명(命)'의 대표 뜻은 '목숨'이야.

뜻 나라, 사회, 제도 같은 것의 본바탕을 뒤집어엎고 새롭게 고치는 것.

예 4·19 혁명은 이승만 정부의 부정 선거에 항의해 국민들이 들고일어나 바로잡은 사건이었다.

어법 받침 'ㄱ'을 'ㅇ'으로 발음하기

받침 'ㄱ, ㄷ, ㅂ, ㄹ'은 'ㅁ, ㄴ, ㅇ'을 만나면 [ㅇ], [ㄴ], [ㅁ]으로 발음해. 그래서 '혁명'은 [형명]이라고 발음해야 해. 국물은 [궁물], 맏며느리는 [만며느리]라고 발음한단다.

민주화

民 백성 **민** + 主 주인 **주** + 化 될 **화**

이것만은 꼭!

뜻 민주주의를 지키고 이루는 것.

예 5·18 민주화 운동에 참여한 많은 사람이 다치거나 죽었다.

비슷한말 민주주의화

'민주주의화'는 국민이 모든 결정의 중심이 되어 가는 것을 뜻해.

항쟁

抗 대항할 **항** + 爭 다툴 **쟁**

🖱 '항(抗)'의 대표 뜻은 '겨루다'야.

뜻 적이나 나쁜 세력에 맞서 싸우는 것.

예 국민들은 전두환 정부가 독재 정치를 펴자, 이에 반대해 6월 민주 항쟁을 벌였다.

이 사진은 6월 민주 항쟁의 도화선이 되었던 이한열 열사의 장례식을 찍은 사진이야.

▲ 6월 민주 항쟁

직선제

直 바로 **직** + 選 뽑을 **선** + 制 규정 **제**

🖱 '직(直)'의 대표 뜻은 '곧다', '선(選)'의 대표 뜻은 '가리다', '제(制)'의 대표 뜻은 '절제하다'야.

뜻 국민이 직접 선거를 통하여 대표를 선출하는 제도. '직접 선거 제도'라고 함.

예 거리로 나선 시민과 학생들은 대통령 직선제를 요구했다.

관련 어휘 **간선제**

'간선제'는 '간접 선거 제도'의 줄임 말이야. 일정 수의 선거인단을 구성해 이들에게 대표자를 뽑게 하는 선거 제도를 말해.

지방 자치제

地 국토 **지** + 方 곳 **방** + 自 스스로 **자** + 治 다스릴 **치** + 制 규정 **제**

🖱 '지(地)'의 대표 뜻은 '땅', '방(方)'의 대표 뜻은 '모'야.

뜻 지역의 주민이 직접 선출한 지방 의회 의원과 지방 자치 단체장이 그 지역의 일을 처리하는 제도.

예 우리나라는 지방 자치제를 통해 지역의 여러 가지 문제를 민주적으로 해결하고 있다.

집회

集 모을 **집** + 會 모일 **회**

뜻 여럿이 어떤 특별한 목적으로 한데 모이는 것.

예 우리나라는 촛불 집회와 같은 대규모 집회와 캠페인, 누리 소통망 등을 통해 사회 문제를 해결하고 있다.

▲ 촛불 집회

다음 중 낱말의 뜻을 잘 알고 있는 것에 ✅ 하세요.

☐ 민주주의 ☐ 선거 ☐ 다수결 ☐ 존엄 ☐ 관용 ☐ 불공평

선거는 민주주의의 꽃이라고 불러. 왜 선거를 이렇게 부르는지 아니? 민주주의가 무엇인지 알면 선거를 이렇게 부르는 까닭도 알 수 있어. 민주주의와 관련 있는 낱말들을 알아보자.

투표함

✏️ 낱말을 읽고, ▨ 부분에 밑줄을 그으면서 낱말 공부를 해 보세요.

 이것만은 꼭!

민주주의

民 백성 **민** + 主 주인 **주** +
主 주인 **주** + 義 제도 **의**
🖱'의(義)'의 대표 뜻은 '옳다'야.

뜻 모든 국민이 나라의 주인으로서 권리를 갖고, 그 권리를 자유롭고 평등하게 행사하는 정치 제도.

예 주민 자치회는 민주주의의 대표적인 예이다.

선거

選 뽑을 **선** + 擧 행할 **거**
🖱'선(選)'의 대표 뜻은 '가리다', '거(擧)'의 대표 뜻은 '들다'야.

뜻 국민이 자신들을 대표할 사람을 직접 뽑음. 보통, 평등, 직접, 비밀 선거의 기본 원칙이 있음.

예 민주주의 사회에서는 기본 원칙에 따라 공정한 선거를 치르고 있다.

관련 어휘 **선거의 기본 원칙**

• 보통 선거: 만 19세 이상 이상 누구나 가능.
• 평등 선거: 누구나 한 표씩 행사.
• 직접 선거: 자신이 직접 행사.
• 비밀 선거: 후보 선택의 비밀 보장.

다수결

多 많을 **다** + 數 셈 **수** +
決 결정할 **결**

뜻 다수의 의견이 소수의 의견보다 이치에 맞을 것이라고 생각해 다수의 의견을 채택하는 방법.

예 주민들은 다수결의 원칙에 따라 쉽고 빠르게 문제를 해결했다.

관련 어휘 **다수와 소수**

'다수결'에 들어 있는 '다수'는 많은 수를 뜻해. 그래서 '다수결'은 한자로 많은 수의 사람이 선택한 결정이라는 뜻을 담고 있어. '다수'의 반대말은 적은 수를 뜻하는 '소수'야.

존엄

尊 높을 **존** + 嚴 엄숙할 **엄**
'엄(嚴)'의 대표 뜻은 '엄하다'야.

뜻 어떤 사람이나 신분이 매우 높고 엄숙함.

예 사람은 태어날 때부터 인간으로서 존엄하다.

반대말 **미천**

'미천하다'는 신분이 낮고 보잘것없다는 뜻이야.
예 인간은 모두 존엄한 존재로 미천한 사람은 없다.

관용

寬 너그러울 **관** + 容 용서할 **용**
'용(容)'의 대표 뜻은 '낯(얼굴)'이야.

뜻 나와 다른 의견을 인정하고 포용하는 태도.

예 생활 속 다양한 문제와 갈등을 해결하려면 나와 다른 의견을 인정하는 관용이 필요하다.

비슷한말 **포용**

'포용'은 남을 넓은 마음으로 감싸 주거나 받아들인다는 뜻이야.
예 열린 마음으로 이해하고 포용하는 사회가 되어야 한다.

불공평

不 아닐 **불** + 公 공평할 **공** +
平 고를 **평**
'평(平)'의 대표 뜻은 '평평하다'야.

뜻 서로 차이를 두어서 한쪽에만 이로운 것.

예 우리 지역에만 냄새 나는 쓰레기 매립장을 건설하는 것은 불공평하다.

반대말 **공평**

'공평'은 한쪽으로 치우치지 않고 고른 것을 뜻해.

✎ 18~19쪽에서 공부한 낱말을 떠올리며 문제를 풀어 보세요.

1 낱말과 그 뜻을 알맞게 선으로 이으세요.

(1) 혁명 •

• 민주주의를 지키고 이루는 것.

(2) 항쟁 •

• 적이나 나쁜 세력에 맞서 싸우는 것.

(3) 민주화 •

• 나라, 사회, 제도 같은 것의 본바탕을 뒤집어엎고 새롭게 고치는 것.

2 뜻에 알맞은 낱말이 되도록 보기 에서 글자를 찾아 쓰세요.

보기

직	명	집
선	항	제
회	간	쟁

(1) 여럿이 어떤 특별한 목적으로 한데 모이는 것.

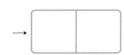
→ □□

(2) 국민이 직접 선거를 통하여 대표를 선출하는 제도.

→ □□□

3 ( ) 안에서 알맞은 낱말을 골라 ○표 하세요.

(1) 시민과 학생들은 민주주의를 지키려고 독재 정치를 펴는 정부에 맞서 (경쟁 , 항쟁)을 벌였다.

(2) 우리나라는 4·19 혁명, 5·18 민주화 운동, 6월 민주 항쟁을 거치면서 (민주화 , 공산화)가 이루어졌다.

(3) (간선제 , 지방 자치제)가 시행되면서 주민들은 자신이 살고 있는 곳의 문제를 스스로 해결할 수 있었다.

(4) 6월 항쟁 이후 시민들은 대규모 (집회 , 전시회)에 참여하거나 캠페인을 벌이는 등 다양한 방식으로 사회 공동의 문제를 해결하고 있다.

✏️ 20~21쪽에서 공부한 낱말을 떠올리며 문제를 풀어 보세요.

4 뜻에 알맞은 낱말을 글자판에서 찾아 묶으세요. (낱말은 가로(ㅡ), 세로(ㅣ), 대각선(╲) 방향에 숨어 있어요.)

❶ 어떤 사람이나 신분이 매우 높고 엄숙함.
❷ 나와 다른 의견을 인정하고 포용하는 태도.
❸ 모든 국민이 나라의 주인으로서 권리를 갖고, 그 권리를 자유롭고 평등하게 행사하는 정치 제도.
❹ 국민이 자신들을 대표할 사람을 직접 뽑음.

5 빈칸에 알맞은 반대말을 쓰세요.

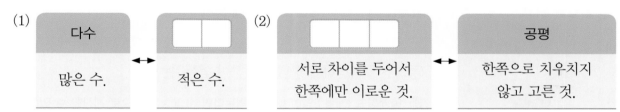

(1) 다수 — 많은 수. ↔ □□ — 적은 수.

(2) □□ — 서로 차이를 두어서 한쪽에만 이로운 것. ↔ 공평 — 한쪽으로 치우치지 않고 고른 것.

6 ( ) 안에 들어갈 알맞은 낱말을 보기에서 찾아 쓰세요.

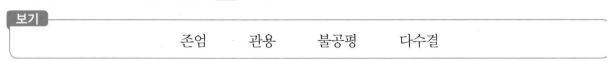

보기
존엄   관용   불공평   다수결

(1) 양보와 타협이 어려울 때에는 (   )의 원칙으로 문제를 해결한다.

(2) 모든 사람은 인간으로서 (   )하기 때문에 태어날 때부터 존중받아야 한다.

(3) 전체 학년이 사용하는 운동장을 6학년만 사용하는 일은 다른 학년에게는 (   )하게 느껴질 수 있다.

(4) 서로 다른 의견을 가진 사람들 사이의 문제를 해결하려면 다른 의견을 인정하고 포용하는 (   )의 태도를 가져야 한다.

다음 중 낱말의 뜻을 잘 알고 있는 것에 ☑ 하세요.

☐ 자연수   ☐ 분수   ☐ 몫   ☐ 등분   ☐ 큰술   ☐ 인분

✏️ 낱말을 읽고, ▨ 부분에 밑줄을 그으면서 낱말 공부를 해 보세요.

자연수

自 저절로 **자** + 然 그럴 **연** + 數 셈 **수**

🖱'자(自)'의 대표 뜻은 '스스로'야.

뜻 1부터 시작하여 하나씩 더하여 얻는 수.

예 떡케이크 1개를 3명이 나누어 먹는다면 **자연수** 1÷3으로 계산할 수 있다.

 자연수는 0을 제외하고 1, 2, 3, 4, …… 와 같이 셀 수 있는 수를 말해.

분수

分 나눌 **분** + 數 셈 **수**

이것만은 꼭!

뜻 어떤 수를 0이 아닌 다른 수로 나눈 몫을 분자와 분모로 나타낸 것.

예 2÷3을 분수로 나타내면 $\frac{2}{3}$ 이다.

$\frac{2}{3}$ → 분자
→ 분모

몫

뜻 어떤 수를 다른 수로 나누어 얻은 수.

예 1÷5의 몫은 $\frac{1}{5}$이다.

여러 가지 뜻을 가진 낱말 **몫**

'몫'은 무엇을 여럿이 나누어 가질 때 각 사람이 가지게 되는 부분이라는 뜻도 있어.

예 우리 반은 합창 대회에서 받은 공책을 각자의 몫만큼 나누어 가졌다.

$$1 \div 5 = \frac{1}{5}$$

등분

等 같을 **등** + 分 나눌 **분**
👆 '등(等)'의 대표 뜻은 '무리'야.

뜻 똑같이 나눈 것을 세는 말.

예 $\frac{3}{7}$÷4의 몫은 $\frac{3}{7}$을 4등분한 것 중 하나이다.

여러 가지 뜻을 가진 낱말 **등분**

'등분'은 분량을 똑같이 나누는 것을 뜻하기도 해.

예 우리는 상금을 정확히 반으로 등분했다.

큰술

뜻 음식물을 숟가락에 담아 그 분량을 세는 단위 가운데 하나.

예 참치주먹밥을 만들 때 다진 양파를 다섯 큰술 넣었다.

▲ 1큰술의 분량

인분

人 사람 **인** + 分 나눌 **분**

뜻 사람 수를 기준으로 분량을 세는 단위.

예 떡볶이 4인분을 만드는 데 필요한 재료와 양을 구한다.

뜻을 더해 주는 말 **-분**

'인분'에서 '-분'은 '분량'이라는 뜻을 더해 주는 말이야. '1인분'이라고 하면 1인, 즉 한 사람이 먹을 분량이라는 뜻이지.

예 초과분, 부족분, 일 년분

수학 교과서 어휘

다음 중 낱말의 뜻을 잘 알고 있는 것에 ✔ 하세요.

☐ 입체도형 ☐ 각기둥 ☐ 각기둥의 밑면 ☐ 각기둥의 모서리 ☐ 각기둥의 꼭짓점
☐ 각기둥의 전개도

진열장에 있는 초콜릿케이크와 케이크 상자 모양을 각기둥이라고 해. 각기둥과 관련 있는 낱말들을 살펴보며 각기둥의 매력에 빠져 볼까?

✏️ 낱말을 읽고, [　　] 부분에 밑줄을 그으면서 낱말 공부를 해 보세요.

입체도형

立 설 **립** + 體 물체 **체** +
圖 그림 **도** + 形 모양 **형**
🖱 '체(體)'의 대표 뜻은 '몸'이야.

뜻 여러 개의 평면으로 둘러싸여서 공간에서 부피를 가지는 도형.

예 입체도형을 활용해서 건축물 모형을 만들어 보자.

▲ 입체도형 ▲ 평면도형

각기둥

角 모 **각** + 기둥
🖱 '각(角)'의 대표 뜻은 '뿔'이야.

이것만은 꼭!

뜻 서로 평행한 두 면이 있는 입체도형. 삼각기둥, 사각기둥, 오각기둥 등이 있음.

예 각기둥은 위와 아래에 있는 면이 서로 나란하고, 두 면의 크기와 모양이 똑같다.

각기둥의 밑면

角 모 **각** + 기둥의 밑 +
面 평면 **면**
☞ '면(面)'의 대표 뜻은 '낯(얼굴)'이야.

뜻 각기둥에서 서로 평행하고 합동인 두 면.

예 각기둥의 밑면은 각기둥에서 기본이 되는 면으로 모두 한 쌍이다.

관련 어휘 **각기둥의 옆면**
두 밑면과 만나는 면을 '옆면'이라고 해.

▲ 각기둥의 밑면과 옆면

각기둥의 모서리

角 모 **각** + 기둥의 모서리

뜻 각기둥에서 면과 면이 만나는 선분.

예 각기둥의 모서리는 밑면과 옆면, 옆면과 옆면이 만나는 부분에서 볼 수 있다.

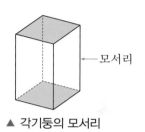

▲ 각기둥의 모서리

각기둥의 꼭짓점

角 모 **각** + 기둥의 꼭짓점

뜻 각기둥에서 모서리와 모서리가 만나는 점.

예 밑면의 모양이 오각형인 각기둥의 꼭짓점 개수는 10개이다.

관련 어휘 **각기둥의 높이**
각기둥에서 두 밑면 사이의 거리를 '높이'라고 해.

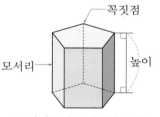

▲ 각기둥의 꼭짓점과 높이

각기둥의 전개도

角 모 **각** + 기둥의 +
展 펼 **전** + 開 열 **개** +
圖 그림 **도**

뜻 각기둥의 모서리를 잘라서 평면 위에 펼쳐 놓은 그림.

예 삼각기둥의 전개도를 그리려면 밑면은 2개, 옆면은 3개를 그리면 된다.

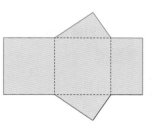

▲ 삼각기둥의 전개도

확인 문제

✏️ 24~25쪽에서 공부한 낱말을 떠올리며 문제를 풀어 보세요.

1 낱말의 뜻을 보기에서 찾아 사다리를 타고 내려간 곳에 기호를 쓰세요.

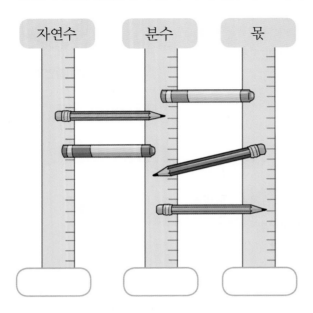

자연수　분수　몫

보기
㉠ 어떤 수를 다른 수로 나누어 얻은 수.
㉡ 1부터 시작하여 하나씩 더하여 얻는 수.
㉢ 어떤 수를 0이 아닌 다른 수로 나눈 몫을 분자와 분모로 나타낸 것.

2 낱말의 뜻은 무엇인지 ( ) 안에서 알맞은 낱말을 골라 ◯표 하세요.

(1) **등분**　(똑같이 , 다르게) 나눈 것을 세는 말.

(2) **인분**　(사람 , 동물) 수를 기준으로 분량을 세는 단위.

(3) **큰술**　음식물을 (컵 , 숟가락)에 담아 그 분량을 세는 단위 가운데 하나.

3 ( ) 안에 들어갈 알맞은 낱말을 보기에서 찾아 쓰세요.

보기
등분
분수
자연수

(1) $3 \div 8$을 ( )(으)로 나타내면 $\frac{3}{8}$이다.

(2) 미술 시간에 찰흙 덩어리를 3( )하여 꽃병을 3개 만들었다.

(3) $\frac{6}{8} \div 3$의 몫을 구할 때에는 분자를 ( )(으)로 나누어 계산한다.

✏️ 26~27쪽에서 공부한 낱말을 떠올리며 문제를 풀어 보세요.

4 뜻에 알맞은 낱말이 되도록 보기에서 글자를 찾아 쓰세요. (같은 카드를 두 번 쓸 수 있어요.)

보기

전　형　도　개　체　입

(1) 각기둥의 (　　　　　　　): 각기둥의 모서리를 잘라서 평면 위에 펼쳐 놓은 그림.

(2) (　　　　　　　): 각기둥처럼 여러 개의 평면으로 둘러싸여서 공간에서 부피를 가지는 도형.

5 낱말과 그 뜻을 알맞게 선으로 이으세요.

(1) 각기둥의 밑면　•

(2) 각기둥의 모서리　•

(3) 각기둥의 꼭짓점　•

•　각기둥에서 면과 면이 만나는 선분.

•　각기둥에서 서로 평행하고 합동인 두 면.

•　각기둥에서 모서리와 모서리가 만나는 점.

6 그림과 관련 있는 낱말을 골라 ○표 하세요.

(1)

| 각기둥 | 전개도 | 평면도형 |

(2)

| 평면도형 | 입체도형 | 오각형 |

7 오른쪽 삼각기둥을 보고, (　) 안에 들어갈 알맞은 낱말에 ○표 하세요.

(1) 두 개의 (밑면 , 옆면)이 서로 평행하고 합동이다.

(2) 여러 개의 평면으로 둘러싸인 (평면도형 , 입체도형)이다.

(3) (약도 , 전개도)를 펼치면 밑면은 두 개, 옆면은 세 개가 된다.

(4) 밑면의 모양이 삼각형이므로 (모서리 , 꼭짓점)의 수는 6개이다.

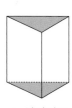

▲ 삼각기둥

과학 교과서 어휘

다음 중 낱말의 뜻을 잘 알고 있는 것에 ☑ 하세요.

☐ 발효 ☐ 효모 ☐ 가설 ☐ 고려 ☐ 체계적 ☐ 일치

시험관을 든 과학자가 보이지?
과학자들은 실험을 하기 전에 실험에서
일어날 일을 미리 짐작해 본단다.
이 과정과 관련 있는 낱말을 공부하며
과학자처럼 탐구해 보자.

✏️ 낱말을 읽고, ▨▨▨ 부분에 밑줄을 그으면서 낱말 공부를 해 보세요.

발효

醱 술 괼 **발** + 酵 삭힐 **효**

뜻 김치, 된장, 술 같은 것이 맛이 들게 익는 것.

예 빵 반죽을 완성한 다음 발효가 끝날 때까지 기다려야 한다.

글자는 같지만 뜻이 다른 낱말 발효

'발효'는 법률이나 조약 같은 것이 실제로 쓰이기 시작하는 것이라는 뜻이야.

예 어린이 제품에 화학 물질을 넣지 못하게 하는 법안이 발효되었다.

효모

酵 삭힐 **효** + 母 근원 **모**

👉 '모(母)'의 대표 뜻은 '어머니'야.

뜻 술이나 빵을 만들 때, 발효와 부풀리기에 쓰는 균류의 하나.

예 빵 반죽을 부풀게 하려고 효모를 넣었다.

효모는 미생물로,
효모균이라고도
불러.

이것만은 꼭!

가설

假 임시 **가** + 說 말씀 **설**
🖱 '가(假)'의 대표 뜻은 '거짓'이야.

뜻 아직 증명되지 않았지만 어떤 사실을 설명하려고 임시로 세운 틀이나 생각.

예 효모는 차가운 곳보다 따뜻한 곳에서 더 잘 발효할 것이라는 가설을 세웠다.

비슷한말 **가정**

'가정'은 사실이 아니거나 사실인지 아닌지 분명하지 않은 것을 임시로 받아들인다는 뜻이야.
예 일부 학자들은 인류의 멸망이라는 가정을 세웠다.

고려

考 생각할 **고** + 慮 생각할 **려**

뜻 이것저것 생각하거나 헤아리는 것.

예 효모가 발효하는 조건을 고려해 가설을 세워야 한다.

비슷한말 **참작, 감안**

'참작'은 결정하거나 판단할 때 어떤 일이나 상황을 참고하여 이리저리 헤아린다는 뜻이야.
예 김 씨는 정상 참작을 받아 무죄로 풀려났다.
'감안'은 여러 사정을 살펴서 생각하는 것을 뜻해.
예 현실을 감안하다.

체계적

體 체재 **체** + 系 맬 **계** +
的 ~한 상태로 되는 **적**
🖱 '체(體)'의 대표 뜻은 '몸', '적(的)'
의 대표 뜻은 '과녁'이야.

뜻 정해진 원칙에 따라 낱낱의 부분이 짜임새 있게 전체를 이루는 것.

예 표를 사용하면 많은 양의 자료를 체계적으로 정리할 수 있다.

반대말 **비체계적**

'비체계적'은 정해진 원칙에 따라 낱낱의 부분이 짜임새 있게 전체를 이루지 않은 것이라는 뜻이야.

일치

一 하나 **일** + 致 이룰 **치**
🖱 '치(致)'의 대표 뜻은 '이르다'야.

뜻 서로 같거나 딱 들어맞는 것.

예 우리 모둠이 세운 가설은 실험 결과와 일치했다.

관용어 **아귀가 맞다**

'아귀가 맞다'는 앞뒤가 빈틈없이 들어맞는다는 뜻을 가진 말이야.
예 우리가 계획한 대로 아귀가 맞게 진행되었다.

과학 교과서 어휘

다음 중 낱말의 뜻을 잘 알고 있는 것에 ☑ 하세요.

☐ 자전축 ☐ 지구의 자전 ☐ 지구의 공전 ☐ 초승달 ☐ 음력 ☐ 주기

지구에서는 낮과 밤, 계절이 번갈아 나타나지. 태양과 달, 별은 동쪽에서 떠서 서쪽으로 지고 있어. 날마다 달의 모양도 바뀌지. 지구와 달의 운동에 관련된 낱말을 살펴보자.

✏️ 낱말을 읽고, ▨▨▨ 부분에 밑줄을 그으면서 낱말 공부를 해 보세요.

자전축

自 스스로 **자** + 轉 회전할 **전** +
軸 축 **축**
👆'전(轉)'의 대표 뜻은 '구르다'야.

뜻 지구의 북극과 남극을 이은 가상의 직선.

예 지구는 자전축을 중심으로 회전한다.

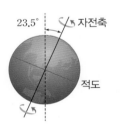

23.5° 자전축
적도

이것만은 꼭!

지구의 자전

地 땅 **지** + 球 공 **구** + 의 +
自 스스로 **자** + 轉 회전할 **전**

뜻 지구가 가상의 직선인 자전축을 중심으로 하루에 한 바퀴씩 서쪽에서 동쪽으로 회전하는 것.

예 북극 위에서 내려다보면 지구의 자전은 시계 반대 방향이다.

서 동

지구의 공전

地 땅 **지** + 球 공 **구** + 의 +
公 공평할 **공** + 轉 회전할 **전**

🖱 지구가 태양을 중심으로 일 년에 한 바퀴씩 서쪽에서 동쪽(시계 반대 방향)으로 회전하는 것.

예 지구의 공전 때문에 계절에 따라 지구의 위치가 달라진다.

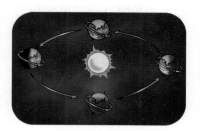

초승달

初 처음 **초** + 生 날 **생** + 달

🖱 음력으로 매달 첫째 날부터 며칠 동안 뜨는 달.

예 음력 2~3일경에 뜨는 달의 모양은 초승달이다.

초승달 상현달 　 보름달 　 하현달 그믐달

음력

陰 그림자 **음** + 歷 달력 **력**
👆'음(陰)'의 대표 뜻은 '그늘'이야.

🖱 달이 지구를 한 바퀴 도는 데 걸리는 시간을 한 달로 삼은 달력.

예 달의 모양은 음력 날짜와 밀접한 관련이 있다.

[반대말] 양력

'양력'은 지구가 태양의 둘레를 한 바퀴 도는 데 걸리는 시간을 일 년으로 삼은 달력이야.

주기

週 돌 **주** + 期 기간 **기**
👆'기(期)'의 대표 뜻은 '기약하다'야.

🖱 한 번 일어난 일이 다시 나타나기까지의 동안.

예 달의 모양은 약 30일 주기로 초승달, 상현달, 보름달, 하현달, 그믐달의 순서로 변한다.

[비슷한말] 사이클

'사이클'은 상태가 바뀌었다가 다시 원래 상태로 되돌아올 때까지의 과정을 뜻해.

예 유행 사이클, 일정한 사이클

확인 문제

📝 30~31쪽에서 공부한 낱말을 떠올리며 문제를 풀어 보세요.

1 낱말과 그 뜻을 알맞게 선으로 이으세요.

(1) 고려 • • 서로 같거나 딱 들어맞는 것.

(2) 일치 • • 이것저것 생각하거나 헤아리는 것.

(3) 가설 • • 정해진 원칙에 따라 낱낱의 부분이 짜임새 있게 전체를 이루는 것.

(4) 체계적 • • 아직 증명되지 않았지만 어떤 사실을 설명하려고 임시로 세운 틀이나 생각.

2 밑줄 친 낱말의 뜻으로 알맞은 것을 보기 에서 찾아 기호를 쓰세요.

> **보기**
> ㉠ 김치, 된장, 술 같은 것이 맛이 들게 익는 것.
> ㉡ 법률이나 조약 같은 것이 실제로 쓰이기 시작하는 것.

(1) 새로운 정보 통신 기본법의 발효가 1개월 앞으로 다가왔다. (   )

(2) 고추장과 요구르트, 치즈는 모두 발효를 거쳐 만든 식품이다. (   )

3 밑줄 친 낱말의 쓰임이 알맞으면 ○표, 알맞지 않으면 ✕표로 가서 몇 번으로 나오는지 쓰세요.

(   )

✎ 32～33쪽에서 공부한 낱말을 떠올리며 문제를 풀어 보세요.

4 뜻에 알맞은 낱말을 보기 에서 찾아 쓰세요.

> 보기
>
> 주기   음력   자전축   초승달

(1) (   ): 지구의 북극과 남극을 이은 가상의 직선.

(2) (   ): 한 번 일어난 일이 다시 나타나기까지의 동안.

(3) (   ): 음력으로 매달 첫째 날부터 며칠 동안 뜨는 달.

(4) (   ): 달이 지구를 한 바퀴 도는 데 걸리는 시간을 한 달로 삼은 달력.

5 낱말의 뜻은 무엇인지 (   ) 안에서 알맞은 낱말을 골라 ○표 하세요.

(1) **지구의 공전**   지구가 (달 , 태양)을 중심으로 일 년에 한 바퀴씩 서쪽에서 동쪽으로 회전하는 것.

(2) **지구의 자전**   지구가 자전축을 중심으로 (하루 , 일 년)에 한 바퀴씩 서쪽에서 동쪽으로 회전하는 것.

6 빈칸에 들어갈 알맞은 낱말을 글자 카드로 만들어 쓰세요.

(1) 지구가 일 년에 한 바퀴씩 [   ][   ] 하기 때문에 계절에 따라 보이는 별자리가 달라진다.

　공　　기　　축　　전

(2) 달의 모양은 [   ][   ] 날짜에 따라 초승달부터 그믐달까지 30일을 주기로 규칙적으로 변한다.

　초　　음　　전　　력

(3) 지구가 서쪽에서 동쪽으로 [   ][   ] 하기 때문에 태양과 달이 동쪽에서 서쪽으로 움직이는 것처럼 보인다.

　전　　조　　자　　주

한자 어휘

交 (교)가 들어간 낱말

✏️ '交(교)'가 들어간 낱말을 읽고, ▨ 부분에 밑줄을 그으면서 낱말 공부를 해 보세요.

交
사귈 교

'교(交)'는 사람이 다리를 꼬고 앉은 모습을 표현하여 만든 글자야. 그래서 '교(交)'가 들어간 낱말은 '엇갈리다, 섞이다'라는 뜻을 나타내지. 여기에서 사람들 사이에 사귐을 뜻하는 '사귀다'로 뜻이 넓어졌어.

관포지交
수交
交차로
交향악

사귀다
交

관포지교

笪 대롱 **관** + 鮑 절인 물고기 **포** + 之 ~의 **지** + 交 사귈 **교**
🖱️ '지(之)'의 대표 뜻은 '가다'야.

뜻 우정이 아주 두터운 동무 사이를 이름.

예 세훈이는 나와 십 년 이상 우정을 쌓은 관포지교이다.

비슷한말 단금지교

'단금지교'는 쇠라도 자를 만큼 굳고 단단한 사귐이라는 뜻으로, 매우 두터운 우정을 이르는 말이야.

수교

修 행할 **수** + 交 사귈 **교**
🖱️ '수(修)'의 대표 뜻은 '닦다'야.

뜻 나라끼리 오가는 관계를 맺는 것.

예 두 나라는 수교를 맺어 경제 분야에서 협력해 나가기로 했다.

비슷한말 국교

'국교'는 나라와 나라 사이의 외교 관계를 뜻해.

엇갈리다·섞이다
交

교차로

交 엇갈릴 **교** + 叉 갈래 **차** + 路 길 **로**

뜻 서로 엇갈리거나 마주치는 길.

예 도로와 철도가 만나는 교차로에서 사고가 자주 일어난다.

비슷한말 갈림길

여러 갈래로 갈라진 길을 뜻하는 '갈림길'도 '교차로'와 비슷한 뜻으로 쓰이는 말이야.

교향악

交 섞일 **교** + 響 울릴 **향** + 樂 노래 **악**

뜻 관악기, 타악기, 현악기 들로 함께 연주하는 큰 규모의 음악.

예 음악회에서 웅장한 교향악 연주를 들으니 가슴이 두근거렸다.

直 (직)이 들어간 낱말

✏️ '直(직)'이 들어간 낱말을 읽고, ▨ 부분에 밑줄을 그으면서 낱말 공부를 해 보세요.

直

곧을 직

'직(直)'은 막대기와 눈의 모습을 합해 표현한 글자야. 눈에 마치 곧은 막대기가 있는 것처럼 똑바로 본다는 데서 '곧다'라는 뜻을 갖게 되었어. '바로'라는 뜻으로 쓰일 때도 있어.

直선
直립
이실直고
直접

곧다
直

🌸 직선

直 곧을 **직** + 線 줄 **선**

📗 휘거나 꺾이지 않은 **곧은 선**.

예 동생의 학원은 **직선** 거리로 십 미터 앞에 있다.

반대말 **곡선**

'곡선'은 굽은 선을 뜻해. '곡'은 굽다라는 뜻이야.

🌸 직립

直 곧을 **직** + 立 설 **립**

📗 두 발로 **꼿꼿하게 바로 서는 것**.

예 몇 시간째 **직립** 자세를 유지하고 있는 군인들의 모습이 참 늠름해 보였다.

관련 어휘 **직립 보행**

'직립 보행'은 네 개의 다리를 가지는 동물이 뒷다리만을 사용하여 걷는 일이야.

바로
直

🌸 이실직고

以 ~로써 **이** + 實 내용 **실** + 直 바로 **직** + 告 아뢸 **고**
'실(實)'의 대표 뜻은 '열매'야.

📗 어떤 일을 **사실대로 말하는 것**.

예 형은 엄마께 꽃병을 깬 사람이 자신이라고 **이실직고**했다.

🌸 직접

直 바로 **직** + 接 이을 **접**

📗 **중간에 다른 것을 거치지 않고 바로**.

예 무엇이든 **직접** 경험한 일이 기억에 오래 남는다.

반대말 **간접**

'간접'은 어떤 일이 바로 되지 않고 사이에 낀 다른 것을 거쳐서 일어나는 것을 말해.

✎ 36쪽에서 공부한 낱말을 떠올리며 문제를 풀어 보세요.

1 뜻에 알맞은 낱말이 되도록 보기 에서 글자를 찾아 쓰세요.

> 보기
>
> 악   수   로   향   차

(1) 서로 엇갈리거나 마주치는 길. → 교 ☐ ☐

(2) 나라끼리 오가는 관계를 맺는 것. → ☐ 교

(3) 관악기, 타악기, 현악기 들로 함께 연주하는 큰 규모의 음악. → 교 ☐ ☐

2 밑줄 친 낱말을 알맞게 사용한 친구에게 ◯표 하세요.

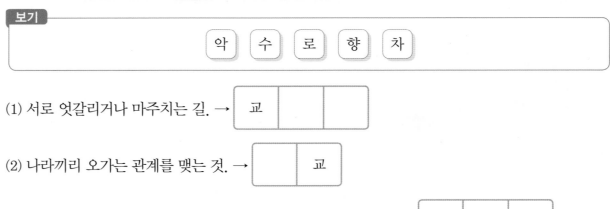

(1) 부모님께 어떻게 효도해야 할지 <u>관포지교</u>에서 답을 찾았어.

( )

(2) 친구에게 마음을 여는 일이 어려워서 <u>관포지교</u>를 만들지 못했어.

( )

(3) 기껏 시간을 알려 줬더니 약속에 늦었다고 화를 내네. 이런 <u>관포지교</u> 같은 상황이 있니?

( )

3 빈칸에 들어갈 알맞은 낱말을 찾아 선으로 이으세요.

(1) 신호등이 설치되어 보행자들이 ☐을/를 안전하게 건널 수 있다.   •

•   수교

(2) ☐이/가 연주되는 음악회에서는 다양한 관현악기가 한데 어울려 그 매력을 뿜어낸다.   •

•   교향악

(3) 지난해 우리나라는 ☐ 50주년을 맞는 나라들을 한데 묶어서 기념 엽서를 만들었다.   •

•   교차로

✎ 37쪽에서 공부한 낱말을 떠올리며 문제를 풀어 보세요.

4 낱말의 뜻을 보기 에서 찾아 사다리를 타고 내려간 곳에 기호를 쓰세요.

> **보기**
>
> ㉠ 휘거나 꺾이지 않은 곧은 선.
> ㉡ 어떤 일을 사실대로 말하는 것.
> ㉢ 두 발로 꼿꼿하게 바로 서는 것.
> ㉣ 중간에 다른 것을 거치지 않고 바로.

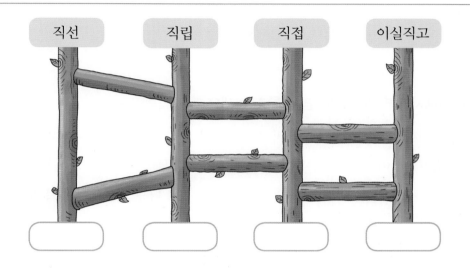

직선 | 직립 | 직접 | 이실직고

1 주차

5회

5 밑줄 친 글자의 공통된 뜻으로 알맞은 것은 무엇인가요? (　　　　)

<u>직</u>선　　<u>직</u>립

① 굽다　　② 높다　　③ 곧다　　④ 깊다　　⑤ 세다

6 (　　) 안에 들어갈 알맞은 낱말을 보기 에서 찾아 쓰세요.

> **보기**
>
> 직선
> 직립
> 직접
> 이실직고

(1) 애완견 중에도 훈련을 통해 (　　　　　　)(으)로 걷는 개가 있다.

(2) 고속 도로는 빠른 속도로 달려야 해서 (　　　　　　) 도로가 많다.

(3) 아빠는 주말 농장에서 우리가 먹을 채소를 (　　　　　　) 키우신다.

(4) 범인은 경찰이 증거물을 들이대자 자신의 범행을 (　　　　　　)했다.

✎ 1주차 1회~5회에서 공부한 낱말을 떠올리며 문제를 풀어 보세요.

낱말 뜻

1 낱말과 그 뜻이 알맞지 <u>않은</u> 것은 무엇인가요? (   )

① 고려: 이것저것 생각하거나 헤아리는 것.
② 각기둥: 서로 평행한 두 면이 있는 입체도형.
③ 존엄: 나와 다른 의견을 인정하고 포용하는 태도.
④ 자전축: 지구의 북극과 남극을 이은 가상의 직선.
⑤ 전개: 이야기에서 사건이 본격적으로 발생하고 갈등이 일어나는 부분.

낱말 뜻

2 (   ) 안에서 알맞은 낱말을 골라 ○표 하세요.

(1) (추론 , 평가) 질문은 사실을 바탕으로 짐작한 정보를 묻는 질문이다.

(2) (관포지교 , 이실직고)는 우정이 아주 두터운 동무 사이를 이르는 말이다.

(3) (분수 , 자연수)는 어떤 수를 0이 아닌 다른 수로 나눈 몫을 분자와 분모로 나타낸 것이다.

(4) (민주화 , 다수결)은/는 다수의 의견이 소수의 의견보다 이치에 맞을 것이라고 생각해 다수의 의견을 채택하는 방법이다.

비슷한말

3 밑줄 친 낱말과 뜻이 비슷한 낱말은 무엇인가요? (   )

실험을 통해 어떤 일이 일어날지 미리 <u>가설</u>을 세워 확인해야 한다.

① 진리   ② 학설   ③ 가정   ④ 질문   ⑤ 원인

반대말

4 ~ 5 밑줄 친 낱말의 반대말을 쓰세요.

4 디자이너는 여러 개의 <u>곡선</u>으로 부드러움을 표현했다.   (   )

5 이 책은 <u>다수</u>의 독자들에게 좋은 평가를 받은 소설이다.   (   )

글자는 같지만 뜻이 다른 낱말

6 밑줄 친 낱말의 뜻으로 알맞은 것에 ○표 하세요.

> 효모는 차가운 곳보다 따뜻한 곳에서 더 잘 <u>발효</u>한다.

(1) 김치, 된장, 술 같은 것이 맛이 들게 익는 것. (   )

(2) 법률이나 조약 같은 것이 실제로 쓰이기 시작하는 것. (   )

낱말 활용

7 빈칸에 들어갈 알맞은 낱말을 글자 카드로 만들어 쓰세요.

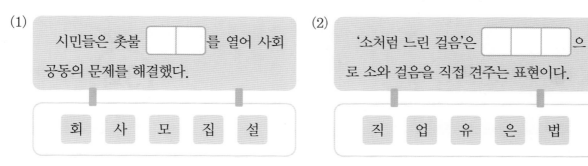

(1) 시민들은 촛불 ⬜⬜ 를 열어 사회 공동의 문제를 해결했다.

| 회 | 사 | 모 | 집 | 설 |

(2) '소처럼 느린 걸음'은 ⬜⬜⬜ 으로 소와 걸음을 직접 견주는 표현이다.

| 직 | 업 | 유 | 은 | 법 |

낱말 활용

8 ~ 10 (   ) 안에 들어갈 알맞은 낱말을 보기 에서 찾아 쓰세요.

> **보기**
>
> 공전   모서리   민주주의

8 각기둥의 (   )은/는 각기둥의 전개도를 접었을 때 서로 맞닿는 선분이다.

9 지구가 (   )하면서 태양과 같은 방향에 있으면 태양 빛 때문에 보이지 않는 별자리가 있다.

10 다양한 문제와 갈등을 해결하려면 양보와 타협, 관용 등 (   )을/를 실천하는 태도가 필요하다.

2주차

어휘 미리 보기

한 주 동안
공부할 어휘들이야.
쓱 한번 훑어볼까?

1회 학습 계획일 ◯월 ◯일

국어 교과서 어휘

저작권	논설문
공식적	타당성
연설	적절성
자료	주관적 표현
검색	모호한 표현
출처	단정하는 표현

2회 학습 계획일 ◯월 ◯일

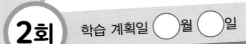

사회 교과서 어휘

주권	법원
국회	삼심 제도
정부	삼권 분립
심의	제청
발의	견제
국정 감사	균형

3회 학습 계획일 ◯월 ◯일

수학 교과서 어휘

각뿔	비
각뿔의 밑면	장애물
각뿔의 모서리	비율
소수점 위치	밀집
몫의 자연수 부분	타율
어림셈	원액

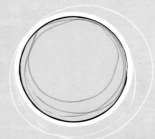

4회 학습 계획일 ◯월 ◯일

과학 교과서 어휘

산소	압력
녹슬다	가하다
압축	질소
이산화 탄소	수소
드라이아이스	네온
팽창	헬륨

5회 학습 계획일 ◯월 ◯일

한자 어휘

만발	온도
발아	온기
백발백중	온순
출발점	온고지신

어휘력 테스트

3주차 어휘 학습으로 가 보자!

국어 교과서 어휘

다음 중 낱말의 뜻을 잘 알고 있는 것에 ✅ 하세요.

☐ 저작권 ☐ 공식적 ☐ 연설 ☐ 자료 ☐ 검색 ☐ 출처

✏️ 낱말을 읽고, ▨ 부분에 밑줄을 그으면서 낱말 공부를 해 보세요.

저작권

著 지을 저 + 作 지을 작 + 權 권리 권

👆 '저(著)'의 대표 뜻은 '나타나다', '권(權)'의 대표 뜻은 '저울추'야.

뜻 사람의 생각이나 감정을 표현한 글, 그림, 노래 같은 창작물에 대해 그것을 만든 사람에게 주는 권리.

예 나는 발표에 쓸 자료가 처음 있던 곳을 밝혀서 저작권을 보호하려고 노력했다.

저작권이 없는 창작물은 없으니 반드시 가져온 곳을 밝혀야 해.

공식적

公 공식적인 것 공 + 式 쓸 식 + 的 ~한 상태로 되는 적

👆 '공(公)'의 대표 뜻은 '공평하다', '식(式)'의 대표 뜻은 '법', '적(的)'의 대표 뜻은 '과녁'이야.

뜻 국가에서 규칙으로 정해졌거나 사회적으로 인정된 것.

예 사람들 앞에서 공식적으로 말할 때에는 큰 소리로 잘 들리게 말해야 해.

반대말 **비공식적**

'공식적'의 반대말은 '아님'의 뜻을 더하는 '비'를 붙인 '비공식적'이야. 국가적으로나 사회적으로 인정되지 않은 것이라는 뜻이지.

연설

演 펼 연 + 說 말씀 설

뜻 여러 사람 앞에서 자기의 생각이나 주장을 말하는 것.

예 연설할 때에는 여러 사람 앞이므로 높임 표현을 써야 한다.

관련 어휘 **발표, 강연**

'발표'나 '강연'도 여러 사람 앞에서 하는 말하기야. '발표'는 어떤 사실이나 결과, 작품 등을 세상에 드러내어 널리 알리는 거야. 그리고 '강연'은 어떤 주제에 대해 다른 사람들 앞에서 가르치는 형식으로 말하는 것을 뜻해.

이것만은 꼭!

자료

資 도움 **자** + 料 재료 **료**

'자(資)'의 대표 뜻은 '재물', '료(料)'의 대표 뜻은 '헤아리다'야.

🔵뜻 글이나 사진처럼 어떤 일에 쓰는 재료. 사진, 표, 도표, 그림, 동영상, 실물 등이 있음.

🔵예 발표에 필요한 자료를 어떻게 찾으면 좋을지 생각해 보자.

검색

檢 조사할 **검** + 索 찾을 **색**

'검(檢)'의 대표 뜻은 '검사하다'야.

🔵뜻 책이나 컴퓨터에서 알고 싶은 것을 찾는 것.

🔵예 전통 음식을 소개하는 발표를 하려고 인터넷을 검색해 탕평채와 같은 전통 음식을 찾았다.

여러 가지 뜻을 가진 낱말 검색

'검색'은 수상한 사람의 몸을 뒤지거나 물건을 샅샅이 살펴보는 것을 뜻하기도 해.
🔵예 사건을 저지른 범인들이 경찰의 검색에 잡혔다.

출처

出 날 **출** + 處 곳 **처**

🔵뜻 말이나 사물이 생기거나 나온 곳.

🔵예 자료를 활용할 때에는 반드시 자료의 출처를 밝혀야 한다.

꼭! 알아야 할 속담

빈칸 채우기 '같은 값이면 [   ]'라는 말은 같은 값이면 좋은 물건을 선택하는 것을 이르는 말입니다.

다음 중 낱말의 뜻을 잘 알고 있는 것에 ✅ 하세요.

☐ 논설문   ☐ 타당성   ☐ 적절성   ☐ 주관적 표현   ☐ 모호한 표현   ☐ 단정하는 표현

✏️ 낱말을 읽고, ▨ 부분에 밑줄을 그으면서 낱말 공부를 해 보세요.

논설문

論 의견 **논** + 說 말할 **설** + 文 글월 **문**

🖐 '논(論)'의 대표 뜻은 '논하다', '설(說)'의 대표 뜻은 '말씀'이야.

이것만은 꼭!

🔵뜻 어떤 문제에 대해 자신의 주장을 논리적으로 내세워 읽는 사람을 설득하는 글.

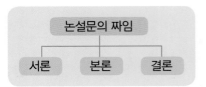

논설문의 짜임

서론   본론   결론

🔵예 논설문은 글쓴이의 주장과 주장을 뒷받침하는 근거로 이루어져 있다.

비슷한말 논설

'논설'도 '논설문'과 같은 뜻으로 쓰여. '논설'은 그 자체로 어떤 주제에 관해 자신의 의견과 주장을 논리적으로 설명하는 글이라는 뜻이야.

논설문의 목적은 읽는 사람을 설득하는 거야.

그래서 논설문에는 글쓴이의 주장과 함께 근거와 예시 자료가 들어 있지.

타당성

妥 온당할 **타** + 當 마땅 **당** + 性 성질 **성**

🖐 '성(性)'의 대표 뜻은 '성품'이야.

🔵뜻 이치에 맞는 옳은 성질.

🔵예 글쓴이의 주장에 대한 근거가 타당성이 있는지 판단해야 한다.

뜻을 더해 주는 말 -성

'타당성'에 쓰인 '-성'은 성질이나 특성이라는 뜻을 더하는 말이야. '타당성'처럼 '-성'이 붙어서 만들어진 낱말에는 다음과 같은 것들이 있어.
🔵예 가능성, 필요성, 창의성

적절성

適 맞을 **적** + 切 적절할 **절** + 性 성질 **성**

🖐 '절(切)'의 대표 뜻은 '끊다'야.

🔵뜻 꼭 알맞은 성질.

🔵예 논설문에 쓰인 표현이 알맞은지 적절성을 살펴보자.

비슷한말 적정성

'적정성'은 알맞고 바른 특성을 뜻해.
🔵예 선생님들은 시험 문제의 적정성을 검토했다.

주관적 표현

主 자신 **주** + 觀 생각 **관** +
的 ~한 상태로 되는 **적** +
表 겉 **표** + 現 나타날 **현**

🐭 '주(主)'의 대표 뜻은 '주인', '관
(觀)'의 대표 뜻은 '보다', '적(的)'
의 대표 뜻은 '과녁'이야.

뜻 자신만의 생각이나 감정에 치우치는 표현.

예 논설문을 쓸 때에는 '내가 보기에는~'과 같은 주관적 표현을 피해야 한다.

관련 어휘 **객관적 표현**

'객관적 표현'은 자기 느낌이나 생각을 담지 않고 사실을 있는 그대로 드러내는 표현
을 뜻해.

모호한 표현

模 모호할 **모** + 糊 흐릿할 **호** +
한 + 表 겉 **표** + 現 나타날 **현**

🐭 '모(模)'의 대표 뜻은 '본뜨다', '호
(糊)'의 대표 뜻은 '풀칠하다'야.

뜻 낱말이나 문장이 나타내는 의미가 분명하지 않아 정확하게 해석할
수 없는 표현.

예 논설문에서 "~할 것이다."와 같은 모호한 표현을 쓰면 읽는 이에게 자신의 주
장을 정확히 전할 수 없다.

단정하는 표현

斷 끊을 **단** + 定 정할 **정** + 하는
+ 表 겉 **표** + 現 나타날 **현**

뜻 '반드시', '절대로', '결코'와 같이 어떤 사실을 딱 잘라 판단하거나
결정하는 표현.

예 단정하는 표현은 읽는 이의 생각에 영향을 줄 수 있는 표현이므로 조심해서 써
야 한다.

글자는 같지만 뜻이 다른 낱말 **단정하다**

'단정하다'는 딱 잘라서 어떠하다고 생각하거나 결정한다는 뜻 외에 "모습이나 태도
가 흐트러짐 없이 바르고 깨끗하다."라는 뜻도 있어.

 ## 꼭! 알아야 할 관용어

○표
하기

'(간담 , 백골)이 서늘하다'는 "몹시 놀라서 섬뜩하다."라는 뜻입니다.

 **확인 문제**

✎ 44~45쪽에서 공부한 낱말을 떠올리며 문제를 풀어 보세요.

1 낱말과 그 뜻을 알맞게 선으로 이으세요.

(1) 연설 •

(2) 자료 •

(3) 출처 •

(4) 저작권 •

• 말이나 사물이 생기거나 나온 곳.

• 글이나 사진처럼 어떤 일에 쓰는 재료.

• 여러 사람 앞에서 자기의 생각이나 주장을 말하는 것.

• 사람의 생각이나 감정을 표현한 글, 그림, 노래 같은 창작물에 대해 그것을 만든 사람에게 주는 권리.

2 밑줄 친 낱말의 뜻으로 알맞은 것을 **보기**에서 찾아 기호를 쓰세요.

> **보기**
> ㉠ 책이나 컴퓨터에서 알고 싶은 것을 찾는 것.
> ㉡ 수상한 사람의 몸을 뒤지거나 물건을 샅샅이 살펴보는 것.

(1) 공항에서는 X선을 이용한 장비로 여행 가방에 위험한 물품이 없는지 <u>검색</u>한다. (   )

(2) 국립 박물관 누리집에서 고려청자를 <u>검색</u>해서 다양한 모양의 청자를 살펴보았다. (   )

3 밑줄 친 낱말의 쓰임이 알맞으면 ○표, 알맞지 않으면 ✕표로 가서 몇 번으로 나오는지 쓰세요.

(   )

✏️ 46～47쪽에서 공부한 낱말을 떠올리며 문제를 풀어 보세요.

4 낱말 뜻에서 빈칸에 들어갈 알맞은 낱말을 글자판에서 찾아 묶으세요. (낱말은 가로(ㅡ), 세로(ㅣ), 대각선(╱╲) 방향에 숨어 있어요.)

❶ ○○○ 표현은 자신만의 생각이나 감정에 치우치는 표현이다.

❷ ○○한 표현은 낱말이나 문장이 나타내는 의미가 분명하지 않아 정확하게 해석할 수 없는 표현이다.

❸ ○○하는 표현은 '반드시', '절대로', '결코'와 같이 어떤 사실을 딱 잘라 판단하거나 결정하는 표현이다.

5 밑줄 친 낱말과 같은 뜻으로 쓰인 문장을 골라 ○표 하세요.

> 흰색 셔츠를 입은 선욱이는 <u>단정하게</u> 앉아 있었다.

(1) 경찰은 한쪽 말만 듣고 그 남자를 범인으로 <u>단정했다</u>. (   )

(2) 머리를 곱게 빗어 넘긴 여학생의 모습이 참으로 <u>단정하게</u> 보였다. (   )

(3) 시간 약속을 지키지 않았다고 해서 나쁜 사람이라고 <u>단정할</u> 수 있니? (   )

6 ( ) 안에 들어갈 알맞은 낱말을 보기에서 찾아 쓰세요.

> **보기**
>
> 주관적   타당성   논설문   적절성

(1) (   )은 서론, 본론, 결론으로 짜여진 글이다.

(2) 이 표현이 논설문에 적합한 표현인지 그 (   )을 따져 보자.

(3) 자신의 주장을 정확히 드러내려면 (   ) 표현이 아닌 객관적 표현을 써야 한다.

(4) "동물들도 자유를 누릴 권리가 있다."는 근거는 "동물원을 없애야 한다."는 주장을 잘 뒷받침하고 있으므로 (   )이 있다.

사회 교과서 어휘

다음 중 낱말의 뜻을 잘 알고 있는 것에 ✅ 하세요.

☐ 주권 ☐ 국회 ☐ 정부 ☐ 심의 ☐ 발의 ☐ 국정 감사

여기는 우리나라의 국회야. 국회 의원들이 모여서 회의하는 장면을 텔레비전에서 본 적 있지? 국회 같은 국가 기관이 하는 일과 관련 있는 낱말들을 살펴볼까?

✏️ 낱말을 읽고, ▨▨▨ 부분에 밑줄을 그으면서 낱말 공부를 해 보세요.

주권

主 주인 **주** + 權 권리 **권**
👉 '권(權)'의 대표 뜻은 '저울추'야.

뜻 국민이 한 나라의 주인으로서 나라의 중요한 일을 스스로 결정하는 권리.

예 대한민국의 주권은 국민에게 있다.

주권은 우리 국민 모두가 가지고 있어. 헌법에도 국민 주권이 분명히 드러나 있지.

이것만은 꼭!

국회

國 나라 **국** + 會 모일 **회**

뜻 국민의 대표인 국회 의원이 나라의 중요한 일을 의논하고 법을 만드는 국가 기관.

예 국회에서는 전통 시장의 상인들을 보호하는 법을 만들었다.

▲ 국회 의사당

정부

政 정사 **정** + 府 관청 **부**
👆 '부(府)'의 대표 뜻은 '마을'이야.

뜻 법에 따라 나라의 살림을 맡아 하는 곳.

예 **정부**는 대통령과 국무총리 외에 행정 각 부로 구성되어 다양한 일을 맡고 있다.

▲ 정부 세종 청사

비슷한말 **행정부**

행정부는 대통령을 중심으로 국가의 행정을 맡아보는 기관이야.

심의

審 살필 **심** + 議 의논할 **의**

뜻 어떤 일을 토의하여 적절한가를 판단하는 일.

예 국회는 정부가 계획한 예산이 알맞게 짜여졌는지 **심의**한다.

관련 어휘 **예산안**

'예산안'은 국회의 심의를 받기 전에, 정부에서 나라의 살림에 필요한 비용을 계산하여 작성한 것을 뜻해. 예산안 심의는 국회가 하는 중요한 일 중 하나야.

발의

發 드러낼 **발** + 意 뜻 **의**
👆 '발(發)'의 대표 뜻은 '피다'야.

뜻 회의에서, 심의하고 의논해야 할 내용을 내놓음.

예 국회 의원이 어린이 보호 구역 내에 교통 안전 시설을 의무적으로 설치해야 한다는 내용이 담긴 법률안을 **발의**했다.

비슷한말 **제안**

'제안'은 "의견이나 안건으로 내놓음."을 뜻해.

국정 감사

國 나라 **국** + 政 정사 **정** +
監 볼 **감** + 査 조사할 **사**

뜻 국회가 정부의 업무를 살펴서 올바르지 않은 일이나 문제가 있는지 조사하는 것.

예 국회는 정부의 각 기관들이 법에 따라 일을 잘하고 있는지 감시하고 비판하기 위해 **국정 감사**를 한다.

관련 어휘 **국정과 감사**

'국정'은 나라의 정치를 뜻하고, '감사'는 기관이나 단체 같은 데서 잘못하는 일이 없는지 감독하고 잘 살피는 것을 뜻해.

2주차

2회

2주차 2회 사회 교과서 어휘

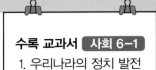

다음 중 낱말의 뜻을 잘 알고 있는 것에 ✔ 하세요.

☐ 법원 ☐ 삼심 제도 ☐ 삼권 분립 ☐ 제청 ☐ 견제 ☐ 균형

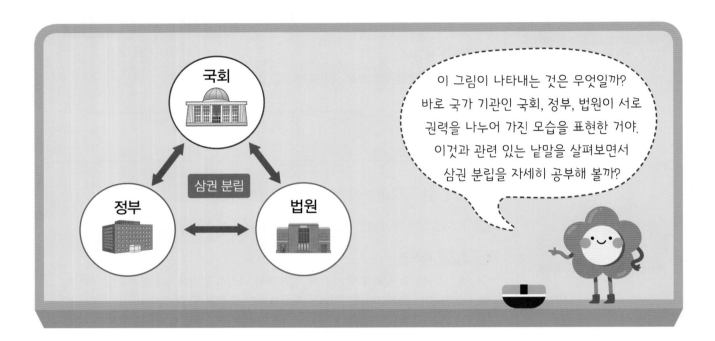

이 그림이 나타내는 것은 무엇일까? 바로 국가 기관인 국회, 정부, 법원이 서로 권력을 나누어 가진 모습을 표현한 거야. 이것과 관련 있는 낱말을 살펴보면서 삼권 분립을 자세히 공부해 볼까?

✏️ 낱말을 읽고, ▢ 부분에 밑줄을 그으면서 낱말 공부를 해 보세요.

법원

法 법 **법** + 院 관청 **원**
🖱️ '원(院)'의 대표 뜻은 '집'이야.

뜻 법에 따라 재판을 하는 곳.

예 법원은 사람들 사이에 다툼이나 억울한 일이 생겼을 때 재판으로 문제를 해결해 준다.

▲ 우리나라 최고 법원인 대법원

삼심 제도

三 석 **삼** + 審 살필 **심** +
制 규정 **제** + 度 법도 **도**
🖱️ '제(制)'의 대표 뜻은 '절제하다'야.

뜻 한 사건을 두고 세 번 재판을 받을 수 있는 제도.

예 우리나라는 공정한 재판을 위해 삼심 제도를 두고 있다.

우리나라의 재판 제도는 대부분 삼심 제도로 운영돼. 이 제도가 있어서 지방 법원, 고등 법원, 가장 높은 단계인 대법원까지 총 3번에 걸쳐 심판을 받을 수 있어.

2주차

2회

이것만은 꼭!

삼권 분립

三 석 **삼** + 權 권세 **권** +
分 나눌 **분** + 立 존재할 **립**

'권(權)'의 대표 뜻은 '저울추', '립(立)'의 대표 뜻은 '서다'야.

뜻 국가 권력을 국회, 정부, 법원이 나누어 맡는 것.

예 우리나라는 삼권 분립에 따라 국회는 법을 만들고, 정부는 법에 따라 국가 살림을 하며, 법원은 법에 따라 재판을 한다.

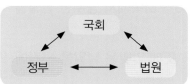

관련 어휘 **권력 분립**

'권력 분립'은 국가 기관이 권력을 나누고 서로 감시하는 민주 정치의 원리를 뜻해.
'삼권 분립'은 우리나라에서 이루어지고 있는 '권력 분립'이야.

제청

提 제시할 **제** + 請 청할 **청**

'제(提)'의 대표 뜻은 '끌다'야.

뜻 함께 의논해야 할 것을 제시하여 결정해 달라고 요구함.

예 대통령은 국회에 새로운 국무총리의 임명 동의안을 제청했다.

헷갈리기 쉬운 말 **재청**

'재청'은 회의에서 다른 사람이 내놓은 의견에 찬성하여 다시 제안하는 것을 말해.

예 저도 키 순서대로 앉자는 의견에 재청합니다.

견제

牽 이끌 **견** + 制 억제할 **제**

뜻 상대방이 자유롭게 행동하거나 힘이 강해지지 못하도록 함.

예 국회, 정부, 법원은 국가의 중요한 일을 마음대로 처리할 수 없도록 서로 견제하는 역할을 한다.

균형

均 고를 **균** + 衡 저울대 **형**

뜻 한쪽으로 기울거나 쏠리지 않은 고른 상태.

예 국회, 정부, 법원은 권력이 어느 한 곳으로 집중되지 않도록 균형을 유지한다.

비슷한말 **평형**

'평형'은 사물이나 생각이 어느 한쪽으로 기울거나 치우치지 않는 것을 뜻해.

반대말 **불균형**

'불균형'은 "어느 한쪽으로 기울거나 치우쳐 고르지 않음."을 뜻해.

확인 문제

✏️ 50~51쪽에서 공부한 낱말을 떠올리며 문제를 풀어 보세요.

1 뜻에 알맞은 낱말을 빈칸에 쓰세요.

(1)

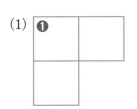

가로 열쇠 ❶ 나라의 정치. ○○ 감사는 국회가 정부의 업무를 살펴서 올바르지 않은 일이나 문제가 있는지 조사하는 것임.

세로 열쇠 ❶ 국민의 대표인 국회 의원이 나라의 중요한 일을 의논하고 법을 만드는 국가 기관.

(2)

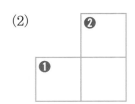

가로 열쇠 ❶ 어떤 일을 토의하여 적절한가를 판단하는 일.

세로 열쇠 ❷ 회의에서, 심의하고 의논해야 할 내용을 내놓음.

2 낱말의 뜻은 무엇인지 ( ) 안에서 알맞은 낱말을 골라 ○표 하세요.

(1) **정부** 법에 따라 (국회 , 나라)의 살림을 맡아 하는 곳.

(2) **주권** (국민 , 대통령)이 한 나라의 주인으로서 나라의 중요한 일을 스스로 결정하는 권리.

3 빈칸에 들어갈 알맞은 낱말을 글자 카드로 만들어 쓰세요.

(1) 국회에서는 매년 새로운 법안을 [　][　]하여 국민에게 필요한 법을 만들어 도움을 준다.

국　발　정　의　부

(2) 국민이 직접 뽑은 대통령은 [　][　][　]의 최고 책임자로서 나랏일을 계획하고 결정한다.

행　회　정　국　부

(3) 국회는 나라의 살림에 필요한 예산을 정부가 잘 계획했는지 [　][　]하여 확정하는 일을 한다.

심　주　의　권　세

✏️ 52~53쪽에서 공부한 낱말을 떠올리며 문제를 풀어 보세요.

4 뜻에 알맞은 낱말을 보기 에서 찾아 사다리를 타고 내려간 곳에 쓰세요.

보기
법원　　　균형　　　삼심 제도　　　삼권 분립

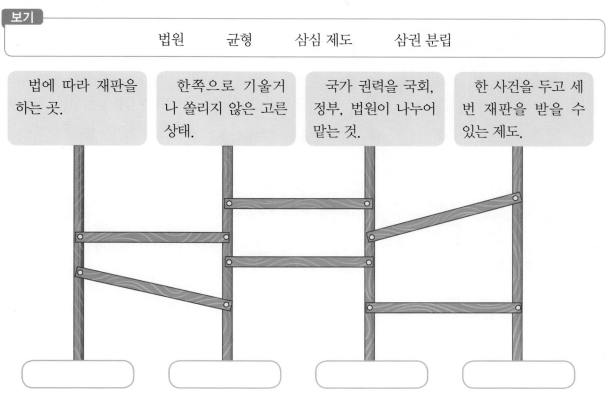

| 법에 따라 재판을 하는 곳. | 한쪽으로 기울거나 쏠리지 않은 고른 상태. | 국가 권력을 국회, 정부, 법원이 나누어 맡는 것. | 한 사건을 두고 세 번 재판을 받을 수 있는 제도. |

5 밑줄 친 낱말과 바꾸어 쓸 수 있는 낱말은 무엇인가요? (　　　　　)

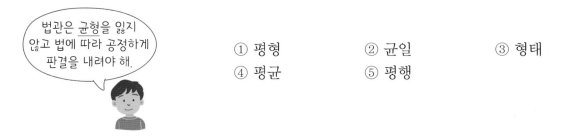

법관은 <u>균형</u>을 잃지 않고 법에 따라 공정하게 판결을 내려야 해.

① 평형　　　② 균일　　　③ 형태
④ 평균　　　⑤ 평행

6 (　) 안에서 알맞은 낱말을 골라 ◯표 하세요.

(1) (정부 , 법원)에서는 법을 지키지 않는 사람을 처벌하였다.

(2) 국회, 정부, 법원은 (삼심 제도 , 삼권 분립)(으)로 국가 권력을 나누어 맡는다.

(3) 국회는 국정 감사를 실시해 정부가 나라 살림을 잘하고 있는지 (견제 , 견학)한다.

(4) 변호사가 친아버지 성을 따라야 한다는 법률이 헌법에 어긋난다며 심판을 (제청 , 재청)했다.

수학 교과서 어휘

다음 중 낱말의 뜻을 잘 알고 있는 것에 ☑ 하세요.

☐ 각뿔 ☐ 각뿔의 밑면 ☐ 각뿔의 모서리 ☐ 소수점 위치 ☐ 몫의 자연수 부분 ☐ 어림셈

이집트의 피라미드 사진이야. 이 피라미드를 닮은 입체도형을 알고 있니? 피라미드는 각뿔 중 하나인 사각뿔 모양으로 지어졌어. 낱말을 공부하면서 각뿔에 대해 알아보자.

✏️ 낱말을 읽고, ▨ 부분에 밑줄을 그으면서 낱말 공부를 해 보세요.

 이것만은 꼭!

각뿔

角 모 **각** + 뿔
🔎 '각(角)'의 대표 뜻은 '뿔'이야.

뜻 밑면이 다각형이고 여러 개의 삼각형인 옆면으로 둘러싸인 입체도형.

예 프랑스 파리에 있는 루브르 박물관의 피라미드는 **각뿔** 모양이다.

▲ 삼각뿔　　▲ 사각뿔

각뿔의 밑면

角 모 **각** + 뿔의 밑 + 面 평면 **면**
🔎 '면(面)'의 대표 뜻은 '낯(얼굴)'이야.

뜻 각뿔을 놓았을 때 바닥에 놓인 면.

예 **각뿔의 밑면**이 가진 모양이 사각형이면 사각뿔이라고 부른다.

관련 어휘 **각뿔의 옆면**

각뿔의 밑면과 만나는 면을 '옆면'이라고 해.

옆면

밑면

▲ 각뿔의 밑면과 옆면

각뿔의 모서리
角 모 **각** + 뿔의 모서리

뜻 각뿔에서 면과 면이 만나는 선분.

예 밑면의 변의 수가 4개인 사각뿔의 모서리의 수는 8개이다.

관련 어휘 **각뿔의 꼭짓점**

모서리와 모서리가 만나는 점을 '꼭짓점'이라 하고, 여러 개의 꼭짓점 중에서도 옆면이 모두 만나는 점을 '각뿔의 꼭짓점'이라고 해.

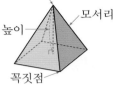

▲ 각뿔의 모서리와 꼭짓점

소수점 위치
小 작을 **소** + 數 셈 **수** +
點 점 **점** + 位 자리 **위** +
置 둘 **치**

뜻 소수와, 0 또는 자연수 사이에 찍는 부호의 자리.

예 25.26 ÷ 3에서 나누어지는 수인 25.26의 소수점 위치에 맞추어 몫에도 소수점을 올려 찍는다.

둘 이상의 낱말이 합쳐진 말 **소수점**

'소수점'은 '소수'와 '점'이라는 한자어끼리 합쳐진 낱말이야. '꼭짓점'은 '꼭지(순우리말)'와 '점(한자어)'이 합쳐진 낱말이라서 사이시옷이 들어가지. 하지만 '소수점'은 한자어끼리 합쳐진 낱말이라서 사이시옷이 들어가지 않아.

몫의 자연수 부분
몫의 + 自 저절로 **자** +
然 그럴 **연** + 數 셈 **수** +
部 곳 **부** + 分 나눌 **분**
🖱 '자(自)'의 대표 뜻은 '스스로', '부(部)'의 대표 뜻은 '떼'야.

뜻 나눗셈의 결괏값인 몫에서 자연수가 들어가는 부분.

예 6.48 ÷ 9는 몫이 1보다 작으므로, 몫의 자연수 부분에 0을 쓴다.

어림셈

뜻 대강 셈하는 것.

예 18.6 ÷ 4를 어림셈으로 계산하면 20 ÷ 4이므로 약 5라고 할 수 있다.

관용어 **어림 반 푼어치도 없다**

'어림셈'에 들어 있는 '어림'은 대강 짐작으로 헤아리는 셈이야. 이와 관련해 '어림 반 푼어치도 없다'는 말이 있지. 이 말은 너무 터무니없어서 다시 생각해 볼 가치도 없다는 뜻이야.

다음 중 낱말의 뜻을 잘 알고 있는 것에 ☑ 하세요.

☐ 비 ☐ 장애물 ☐ 비율 ☐ 밀집 ☐ 타율 ☐ 원액

너무 아름답다. 비가 딱 맞아서 그런가?

그래서 황금비라고 하잖아.

두 친구가 그림을 보면서 이야기하고 있는 '비'는 우리 생활에서 많이 쓰여. 낱말을 공부하면서 비와 비율에 대해 알아보자.

✎ 낱말을 읽고, ▨▨▨ 부분에 밑줄을 그으면서 낱말 공부를 해 보세요.

비

比 견줄 비

이것만은 꼭!

🔖 **뜻** 두 수를 나눗셈으로 비교하기 위해 기호 : 을 사용하여 나타낸 것.

🔖 **예** 카레를 만들 때 넣은 물의 양과 카레 가루 양의 비는 7 : 10이다.

관련 어휘 **기준량과 비교하는 양**

10 : 20
비교하는 양 기준량

이것을 10 대 20, 10과 20의 비, 10의 20에 대한 비, 20에 대한 10의 비라고 읽어.

장애물

障 가로막을 장 +
礙 막을 애 + 物 물건 물

⌐◦ '애(礙)'의 대표 뜻은 '거리끼다' 야.

🔖 **뜻** 어떤 일을 못 하게 하는 물건이나 대상.

🔖 **예** 선우는 중간에 설치된 장애물을 뛰어넘는 달리기에서 3등을 하였다.

비슷한말 **방해물**

'방해물'은 일이 제대로 되지 않게 간섭하고 막는 물건이나 대상을 뜻해.

비율
比 견줄 **비** + 率 비율 **율**

뜻 기준량에 대한 비교하는 양의 크기.

예 인구의 비율은 기준량인 넓이를 비교하는 양인 인구의 크기로 나눈 값이다.

$$비율 = \frac{(비교하는 양)}{(기준량)}$$

밀집
密 빽빽할 **밀** + 集 모을 **집**

뜻 여럿이 한곳에 빽빽하게 모여 있는 것.

예 서울이 강원도보다 넓이에 대한 인구의 비율이 더 높기 때문에 인구가 더 밀집해 있다고 할 수 있다.

비슷한말 **운집**

'운집'은 많은 사람들이 모여드는 것을 뜻해.
예 벚꽃을 보러 나온 시민들이 운집했다.

타율
打 칠 **타** + 率 비율 **율**

뜻 야구에서 타자가 규정에 맞게 공을 친 전체 횟수에 대해 1루 이상 나갈 수 있게 공을 친 비율.

예 김 선수는 올해 한국 프로 야구에서 타율이 가장 높은 선수로 뽑혔다.

▲ 공을 치는 타자

글자는 같지만 뜻이 다른 낱말 **타율**

'타율'은 자신의 의지와 상관없이 정해진 규칙이나 다른 사람의 명령에 따라 행동하는 일을 뜻해.
예 공부란 타율보다 자율에 따라 해야 한다.

원액
原 원래 **원** + 液 진 **액**
☞'원(原)'의 대표 뜻은 '언덕'이야.

뜻 물이나 다른 것을 섞지 않은 원래 그대로의 액체.

예 엄마는 포도 원액에 물을 섞어 포도 주스를 만들어 주셨다.

관련 어휘 **희석액**

'희석액'은 어떤 물질의 농도를 낮게 만들기 위해 사용하는 액체를 뜻해. 포도 원액에 물을 타서 포도 주스를 만든다면 물이 희석액이 되는 거야.

확인 문제

✏️ 56~57쪽에서 공부한 낱말을 떠올리며 문제를 풀어 보세요.

1 뜻에 알맞은 낱말이 되도록 보기 에서 글자를 찾아 쓰세요.

보기

어	연	모
자	수	림
서	셈	리

(1) 대강 셈하는 것. → ☐☐☐

(2) 각뿔에서 면과 면이 만나는 선분.

　　→ 각뿔의 ☐☐☐

(3) 나눗셈의 결괏값인 몫에서 자연수가 들어가는 부분.

　　→ 몫의 ☐☐☐ 부분

2 ( ) 안에서 맞춤법에 알맞은 낱말을 골라 ◯표 하세요.

(1) 삼각뿔에서 (꼭지점 , 꼭짓점)의 수는 4개이다.

(2) 8.2÷4의 몫은 8.2의 (소수점 , 소숫점) 위치에 맞추어 찍으면 된다.

3 빈칸에 들어갈 낱말로 알맞은 것은 무엇인가요? (　　)

나는 방학 동안 우주 여행을 다녀올 거야.

뭐? ☐ 반 푼어치 없는 소리 하지 마.

① 자리　　　② 어림　　　③ 높이　　　④ 위치　　　⑤ 소용

4 ( ) 안에 들어갈 알맞은 낱말을 보기 에서 찾아 쓰세요.

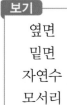

보기

옆면
밑면
자연수
모서리

(1) 각뿔에서 (　　　　　)의 개수는 1개이다.

(2) 각뿔에서 (　　　　　)의 모양은 모두 삼각형이다.

(3) 삼각뿔은 둘러싼 면의 수가 4개이고, (　　　　　)의 수는 6개이다.

(4) 8.6÷5를 계산하면 몫이 1.72이므로, 몫의 (　　　　　) 부분에 1을 쓴다.

✏️ 58~59쪽에서 공부한 낱말을 떠올리며 문제를 풀어 보세요.

5 낱말의 뜻을 보기 에서 찾아 사다리를 타고 내려간 곳에 기호를 쓰세요.

보기
ⓐ 기준량에 대한 비교하는 양의 크기.
ⓑ 두 수를 나눗셈으로 비교하기 위해 기호 :을 사용하여 나타낸 것.
ⓒ 야구에서 타자가 규정에 맞게 공을 친 전체 횟수에 대해 1루 이상 나갈 수 있게 공을 친 비율.

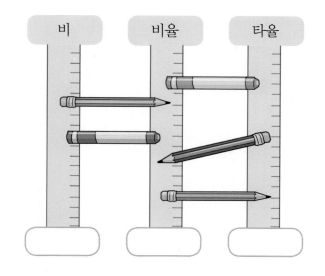

6 낱말의 뜻은 무엇인지 ( ) 안에서 알맞은 낱말을 골라 ○표 하세요.

(1) **장애물** — 어떤 일을 (잘하게 , 못 하게) 하는 물건이나 대상.

(2) **밀집** — 여럿이 한곳에 (빽빽하게 , 듬성듬성하게) 모여 있는 것.

(3) **원액** — 물이나 다른 것을 (섞은 , 섞지 않은) 원래 그대로의 액체.

7 빈칸에 들어갈 알맞은 낱말을 찾아 선으로 이으세요.

(1) 서울은 우리나라의 수도라서 인구가 [ ]해 있다. · · 비율

(2) 소금물 양에 대한 소금 양의 [ ](으)로 소금물의 진하기를 알 수 있다. · · 밀집

(3) 시각 장애인은 바로 앞에 놓인 [ ]을 피하지 못해 사고를 당할 수 있다. · · 장애물

다음 중 낱말의 뜻을 잘 알고 있는 것에 ✓ 하세요.

☐ 산소 ☐ 녹슬다 ☐ 압축 ☐ 이산화 탄소 ☐ 드라이아이스 ☐ 팽창

잠수부가 깊은 바닷속에서 사진을 찍고 있네. 잠수부 주변에 공기 방울이 보이니? 잠수부가 멘 통 속에 산소라는 기체가 들어 있기 때문이야. 산소 같은 기체와 관련 있는 낱말을 함께 알아보자.

✎ 낱말을 읽고, 부분에 밑줄을 그으면서 낱말 공부를 해 보세요.

 이것만은 꼭!

산소

酸 산소 산 + 素 본디 소

🖱 '산(酸)'의 대표 뜻은 '(맛이)시다'야.

뜻 생물이 숨 쉬는 데 꼭 필요한 기체. 공기 속에 많이 들어 있고 다른 물질이 타는 것을 도와줌.

예 공기 중에 산소의 양이 지금보다 많으면 불을 끄기 어려울 것이다.

▲ 산소로 높은 온도의 불을 이용하는 모습

녹슬다

綠 푸를 녹 + 슬다

뜻 쇠붙이가 겉에 녹이 생겨서 벌겋거나 퍼렇게 되다.

예 산소는 철이나 구리 같은 금속을 녹슬게 한다.

어법 '녹슬다'의 활용

'녹슬다'는 '녹슬어, 녹슬고, 녹스니, 녹슨……'과 같이 형태가 바뀌는 낱말이야. '녹슬다'가 '-으니, -은'과 합쳐지면 ㄹ이 탈락되어 '녹스니, 녹슨'이 되는 거지.

압축

壓 누를 **압** + 縮 줄일 **축**

뜻 부피를 줄여 작게 하는 것.

예 잠수부나 소방관 등이 숨 쉬기 어려울 때 사용하는 **압축** 공기통은 산소를 통에 넣어서 만든 장치이다.

여러 가지 뜻을 가진 낱말 압축

'압축'은 범위나 거리를 줄인다는 뜻으로 쓰이기도 해.
예 경찰은 수사를 계속한 끝에 범인을 두 명으로 <u>압축</u>했다.

이산화 탄소

二 두 **이** + 酸 산소 **산** +
化 될 **화** + 炭 탄소 **탄** +
素 본디 **소**
👈 '탄(炭)'의 대표 뜻은 '숯'이야.

뜻 동물이 숨을 내쉬거나 탄소가 들어 있는 물질이 탈 때 생기는 기체. 색깔과 냄새가 없음.

예 **이산화** 탄소는 물질이 타는 것을 막아 불을 끄는 성질이 있다.

▲ 소화기에 이용하는 이산화 탄소

드라이아이스

뜻 이산화 탄소를 높은 압력과 낮은 온도에서 압축하여 만든 흰색의 고체.

예 아이스크림 케이크가 녹지 않도록 상자 안에 **드라이아이스**를 넣어 포장하였다.

팽창

膨 부풀 **팽** + 脹 부을 **창**
👈 '팽(膨)'의 대표 뜻은 '(배가)부르다'야.

뜻 부풀어서 부피가 커짐.

예 이 구명조끼는 조끼의 튜브에 이산화 탄소를 넣어 위급한 순간에 **팽창**하도록 만들었다.

반대말 수축

'수축'은 어떤 것이 줄어들거나 오그라드는 것을 말해.

과학 교과서 어휘

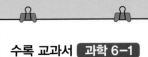

다음 중 낱말의 뜻을 잘 알고 있는 것에 ✓ 하세요.

☐ 압력 ☐ 가하다 ☐ 질소 ☐ 수소 ☐ 네온 ☐ 헬륨

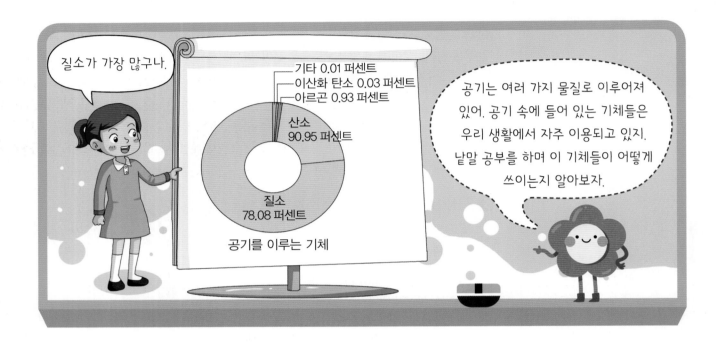

질소가 가장 많구나.

기타 0.01 퍼센트
이산화 탄소 0.03 퍼센트
아르곤 0.93 퍼센트
산소 90.95 퍼센트
질소 78.08 퍼센트

공기를 이루는 기체

공기는 여러 가지 물질로 이루어져 있어. 공기 속에 들어 있는 기체들은 우리 생활에서 자주 이용되고 있지. 낱말 공부를 하며 이 기체들이 어떻게 쓰이는지 알아보자.

✏️ 낱말을 읽고, ▨ 부분에 밑줄을 그으면서 낱말 공부를 해 보세요.

이것만은 꼭!

압력

壓 누를 **압** + 力 힘 **력**

뜻 밀거나 누르는 힘.

예 높은 산 위에서는 **압력**이 낮아져 과자 봉지가 부풀어 오른다.

여러 가지 뜻을 가진 낱말 압력

'압력'은 어떤 요구나 주장을 따르게 하는 힘을 뜻하기도 해.
예 반도체 산업이 국제 시장의 **압력**을 받고 있다.

가하다

加 가할 **가** + 하다
👆 '가(加)'의 대표 뜻은 '더하다'야.

뜻 어떤 영향을 끼치거나 주다.

예 기체에 압력을 **가하면** 부피가 작아진다.

글자는 같지만 뜻이 다른 낱말 가하다

'가하다'는 옳거나 좋다는 뜻이야.
예 공을 세운 사람에게 상을 내리는 것이 **가한** 일이다.

질소

窒 질소 **질** + 素 본디 **소**

🖱 '질(窒)'의 대표 뜻은 '막다'야.

🔵**뜻** 공기 속에 가장 많이 들어 있는 기체로 빛깔, 맛, 냄새가 없음. 식품의 내용물을 보호하거나 신선하게 보관하는 데 쓰임.

🔵**예** 대형 할인점들은 창고에 질소를 채워 사과와 같은 과일을 신선하게 유지한다.

질소는 비행기 타이어나 자동차 에어백을 채우는 데에도 쓰여.

수소

水 물 **수** + 素 본디 **소**

🔵**뜻** 가장 가벼운 기체로 빛깔, 맛, 냄새가 없고 불이 잘 붙음.

🔵**예** 수소는 오염 물질이 나오지 않는 청정 연료로, 전기를 만드는 데 이용한다.

▲ 수소 연료

네온

🔵**뜻** 전류가 흐르는 관에 넣으면 여러 가지 빛을 내는 기체.

🔵**예** 특이한 빛을 내는 조명 기구를 만들 때 이용하는 기체는 네온이다.

▲ 네온 광고

헬륨

🔵**뜻** 수소 다음으로 가볍고 빛깔과 냄새가 없는 기체.

🔵**예** 헬륨은 가벼운 성질을 가지고 있어 풍선이나 비행선을 공중에 띄우는 데 사용된다.

▲ 비행선

확인 문제

✎ 62~63쪽에서 공부한 낱말을 떠올리며 문제를 풀어 보세요.

1 뜻에 알맞은 낱말을 완성하세요.

(1)
| 팽 | 츠 |

부풀어서 부피가 커짐.

(2)
| 압 | 츠 |

부피를 줄여 작게 하는 것.

(3)
| ㅅ | 소 |

생물이 숨 쉬는 데 꼭 필요한 기체.

(4)
| ㅇ | | 화 | 탄 | |

동물이 숨을 내쉬거나 탄소가 들어 있는 물질이 탈 때 생기는 기체.

2 밑줄 친 부분이 바르게 쓰이지 <u>않은</u> 것에 ✕표 하세요.

(1) 오랫동안 쓰지 않은 칼이 검게 <u>녹슬어</u> 있었다. (   )

(2) 내가 아끼던 자전거가 <u>녹슬은</u> 것을 보니 마음이 아팠다. (   )

(3) 유명 업체가 만든 분유통 뚜껑이 <u>녹슬어</u> 반품 처리하기로 하였다. (   )

3 빈칸에 들어갈 알맞은 낱말을 찾아 선으로 이으세요.

(1)
페트병을 발로 밟아 □□□을/를 했더니 부피가 줄어들었다.   •

•   산소

(2)
응급 환자의 호흡 장치와 같은, 생명 유지와 관련된 일에 □□□이/가 이용된다.   •

•   압축

(3)
이산화 탄소를 이용한 □□□은/는 얼음처럼 차가워 음식물을 차게 보관할 수 있다.   •

•   드라이아이스

✏️ 64~65쪽에서 공부한 낱말을 떠올리며 문제를 풀어 보세요.

4 뜻에 알맞은 낱말을 보기 에서 찾아 쓰세요.

> 보기
>
> 수소   질소   네온   가하다

(1) (   ): 가장 가벼운 기체.

(2) (   ): 어떤 영향을 끼치거나 주다.

(3) (   ): 공기 속에 가장 많이 들어 있는 기체.

(4) (   ): 전류가 흐르는 관에 넣으면 여러 가지 빛을 내는 기체.

5 밑줄 친 낱말의 뜻으로 알맞은 것을 보기 에서 찾아 기호를 쓰세요.

> 보기
>
> ㉠ 밀거나 누르는 힘.   ㉡ 어떤 요구나 주장을 따르게 하는 힘.

(1) 선욱이는 부모님의 압력에 떠밀려 반장 선거에 나가게 되었다. (   )

(2) 바닷속 깊은 곳에서는 압력이 세져서 빈 페트병이 많이 찌그러진다. (   )

6 빈칸에 알맞은 낱말을 보기 에서 찾아 사다리를 타고 내려간 곳에 기호를 쓰세요.

> 보기
>
> ㉠ 네온   ㉡ 질소   ㉢ 수소

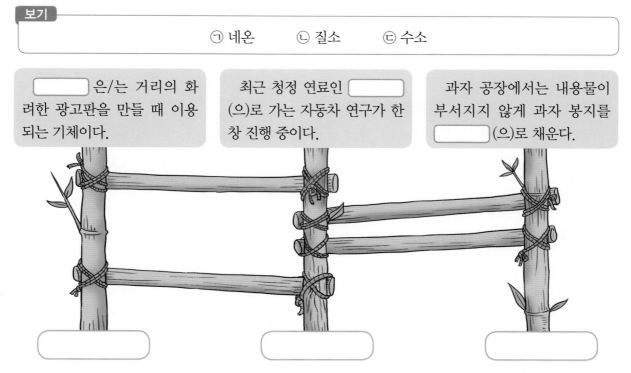

[   ]은/는 거리의 화려한 광고판을 만들 때 이용되는 기체이다.

최근 청정 연료인 [   ](으)로 가는 자동차 연구가 한창 진행 중이다.

과자 공장에서는 내용물이 부서지지 않게 과자 봉지를 [   ](으)로 채운다.

한자 어휘

發(발)이 들어간 낱말

✎ '發(발)'이 들어간 낱말을 읽고, ▨ 부분에 밑줄을 그으면서 낱말 공부를 해 보세요.

發
필 발

'발(發)'은 두 발로 딛고 서서 활을 쏘는 모습을 표현한 글자야. 그래서 원래 '쏘다'라는 뜻을 가지고 있었어. 이 뜻이 나중에 '떠나다', '나타나다', '피다' 등으로 넓어졌단다.

만發
發아
백發백중
출發점

피다 發

만발

滿 찰 만 + 發 필 발

뜻 꽃이 활짝 다 핌.

예 태백산에 가을꽃이 만발해 관광객들을 모으고 있다.

비슷한말 만개

'만개'는 꽃이 활짝 피는 것을 뜻해.

발아

發 필 발 + 芽 싹 아

뜻 씨앗에서 싹이 나옴.

예 파인애플의 씨는 늦게 발아한다고 알려져 있다.

비슷한말 싹트기

'싹트기'는 씨앗에서 싹이 트는 것을 뜻해.

쏘다·떠나다 發

백발백중

百 일백 백 + 發 쏠 발 + 百 일백 백 + 中 맞힐 중
☞'중(中)'의 대표 뜻은 '가운데'야.

뜻 총이나 활 등을 쏘는 대로 잘 맞히는 것.

예 그가 쏘는 슛은 정확해서 백발백중이었다.

비슷한말 명중

'명중'은 화살이나 총알 등이 겨냥한 곳에 바로 맞는 다는 뜻의 말이야.

예 양궁 선수가 쏜 화살이 모두 과녁에 명중했다.

출발점

出 나갈 출 + 發 떠날 발 + 點 점 점
☞'출(出)'의 대표 뜻은 '나다'야.

뜻 가려는 곳을 향해 처음 떠나는 곳.

예 장애물 달리기에서 장애물은 출발점에서 10미터 떨어진 거리에 있다.

반대말 도착점

'도착점'은 도착하는 지점이라는 뜻이야.

溫 **(온)이 들어간 낱말**

✏️ '溫(온)'이 들어간 낱말을 읽고, ▢ 부분에 밑줄을 그으면서 낱말 공부를 해 보세요.

溫

따뜻할 온

 '온(溫)'은 따뜻한 물이 가득 담긴 큰 통과 그 안에서 목욕하는 모습을 표현한 글자야. 그래서 '온(溫)'이 들어간 낱말은 '따뜻하다', '부드럽다'라는 뜻을 나타내. '익히다'라는 뜻으로 쓸 때도 있어.

溫도
溫기
溫순
溫고지신

따뜻하다 溫

온도

溫 따뜻할 **온** + 度 온도 **도**
└ '도(度)'의 대표 뜻은 '법도'야.

뜻 덥고 찬 정도.

예 오늘 낮에는 온도가 30도까지 올라갔다.

비슷한말 **수은주**

'수은주'는 수은 온도계에서 수은을 채워 온도나 기압을 나타내는 부분이야.

온기

溫 따뜻할 **온** + 氣 기운 **기**

뜻 따뜻한 기운.

예 난로를 피운 지 오래되었는지 방 안에 온기가 느껴지지 않는다.

반대말 **냉기, 찬기, 한기**

'냉기'와 '찬기'는 찬 기운을 뜻하고, '한기'는 추운 기운을 뜻해.

부드럽다·익히다 溫

온순

溫 부드러울 **온** + 順 순할 **순**

뜻 마음씨나 태도가 부드럽고 순한 것.

예 우리 집 강아지는 온순해서 사람을 잘 따른다.

비슷한말 **유순, 온화**

'유순'과 '온화'는 모두 성격이나 태도가 부드럽고 순하다는 뜻이야.

온고지신

溫 익힐 **온** + 故 옛 **고** + 知 알 **지** + 新 새로울 **신**

뜻 옛것을 익혀서 새로운 것을 앎.

예 화가는 온고지신하여 전통 기법을 계승해 나가고자 노력하였다.

비슷한말 **법고창신**

'법고창신'은 옛것을 본받아 새로운 것을 만든다는 뜻이야.

✏️ 68쪽에서 공부한 낱말을 떠올리며 문제를 풀어 보세요.

1 뜻에 알맞은 낱말을 빈칸에 쓰세요.

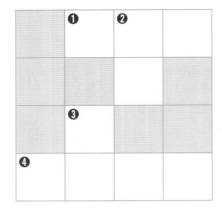

가로 열쇠 ➡️
❶ 가려는 곳을 향해 처음 떠나는 곳.
❹ 총이나 활 등을 쏘는 대로 잘 맞히는 것.

세로 열쇠 ⬇️
❷ 씨앗에서 싹이 나옴.
❸ 꽃이 활짝 다 핌.

2 다음 낱말과 반대되는 뜻의 낱말을 쓰세요.

도착점	↔	
도착하는 지점.		가려는 곳을 향해 처음 떠나는 곳.

3 밑줄 친 낱말과 바꾸어 쓸 수 있는 낱말은 무엇인가요? (   )

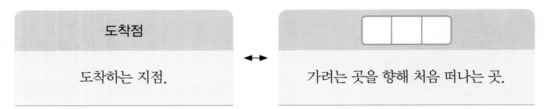

어느새 온 산에 개나리와 진달래가 만발해 있다.

① 만족   ② 유지   ③ 만개   ④ 낙화   ⑤ 발견

4 밑줄 친 낱말을 알맞게 사용하지 <u>못한</u> 친구에게 ✕표 하세요.

(1) 할아버지는 총을 쏘면 백발백중인 명사수셨대.

(2) 이 길을 따라가면 도착점이 보일 거라고 했어.

(3) 쌀눈에 붙어 있는 작은 점이 바로 만발한 싹이야.

(   )   (   )   (   )

69쪽에서 공부한 낱말을 떠올리며 문제를 풀어 보세요.

5 낱말과 그 뜻을 알맞게 선으로 이으세요.

(1) 온순 • | • 따뜻한 기운.

(2) 온기 • | • 덥고 찬 정도.

(3) 온도 • | • 마음씨나 태도가 부드럽고 순한 것.

(4) 온고지신 • | • 옛것을 익혀서 새로운 것을 앎.

6 뜻이 비슷한 낱말끼리 짝 지어진 것에 ○표 하세요.

(1) 온기 – 냉기

( )

(2) 온순 – 유순

( )

(3) 온기 – 온도

( )

7 밑줄 친 낱말의 쓰임이 알맞으면 ○표, 알맞지 <u>않으면</u> ✕표로 가서 몇 번으로 나오는지 쓰세요.

시작 바닷물의 <u>온도</u>가 올라가면 기상 이변이 일어난다. ○ ➡ 동생은 성격이 <u>온기</u>해서 식구들의 사랑을 많이 받았다. ○ ➊

✕ ⬇

➋ ○ ⬅ 한복을 연구해서 새로운 옷을 만들다니, <u>온고지신</u>이구나. ✕ ⬇ 온돌은 방바닥의 <u>온순</u>을 오래 유지해 준다. ○ ➌

➍ ✕ ⬇ ➎ ✕ ⬇

( )

✎ 2주차 1회~5회에서 공부한 낱말을 떠올리며 문제를 풀어 보세요.

낱말 뜻

1 낱말의 뜻이 알맞지 <u>않은</u> 것은 무엇인가요? (   )

① 산소: 생물이 숨 쉬는 데 꼭 필요한 기체.
② 각뿔의 모서리: 각뿔에서 면과 면이 만나는 선분.
③ 삼심 제도: 국가 권력을 국회, 정부, 법원이 나누어 맡는 것.
④ 논설문: 어떤 문제에 대해 자신의 주장을 논리적으로 내세워 읽는 사람을 설득하는 글.
⑤ 국회: 국민의 대표인 국회 의원이 나라의 중요한 일을 의논하고 법을 만드는 국가 기관.

낱말 뜻

2 (   ) 안에서 알맞은 낱말을 골라 ○표 하세요.

(1) (압축 , 팽창)은 부피를 줄여 작게 하는 것이다.

(2) (비 , 비율)은/는 두 수를 나눗셈으로 비교하기 위해 기호 :을 사용하여 나타낸 것이다.

(3) (주권 , 저작권)은 국민이 한 나라의 주인으로서 나라의 중요한 일을 스스로 결정하는 권리를 뜻한다.

비슷한말

3 뜻이 비슷한 낱말끼리 짝 지어진 것을 두 가지 고르세요. (,   )

① 팽창 – 수축   ② 온기 – 찬기   ③ 균형 – 평형
④ 장애물 – 방해물   ⑤ 공식적 – 비공식적

글자는 같지만 뜻이 다른 낱말

4 밑줄 친 낱말의 뜻으로 알맞은 것을 보기 에서 찾아 기호를 쓰세요.

> **보기**
> ㉠ 딱 잘라서 어떠하다고 생각하거나 결정하다.
> ㉡ 모습이나 태도가 흐트러짐 없이 바르고 깨끗하다.

(1) 외출할 때에는 용모를 <u>단정하게</u> 하는 것이 좋다. (   )

(2) 다른 사람의 성격이나 생각을 마음대로 <u>단정해서는</u> 안 된다. (   )

5 밑줄 친 부분의 공통된 뜻은 무엇인가요? (   )

| 타당<u>성</u>   가능<u>성</u>   창의<u>성</u> |

① 능력   ② 성질   ③ 차이
④ 생각   ⑤ 성공

6 빈칸에 들어갈 알맞은 낱말을 찾아 선으로 이으세요.

(1)
> 정은이는 학교 축제를 열자는 수호의 의견에
> [   ]했다.
•

• 제청

(2)
> 국무총리는 앞으로 정부에서 일할 각 부의 장
> 관 후보자 임명을 [   ]했다.
•

• 재청

7 ~ 10 (   ) 안에 들어갈 알맞은 낱말을 보기 에서 찾아 쓰세요.

보기
| 발의   질소   적절성   백발백중 |

7 (   )은/는 식품 포장이나 자동차의 에어백을 채우는 데 이용한다.

8 ○○○ 의원은 공중화장실에 어린이용 세면대를 설치하자는 법률을 (   )했다.

9 축구 선수들이 대회의 우승을 결정짓는 승부차기에 도전해 (   )(으)로 모두 골을
넣었다.

10 논설문에서는 혹시 주관적 표현이나 모호한 표현, 단정하는 표현을 사용하지 않았는지 표현의
(   )을/를 살펴보아야 한다.

3주차 어휘 미리 보기

한 주 동안 공부할 어휘들이야. 쓱 한번 훑어볼까?

1회

학습 계획일 ◯월 ◯일

국어 교과서 어휘

속담	단서
협동	추론
수선	배경지식
업신여기다	특정
배다	촬영
허황되다	편집

2회

학습 계획일 ◯월 ◯일

사회 교과서 어휘

가계	경공업
이윤	중화학 공업
합리적	반도체
소비자	정보 통신망
경쟁	첨단 산업
공정	위상

3회

학습 계획일 ◯월 ◯일

수학 교과서 어휘

백분율	그림그래프
할인율	띠그래프
득표율	통계
출고량	권역
잔여	어림값
성공률	기타

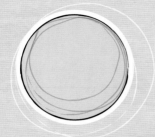

4회 학습 계획일 ◯월 ◯일

과학 교과서 어휘

세포	광합성
표피 세포	기공
지지	증산 작용
저장	암술
곧은줄기	꽃가루받이
단면	개량

5회 학습 계획일 ◯월 ◯일

한자 어휘

괄목상대	경유
목격	경험
목표	경영
안목	우이독경

어휘력 테스트

4주차 어휘 학습으로 가 보자!

다음 중 낱말의 뜻을 잘 알고 있는 것에 ✓ 하세요.

☐ 속담 ☐ 협동 ☐ 수선 ☐ 업신여기다 ☐ 배다 ☐ 허황되다

✎ 낱말을 읽고, ▨ 부분에 밑줄을 그으면서 낱말 공부를 해 보세요.

이것만은 꼭!

속담
俗 풍속 속 + 談 말씀 담

뜻 옛날부터 전해 내려오는 지혜가 담긴 짧은 말.

예 고운 말을 쓰자는 주장으로 글을 쓸 때 '가는 말이 고와야 오는 말이 곱다'라는 속담을 사용했다.

관련 어휘 관용어

'관용어'는 오랫동안 습관적으로 자주 쓰이면서 특별한 의미로 굳어진 말이야. '발이 넓다', '머리를 쓰다' 등과 같은 말이지.

> 속담을 사용하면 자신의 생각을 효과적으로 드러낼 수 있고, 듣는 사람의 흥미를 끌 수 있어.

협동
協 도울 협 + 同 함께 동
'협(協)'의 대표 뜻은 '화합하다', '동(同)'의 대표 뜻은 '같다'야.

뜻 서로 마음과 힘을 하나로 합함.

예 친구들과 협동해서 교실을 청소하니 힘들지 않았다.

비슷한말 단결, 협력

'단결'은 여러 사람이 마음과 힘을 한데 합치는 것을 뜻해. 그리고 '협력'은 힘을 합해 서로 돕는다는 뜻이야.

> 우리 반이 모두 협동하니 번쩍번쩍하구나.

수선

뜻 마음을 어지럽게 만드는 시끄러운 말이나 혼란스러운 행동.

예 소를 도둑맞은 뒤에 빈 외양간의 허물어진 데를 고친다고 수선을 떨어 봐야 소용이 없다.

글자는 같지만 뜻이 다른 낱말 수선

'수선'은 오래되거나 고장 난 것을 다시 쓸 수 있게 고친다는 뜻이야.
예 바지가 짧아져서 옷 수선을 맡겼다.

업신여기다

뜻 남을 낮추어 보거나 중요하지 않게 여기다.

예 '지렁이도 밟으면 꿈틀한다'라는 속담은 순하고 좋은 사람이라도 너무 업신여기면 가만있지 않는다는 뜻이다.

비슷한말 얕보다, 내려다보다

'얕보다'는 실제보다 낮추어 하찮게 본다는 뜻이야. 그리고 '내려다보다'는 남을 자기보다 낮추어 본다는 뜻을 가지고 있어.

배다

뜻 어떤 태도나 생각, 행동 등이 버릇이 되어 익숙해지다.

예 '세 살 적 버릇이 여든까지 간다'고 어릴 때 몸에 밴 버릇은 늙어서도 고치기 힘들다.

헷갈리기 쉬운 말 베다

얇고 날카로운 부분이 있는 연장으로 물건을 끊거나 자르는 것을 '베다'라고 해.
예 낫으로 풀을 베다.

허황되다

虛 헛될 **허** + 荒 황당할 **황** + 되다

🔖 '허(虛)'의 대표 뜻은 '비다(없다)', '황(荒)'의 대표 뜻은 '거칠다'야.

뜻 헛되고 황당하여 믿을 수가 없다.

예 독을 파는 장수는 독을 네 개 판 돈으로 독을 여덟 개 사는 식으로 하면 며칠 뒤에 독을 천만 개나 살 수 있다는 허황된 계산을 했다.

관용어 구름 잡다

'구름 잡다'는 뚜렷하지 않고 어렴풋하거나 허황된 것을 좇는다는 뜻이야.
예 언니는 곧 부자가 될 것이라며 구름 잡는 소리만 했다.

👐 꼭! 알아야 할 속담

빈칸 채우기 '☐도 차면 기운다'는 말은 세상의 온갖 것이 한번 잘되면 다시 기운이나 세력이 약해지기 마련이라는 말입니다.

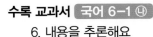
다음 중 낱말의 뜻을 잘 알고 있는 것에 ✓ 하세요.

☐ 단서　☐ 추론　☐ 배경지식　☐ 특정　☐ 촬영　☐ 편집

✏️ 낱말을 읽고, ▨ 부분에 밑줄을 그으면서 낱말 공부를 해 보세요.

단서

端 처음 **단** + 緒 실마리 **서**
🖱 '단(端)'의 대표 뜻은 '끝'이야.

🔵 **뜻** 일이 일어난 까닭을 풀 수 있는 시작이 되는 부분.

🔵 **예** 영상 광고의 제목을 이해하려고 광고에 나오는 사람들의 말과 행동에서 **단서**를 확인했다.

비슷한말 단초, 실마리

'단초'와 '실마리'는 일을 해결해 나갈 수 있는 시작이 되는 부분을 뜻해.

추론

推 추측할 **추** + 論 논할 **론**
🖱 '추(推)'의 대표 뜻은 '밀다'야.

이것만은 꼭!

🔵 **뜻** 이미 아는 정보를 근거로 삼아 다른 판단을 이끌어 내는 것.

🔵 **예** 그림 속 나무에 새싹이 돋은 것을 보니 봄에 일어난 일인 것을 **추론**할 수 있다.

나무의 새싹을 보니 그림 속 계절은 봄인 것 같아.

추론하면서 글을 읽으면 내용이나 상황을 좀 더 깊고 넓게 이해할 수 있어.

배경지식

背 뒤 **배** + 景 경치 **경** +
知 알 **지** + 識 알 **식**
🖱 '배(背)'의 대표 뜻은 '등', '경(景)'의 대표 뜻은 '볕'이야.

🔵 **뜻** 어떤 것과 관련해 이미 알고 있는 지식.

🔵 **예** 정조 임금에 대한 **배경지식**이 있어서 수원 화성이 어떻게 만들어졌는지에 대해 쓴 글을 쉽게 이해할 수 있었다.

직접 보고, 듣고, 경험한 일뿐 아니라 책에서 읽은 것도 배경지식이라고 할 수 있어.

특정
特 특별할 **특** + 定 정할 **정**

뜻 특별히 정함.

예 "수원 화성은 1997년에 유네스코 세계 문화유산으로 지정되었다."라는 특정 부분을 통해 수원 화성이 세계적으로 인정받고 있음을 알 수 있다.

반대말 불특정

'불특정'은 대상이나 장소 등을 특별히 정하지 않음을 뜻해. 주로 '불특정 ~'로 쓰인단다.

촬영
撮 사진 찍을 **촬** + 影 그림자 **영**

뜻 사람, 물건, 경치 같은 것을 사진이나 영화로 찍는 것.

예 영상 광고를 만들기 위해 촬영 시각과 장소를 정하고 우리 반 아이들이 축구하는 장면을 촬영했다.

편집
編 편집할 **편** + 輯 모을 **집**
🖱 '편(編)'의 대표 뜻은 '엮다'야.

뜻 영화 필름이나 녹음테이프, 문서 등을 모아 하나의 작품으로 완성하는 일.

예 광고의 주제가 잘 나타나도록 촬영한 장면의 순서를 바꾸어 편집했다.

꼭! 알아야 할 관용어

○표
하기

'(입 , 귀)이 닳다'는 다른 사람이나 물건에 대하여 거듭해서 말한다는 뜻입니다.

확인 문제

✎ 76~77쪽에서 공부한 낱말을 떠올리며 문제를 풀어 보세요.

1 뜻에 알맞은 낱말을 글자판에서 찾아 묶으세요. (낱말은 가로(ㅡ), 세로(ㅣ), 대각선(╱╲) 방향에 숨어 있어요.)

금	업	관	찰	수
허	신	람	선	목
황	여	협	동	적
되	기	실	현	성
다	다	가	속	담

❶ 헛되고 황당하여 믿을 수가 없다.
❷ 서로 마음과 힘을 하나로 합함.
❸ 남을 낮추어 보거나 중요하지 않게 여기다.
❹ 옛날부터 전해 내려오는 지혜가 담긴 짧은 말.
❺ 마음을 어지럽게 만드는 시끄러운 말이나 혼란스러운 행동.

2 ( ) 안에서 알맞은 낱말을 골라 ○표 하세요.

(1) 나무꾼은 땔감으로 쓸 나무를 (배러 , 베러) 산에 갔다.

(2) 우리는 거짓말이 입에 (밴 , 벤) 그 아이의 말을 믿을 수 없었다.

(3) 방학 동안 게으름이 몸에 (배어 , 베어) 일찍 일어나는 것이 힘들다.

3 ( ) 안에 들어갈 알맞은 낱말을 보기 에서 찾아 쓰세요.

보기

수선　　　　　허황　　　　　협동

(1) '백지장도 맞들면 낫다'라는 말이 있듯이 친구들이 (　　　　　)해서 책을 정리하니 책 정리가 빨리 끝났다.

(2) 몇백 년 전에 해적이 바다에 떨어뜨린 보물을 찾을 것이라는 등의 (　　　　　)된 꿈은 얼른 버리는 것이 좋다.

(3) '소 잃고 외양간 고친다'고 동물원 측은 사자가 탈출한 뒤에야 동물원 시설을 점검하겠다며 (　　　　　)을 피웠다.

✏️ 78~79쪽에서 공부한 낱말을 떠올리며 문제를 풀어 보세요.

4 뜻에 알맞은 낱말을 **보기** 에서 찾아 쓰세요.

> **보기**
>
> 편집 촬영 추론 배경지식

(1) (   ): 어떤 것과 관련해 이미 알고 있는 지식.

(2) (   ): 사람, 물건, 경치 같은 것을 사진이나 영화로 찍는 것.

(3) (   ): 이미 아는 정보를 근거로 삼아 다른 판단을 이끌어 내는 것.

(4) (   ): 영화 필름이나 녹음테이프, 문서 등을 모아 하나의 작품으로 완성하는 일.

5 밑줄 친 낱말과 뜻이 비슷한 낱말을 두 가지 고르세요. (,   )

> 경희궁이 얼마나 컸는지에 대한 <u>단서</u>를 찾기 위해 궁궐의 규모와 관련된 부분을 읽었다.

① 의지   ② 단초   ③ 문제   ④ 이름   ⑤ 실마리

6 빈칸에 들어갈 알맞은 낱말을 글자 카드로 만들어 쓰세요.

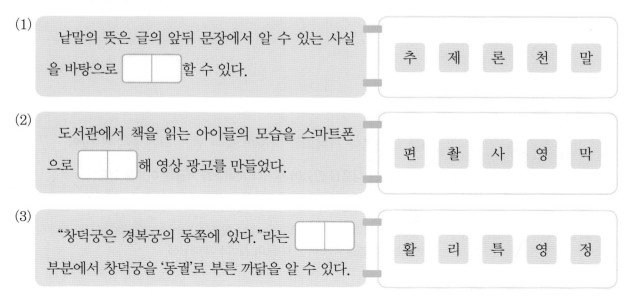

(1) 낱말의 뜻은 글의 앞뒤 문장에서 알 수 있는 사실을 바탕으로 [ ][ ] 할 수 있다.

추 제 론 천 말

(2) 도서관에서 책을 읽는 아이들의 모습을 스마트폰으로 [ ][ ] 해 영상 광고를 만들었다.

편 촬 사 영 막

(3) "창덕궁은 경복궁의 동쪽에 있다."라는 [ ][ ] 부분에서 창덕궁을 '동궐'로 부른 까닭을 알 수 있다.

활 리 특 영 정

사회 교과서 어휘

다음 중 낱말의 뜻을 잘 알고 있는 것에 ☑ 하세요.

☐ 가계 ☐ 이윤 ☐ 합리적 ☐ 소비자 ☐ 경쟁 ☐ 공정

한 친구가 노트북을 고르고 있어. 그런데 종류가 너무 많아서 고민이래. 이럴 땐 어떤 제품을 사야 할까? 합리적 소비와 관련 있는 낱말을 알아보자.

우아, 엄청 많다. 어떤 걸 사지?

✎ 낱말을 읽고, 부분에 밑줄을 그으면서 낱말 공부를 해 보세요.

가계

家 집 **가** + 計 살림살이 **계**
🖱'계(計)'의 대표 뜻은 '세다'야.

뜻 가정 살림을 같이하는 생활 공동체.

예 가계는 일해서 얻은 소득으로 생활에 필요한 물건을 산다.

관련 어휘 **소득**

'소득'은 일정 기간 동안에 정해진 일을 하고 그 대가로 받는 수입을 뜻해. 가계는 기업의 생산 활동에 참여해서 그 생산 활동의 대가로 소득을 얻는 거야.

이윤

利 이익 **이** + 潤 이득 **윤**
🖱'윤(潤)'의 대표 뜻은 '윤택하다'야.

뜻 물건이나 서비스를 만들어 팔아 얻게 되는 순수한 이익.

예 기업은 상품을 만들어 팔거나 서비스를 제공해 이윤을 얻는다.

관련 어휘 **서비스**

사람들이 살아가는 데 편리함을 주는 활동을 '서비스'라고 해. 물건을 판매하거나 운반하는 것, 병을 치료하는 것 등이 서비스에 해당해.

이것만은 꼭!

합리적

合 적합할 **합** + 理 이치 **리** + 的 ~한 상태가 되는 **적**

🖱 '합(合)'의 대표 뜻은 '합하다', '리(理)'의 대표 뜻은 '다스리다', '적(的)'의 대표 뜻은 '과녁'이야.

뜻 이치에 꼭 들어맞는 것.

예 **합리적**인 소비란 가장 적은 비용으로 가장 큰 만족을 얻을 수 있는 물건을 사는 것이다.

반대말 **비합리적**

'비합리적'은 '아님'의 뜻을 더하는 '비'를 붙여 이치에 맞지 않는 것을 뜻해.

소비자

消 소모할 **소** + 費 쓸 **비** + 者 사람 **자**

🖱 '소(消)'의 대표 뜻은 '사라지다'야.

뜻 물건이나 서비스 등을 구입하거나 사용하는 사람.

예 기업은 **소비자**가 원하는 것을 반영해 다양한 물건을 만든다.

반대말 **생산자**

'생산자'는 생산 활동을 하는 사람을 뜻해. 근로자나 회사원, 버스 운전기사, 요리사, 의사 등은 모두 생산 활동을 하는 생산자라고 할 수 있어.

경쟁

競 겨룰 **경** + 爭 경쟁할 **쟁**

🖱 '경(競)'과 '쟁(爭)'의 대표 뜻은 '다투다'야.

뜻 이기거나 앞서려고 서로 겨루는 것.

예 기업은 더 많은 이윤을 얻기 위해 다른 기업과 **경쟁**한다.

비슷한말 **경합**

'경합'은 이익과 권리가 따르는 일을 맡으려고 서로 맞서 겨룸을 뜻하는 말이야.

예 작품상을 놓고 두 팀이 마지막까지 **경합**을 벌였다.

▲ 많은 식당이 서로 경쟁하는 모습

공정

公 공평할 **공** + 正 바를 **정**

뜻 어느 한쪽으로 치우치지 않고 공평하고 올바름.

예 기업끼리 물건의 가격을 상의해서 올리는 것은 **공정**하지 못한 행동이다.

반대말 **불공정**

공평하지 않고 올바르지 않은 것을 '불공정'이라고 해.

사회 교과서 어휘

다음 중 낱말의 뜻을 잘 알고 있는 것에 ✓ 하세요.

☐ 경공업 ☐ 중화학 공업 ☐ 반도체 ☐ 정보 통신망 ☐ 첨단 산업 ☐ 위상

한강을 끼고 발전한 서울의 모습을 찍은 사진이야. '한강의 기적'이라는 말을 들어 본 적 있니? 우리나라의 엄청난 경제적 발전을 칭찬하는 말이지. 이런 우리나라의 경제 발전과 관련 있는 낱말을 살펴보자.

✏️ 낱말을 읽고, ▨ 부분에 밑줄을 그으면서 낱말 공부를 해 보세요.

경공업

輕 가벼울 **경** + 工 만들 **공** + 業 산업 **업**

👆'공(工)'의 대표 뜻은 '장인', '업(業)'의 대표 뜻은 '업'이야.

뜻 식료품, 섬유, 종이 등 비교적 가벼운 물건을 만드는 산업.

예 우리나라는 1960년대에 풍부한 노동력을 바탕으로 **경공업**을 발전시켰다.

관련 어휘 **노동력**

'노동력'은 노동하는 데 필요한 사람의 힘을 뜻해. 경공업은 손으로 만드는 과정이 많아 노동력이 풍부했던 우리나라에 유리한 산업이었어.

중화학 공업

重 무거울 **중** + 化 변화 **화** + 學 학문 **학** + 工 만들 **공** + 業 산업 **업**

👆'화(化)'의 대표 뜻은 '되다', '학(學)'의 대표 뜻은 '배우다'야.

뜻 철, 배, 자동차 등 무거운 제품이나 플라스틱, 고무 제품, 화학 섬유 제품을 생산하는 산업.

예 우리나라는 1970년대에 철강, 석유 화학, 기계, 조선 산업으로 대표되는 **중화학 공업**을 키웠다.

관련 어휘 **철강, 석유 화학, 기계, 조선 산업**

• 철강 산업: 철을 만들어 내거나 철을 이용한 제품을 만드는 산업.
• 석유 화학 산업: 석유나 천연가스로 화학 제품을 만드는 산업.
• 기계 산업: 기계를 만드는 산업. / • 조선 산업: 배를 만드는 산업.

반도체

斗 반 **반** + 導 통할 **도** +
體 물질 **체**

👆'도(導)'의 대표 뜻은 '인도하다',
'체(體)'의 대표 뜻은 '몸'이야.

뜻 여러 상태에 따라 전기가 통하기도 하고
안 통하기도 하는 물질.

예 반도체는 컴퓨터와 가전제품에 꼭 들어가는 부
품이다.

 이것만은 꼭!

정보 통신망

情 사실 **정** + 報 알릴 **보** +
通 통할 **통** + 信 소식 **신** +
網 그물 **망**

👆'정(情)'의 대표 뜻은 '뜻', '보(報)'
의 대표 뜻은 '갚다', '신(信)'의
대표 뜻은 '믿다'야.

뜻 문자, 음성, 영상 등의 정보를 주고받을 수 있도록 통신 시설을 그
물처럼 연결해 놓은 것.

예 정부와 기업은 정보를 빠르게 주고받으려고 초고속 정보 통신망을 만들었다.

관련 어휘 **초고속 정보 통신망**

다양하고 수많은 정보를 매우 빠르게 주고받을 수 있도록 통신 시설을 연결해 놓은
것을 '초고속 정보 통신망'이라고 해.

첨단 산업

尖 뾰족할 **첨** + 端 끝 **단** +
産 생산할 **산** + 業 산업 **업**

👆'산(産)'의 대표 뜻은 '낳다'야.

뜻 매우 높은 기술을 필요로 하는 산업.

예 우리나라는 2000년대 이후 생명 공학, 신소재 산업, 우주 항공, 로봇 산업 등
첨단 산업이 발달하고 있다.

관련 어휘 **신소재 산업**

'신소재 산업'은 지금까지의 재료에는 없는 뛰어난 특성을 가진 새로운 소재를 만드
는 산업이야. 탄소 섬유나 수소 연료 전지 등을 만드는 일이지.

위상

位 자리 **위** + 相 모양 **상**

👆'상(相)'의 대표 뜻은 '서로'야.

뜻 어떤 사물이 다른 사물과의 관계 속
에서 가지는 위치나 상태.

예 우리나라는 의료 서비스 산업 등의 발달로
국제 사회에서 위상이 높아졌다.

▲ 의료 서비스 산업

확인 문제

📝 82~83쪽에서 공부한 낱말을 떠올리며 문제를 풀어 보세요.

1 뜻에 알맞은 낱말이 되도록 보기 에서 글자를 찾아 쓰세요.

보기

| 비 | 이 | 정 | 가 | 소 |

(1) 가정 살림을 같이하는 생활 공동체. → ☐ 계

(2) 어느 한쪽으로 치우치지 않고 공평하고 올바름. → 공 ☐

(3) 물건이나 서비스 등을 구입하거나 사용하는 사람. → ☐ ☐ 자

(4) 물건이나 서비스를 만들어 팔아 얻게 되는 순수한 이익. → ☐ 윤

2 빈칸에 공통으로 들어갈 낱말은 무엇인가요? (　　　　)

• 개인은 자신의 실력을 쌓아 ☐에서 앞서려고 한다.

• 기업은 자유로운 ☐을/를 통해 더 좋은 상품을 개발할 수 있다.

① 감시　　　　② 경쟁　　　　③ 생산　　　　④ 소비　　　　⑤ 이윤

3 빈칸에 들어갈 알맞은 낱말을 찾아 선으로 이으세요.

(1) 지구 환경을 지키면서 ☐(으)로 소비하는 사람들이 늘어나고 있다.　　　　• 　　　　• 이윤

(2) 기업은 물건을 만들기 전에 ☐이/가 어떤 물건을 좋아하는지 조사한다.　　　　• 　　　　• 소비자

(3) 기업은 더 많은 ☐을/를 얻기 위해 물건을 만드는 데 드는 비용을 줄이려고 한다.　　　　• 　　　　• 합리적

✎ 84~85쪽에서 공부한 낱말을 떠올리며 문제를 풀어 보세요.

4 낱말의 뜻은 무엇인지 ( ) 안에서 알맞은 낱말을 골라 ○표 하세요.

(1) 조선 산업: (배 , 화학 제품)을/를 만드는 산업.

(2) 첨단 산업: 매우 (높은 기술 , 많은 노동력)을 필요로 하는 산업.

(3) 경공업: 식료품, 섬유, 종이 등 비교적 (가벼운 , 무거운) 물건을 만드는 산업.

(4) 반도체: 여러 상태에 따라 (공기 , 전기)가 통하기도 하고 안 통하기도 하는 물질.

5 다음 낱말을 모두 포함하는 낱말을 골라 ○표 하세요.

(1)

| 철강 산업 | 석유 화학 산업 | 기계 산업 | 조선 산업 |

(경공업 , 첨단 산업 , 중화학 공업)

(2)

| 생명 공학 | 신소재 산업 | 우주 항공 | 로봇 산업 |

(경공업 , 첨단 산업 , 중화학 공업)

6 빈칸에 들어갈 알맞은 낱말을 완성하세요.

(1) 우리나라는 전국에 초고속 정보 [ㅌ | ㅅ | ㅁ] 이 연결되면서 정보 통신 산업이 발전했다.

(2) 우리나라는 1960년대에 옷, 신발, 가발 등과 같은 [ㄱ | ㄱ | ㅇ] 제품을 만들어 수출했다.

(3) 컴퓨터와 가전제품의 핵심 부품인 [ㅂ | ㄷ | ㅊ] 의 판매량은 전 세계적으로 늘어나고 있다.

(4) 우리나라의 문화 관련 상품들이 외국 사람들에게 큰 인기를 끌면서 세계 속에서 우리나라의 국제적 [ㅇ | ㅅ] 도 높아지고 있다.

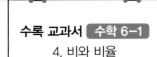

다음 중 낱말의 뜻을 잘 알고 있는 것에 ✔ 하세요.

□ 백분율 □ 할인율 □ 득표율 □ 출고량 □ 잔여 □ 성공률

✏️ 낱말을 읽고, ▨▨▨ 부분에 밑줄을 그으면서 낱말 공부를 해 보세요.

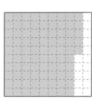 **이것만은 꼭!**

백분율

百 일백 **백** + 分 나눌 **분** + 率 비율 **율**

뜻 기준량을 100으로 할 때의 비율. 기호 %(퍼센트)를 사용해 나타냄.

예 기준량이 다른 두 비율을 비교할 때 기준량을 동일하게 100으로 하는 **백분율**을 이용하면 쉽게 비교할 수 있다.

$$\frac{85}{100} = 85\%$$

▲ 백분율 표시 방법

할인율

割 나눌 **할** + 引 당길 **인** + 率 비율 **율**

🔖 '할(割)'의 대표 뜻은 '베다', '인(引)'의 대표 뜻은 '끌다'야.

뜻 정해진 값보다 싸게 깎아 주는 비율.

예 1000원짜리 모자를 500원에 팔면 $\frac{500}{1000} \times 100$이므로 **할인율**은 50%이다.

뜻을 더해 주는 말 -율, -률

'-율'과 '-률'은 비율의 뜻을 더하는 말이야. '-율'은 앞 낱말이 모음이나 'ㄴ' 받침으로 끝났을 때 붙이고, '-률'은 앞 낱말이 'ㄴ' 받침 외의 받침으로 끝났을 때 붙이지.

예 득표율, 할인율 / 출생률, 입학률

득표율

得 얻을 **득** + 票 표 **표** + 率 비율 **율**

뜻 전체 투표수에 대한 해당 후보가 표를 얻은 비율.

예 500명이 참여한 전교 학생 회장 선거에서 200표를 얻은 후보의 **득표율**은 $\frac{200}{500} \times 100$이므로 40%이다.

관련 어휘 **무효표**

'무효표'는 효력을 잃은 표를 말해. 전체 투표율에서 각 후보의 득표율의 합을 빼면 무효표의 비율을 구할 수 있지.

출고량

出 나갈 **출** + 庫 창고 **고** + 量 양 **량**

🐭 '출(出)'의 대표 뜻은 '나다', '량(量)'의 대표 뜻은 '헤아리다'야.

뜻 창고에서 꺼낸 물건의 양.

예 ○○전자의 선풍기 **출고량**은 40만 대이다.

반대말 **입고량**

'입고량'은 창고에 들어온 물건의 양을 뜻해.

예 이번 달 새 책의 **입고량**은 1500권이다.

잔여

殘 남을 **잔** + 餘 남을 **여**

뜻 아직 남아 있음.

예 쓰레기 매립장의 **잔여** 사용 연수는 약 15년이라고 한다.

비슷한말 **여분, 나머지**

'여분'과 '나머지'는 어떤 양을 채우고 남은 부분을 말해.

예 여분의 식량까지 먹어 치웠다. / 학용품을 사고 나서 나머지 용돈을 모두 저금했다.

성공률

成 이룰 **성** + 功 일 **공** + 率 비율 **률**

🐭 '공(功)'의 대표 뜻은 '공로'야.

뜻 어떤 일을 이룰 수 있는 비율.

예 농구공을 30번 던져서 21번을 골대에 넣었다면 **성공률**은 $\frac{21}{30} \times 100$이므로 70%이다.

반대말 **실패율**

'실패율'은 일을 잘못해 그르칠 수 있는 비율을 뜻해.

예 농구공을 던져 골대에 넣지 못할 **실패율**은 50퍼센트이다.

수학 교과서 어휘

다음 중 낱말의 뜻을 잘 알고 있는 것에 ☑ 하세요.

☐ 그림그래프 ☐ 띠그래프 ☐ 통계 ☐ 권역 ☐ 어림값 ☐ 기타

✏️ 낱말을 읽고, ▨ 부분에 밑줄을 그으면서 낱말 공부를 해 보세요.

그림그래프

뜻 수나 양을 그림으로 나타낸 그래프.

예 학교 도서관을 이용한 학생 수를 그림그래 프로 나타냈다.

요일	학생 수
월요일	👦👦👦👦👦👦👦👦
화요일	👦👦
수요일	👦👦👦
목요일	👦👦👦👦👦
금요일	👦👦👦👦👦👦👦

👦10명 👦1명

▲ 학교 도서관 이용 학생 수

띠그래프

이것만은 꼭!

뜻 전체에 대한 각 부분의 비율을 띠 모양에 나타낸 그래프.

예 자료를 띠그래프로 나타내면 전체에 대한 각 부분의 비율을 한눈에 알 수 있어 비교하기 쉽다.

0 10 20 30 40 50 60 70 80 90 100 (%)

봄 (36%)	여름 (28%)	가을 (16%)	겨울 (20%)

▲ 우리 반 친구들이 좋아하는 계절

통계

統 합칠 **통** + 計 셈할 **계**
🖱'통(統)'의 대표 뜻은 '거느리다', '계(計)'의 대표 뜻은 '세다'야.

뜻 어떤 일이 일어나는 수를 모두 합해 계산한 수치.

예 전국의 초등학생 수 통계를 활용하면 찾으려고 하는 특정 지역의 초등학생 수를 알아볼 수 있다.

권역

圈 범위 **권** + 域 구역 **역**
🖱'권(圈)'의 대표 뜻은 '우리', 역(域)'의 대표 뜻은 '지경'이야.

뜻 특별히 정한 범위 안의 지역.

예 우리나라 6개의 권역 중 초등학생 수가 가장 적은 권역은 제주이다.

관련 어휘 **대권역과 소권역**

'대권역'은 어떤 지역을 크게 나누어 묶은 권역을 뜻해. 반면 어떤 지역을 작게 나누어 묶은 권역을 '소권역'이라고 하지.

'수도권'은 수도권역, 즉 수도인 서울과 서울 근처의 지역을 뜻하는 말이야.

어림값

뜻 대강 짐작으로 헤아려 보는 수치.

예 ○○ 권역의 초등학교 수는 351개로, 십의 자리에서 반올림한 어림값은 400개이다.

비슷한말 **어림치**

'어림치'는 대강 짐작으로 헤아려 보는 수치를 뜻해.

기타

其 그 **기** + 他 다를 **타**

뜻 그 밖의 다른 것.

예 자료의 종류가 많아 표에 모두 넣기 어려우면 자료의 수가 적은 자료를 기타 항목에 넣는다.

비슷한말 **여타**

'여타'는 '기타'와 마찬가지로 그 밖의 다른 것을 뜻해.
예 지구 온난화가 친환경 산업뿐 아니라 여타 산업에도 영향을 주고 있다.

88~89쪽에서 공부한 낱말을 떠올리며 문제를 풀어 보세요.

1 낱말의 뜻을 보기 에서 찾아 사다리를 타고 내려간 곳에 기호를 쓰세요.

보기
ㄱ 아직 남아 있음.
ㄴ 창고에서 꺼낸 물건의 양.
ㄷ 기준량을 100으로 할 때의 비율.
ㄹ 정해진 값보다 싸게 깎아 주는 비율.

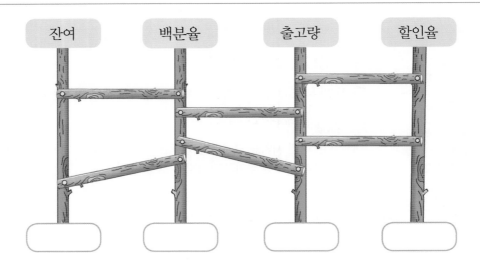

잔여　백분율　출고량　할인율

2 밑줄 친 '-율'과 '-률'이 잘못 쓰인 낱말에 모두 ✕표 하세요.

방어율　입학률　출산률　참석율　출생률

3 ( ) 안에서 알맞은 낱말을 골라 ◯표 하세요.

(1) 축구공을 10번 차서 8번 골을 넣었다면 (성공률 , 실패율)은 80%이다.

(2) 투표에서 무효표의 비율은 100에서 모든 후보의 (투표율 , 득표율)을 뺀 값이다.

(3) 상품의 원래 가격에 대해 얼마를 깎아 주었는지 (판매율 , 할인율)로 나타낼 수 있다.

(4) 우리 팀은 총 10개 경기 중에서 6개의 경기를 치러 (잔여 , 전체) 경기의 수는 4개이다.

정답과 해설 ▶ 42쪽

✎ 90~91쪽에서 공부한 낱말을 떠올리며 문제를 풀어 보세요.

4 뜻에 알맞은 낱말을 완성하세요.

(1)
ㄱ	ㅌ

그 밖의 다른 것.

(2)
ㅇ	ㄹ	ㄱ

대강 짐작으로 헤아려 보는 수치.

(3)
ㅌ	ㄱ

어떤 일이 일어나는 수를 모두 합해 계산한 수치.

5 다음 그림은 무엇에 해당하는지 알맞은 낱말에 ◯표 하세요.

(1)
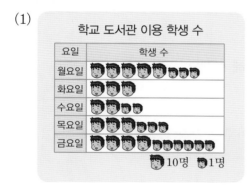

(띠그래프 , 그림그래프)

(2)
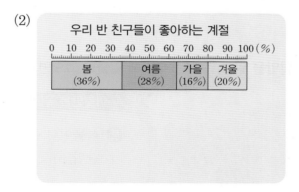

(띠그래프 , 그림그래프)

6 ( ) 안에 들어갈 알맞은 낱말을 보기 에서 찾아 쓰세요.

보기
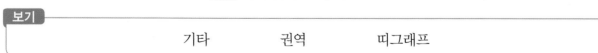

기타   권역   띠그래프

(1) 교육부는 서울, 경기, 강원 등 8개의 (   )을/를 나누어 전국의 학교 급식 현황을 조사했다.

(2) 전체 용돈에 대한 쓰임별 사용 용돈의 비율을 (   )(으)로 나타내면 한눈에 알아보기 쉽다.

(3) 친구들이 도서관에서 빌린 책의 종류를 표로 나타낼 때 과학, 문학, 역사, 수학, 언어를 제외한 나머지는 모두 (   )에 넣었다.

다음 중 낱말의 뜻을 잘 알고 있는 것에 ✓ 하세요.

☐ 세포 ☐ 표피 세포 ☐ 지지 ☐ 저장 ☐ 곧은줄기 ☐ 단면

공원에서 자주 만나는 나무와 풀을 찍은 사진이야. 이런 식물은 무엇으로 이루어져 있는지, 각 부분은 무슨 일을 하는지 알고 있니? 식물의 구조와 하는 일을 공부할 때 나오는 낱말을 공부해 보자.

✏️ 낱말을 읽고, ▨ 부분에 밑줄을 그으면서 낱말 공부를 해 보세요.

세포

細 작을 **세** + 胞 세포 **포**
👆 '세(細)'의 대표 뜻은 '가늘다'야.

 이것만은 꼭!

뜻 식물이나 동물의 조직을 이루는 가장 작은 단위.

예 식물 세포는 세포벽, 세포막, 핵으로 이루어져 있다.

관련 어휘 세포벽, 세포막, 핵

• 세포벽: 세포의 가장 바깥쪽에 있는 튼튼한 막.
• 세포막: 세포를 둘러싸고 있는 얇은 막.
• 핵: 세포 가운데에 있는 둥근 알갱이.

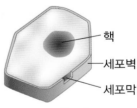

— 핵
— 세포벽
— 세포막

▲ 식물 세포

표피 세포

表 겉 **표** + 皮 껍질 **피** +
細 작을 **세** + 胞 세포 **포**
👆 '피(皮)'의 대표 뜻은 '가죽'이야.

뜻 생물체의 몸을 덮고 있는 겉껍질을 이루는 세포.

예 양파 비늘잎 안쪽의 표피를 벗겨 표피 세포의 표본을 만들어 관찰할 수 있다.

식물의 '표피'는 나무 껍질이나 줄기처럼 가장 바깥쪽을 덮고 있는 부분이야.

지지

支 지탱할 **지** + 持 버틸 **지**
☞'지(持)'의 대표 뜻은 '가지다'야.

뜻 어떤 것을 떠받쳐 버티는 것.

예 식물의 뿌리는 땅속에서 뻗어 나가 식물이 강한 바람에도 쓰러지지 않게 **지지**한다.

비슷한말 **지탱**
'지탱'은 "어떤 것을 오래 버티거나 유지함."을 뜻해.

저장

貯 쌓을 **저** + 藏 곳간 **장**
☞'장(藏)'의 대표 뜻은 '감추다'야.

뜻 먹을거리나 물건을 어느 곳에 넣어 두는 것.

예 감자는 줄기에 양분을 **저장**한다.

비슷한말 **갈무리**
'갈무리'는 무엇을 잘 정리하여 보관한다는 뜻이야.
예 다람쥐는 겨울잠을 자기 전 필요한 먹이를 <u>갈무리</u>하려고 바쁘게 움직인다.

곧은줄기

뜻 땅 위에 곧게 서서 자라는 줄기.

예 느티나무는 굵은 모양의 **곧은줄기**를 가지고 있다.

관련 어휘 **감는줄기, 기는줄기**
• 감는줄기: 다른 물체를 감는 줄기.
• 기는줄기: 땅 위를 기는 줄기.

▲ 곧은줄기

▲ 감는줄기　　▲ 기는줄기

단면

斷 끊을 **단** + 面 표면 **면**
☞'면(面)'의 대표 뜻은 '낯(얼굴)'이야.

뜻 물체를 자르거나 베어 낸 면.

예 백합 줄기를 가로와 세로로 잘라 낸 **단면**에서 물이 이동하는 모습을 관찰했다.

▲ 백합 줄기의 가로와 세로 단면

다음 중 낱말의 뜻을 잘 알고 있는 것에 ☑ 하세요.

☐ 광합성 ☐ 기공 ☐ 증산 작용 ☐ 암술 ☐ 꽃가루받이 ☐ 개량

나뭇잎이 온통 햇빛으로 샤워하고 있네. 또, 꽃 위에 벌이 앉아서 꿀을 모으고 있어. 잎과 꽃에서는 무슨 일들이 벌어지고 있는 걸까? 잎과 꽃이 하는 일과 관련 있는 낱말을 공부해 보자.

✏️ 낱말을 읽고, 부분에 밑줄을 그으면서 낱말 공부를 해 보세요.

 이것만은 꼭!

광합성

光 빛 **광** + 合 합할 **합** +
成 이룰 **성**

뜻 식물이 빛과 이산화 탄소, 뿌리에서 흡수한 물을 이용해 스스로 양분을 만드는 것.

예 식물의 잎은 광합성을 해서 녹말과 같은 양분을 만든다.

▲ 광합성 과정

기공

氣 숨 **기** + 孔 구멍 **공**
👆'기(氣)'의 대표 뜻은 '기운'이야.

뜻 식물의 잎에 있는 숨구멍.

예 식물의 잎 표면에 있는 기공은 아주 작아서 우리 눈에는 보이지 않는다.

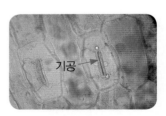

▲ 잎의 기공

증산 작용

蒸 증발할 증 + 散 흩을 산 +
作 일어날 작 + 用 작용 용

👆'증(蒸)'의 대표 뜻은 '찌다', '작(作)'의 대표 뜻은 '짓다', '용(用)'의 대표 뜻은 '쓰다'야.

뜻 잎에 다다른 물이 기공을 통해 식물 밖으로 빠져나가는 것.

예 식물은 잎에서 식물 밖으로 물을 내보내는 증산 작용을 하면서 주변의 열을 빼앗아 온도를 조절한다.

증산 작용은 햇빛이 강할 때, 온도가 높을 때, 습도가 낮을 때, 바람이 많이 불 때, 식물 안에 수분이 많을 때 잘 일어나.

그럼 여름에 증산 작용이 잘 일어나겠네.

암술

뜻 꽃에서 수술의 꽃가루를 받아 씨를 맺는 기관.

예 식물의 씨는 암술 안에서 만들어진다.

관련 어휘 수술, 꽃잎, 꽃받침

• 수술: 꽃가루를 만드는 기관.
• 꽃잎: 꽃을 이루고 있는 하나하나의 잎.
• 꽃받침: 꽃잎을 받쳐 주는 부분.

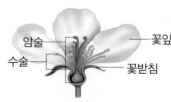

암술 / 꽃잎 / 수술 / 꽃받침

▲ 사과꽃의 구조

꽃가루받이

뜻 수술에서 만들어진 꽃가루가 암술로 옮겨지는 것. '수분'이라고도 함.

예 식물은 바람이나 물, 곤충의 도움으로 꽃가루받이가 이루어진다.

꽃가루 / 암술

개량

改 고칠 개 + 良 좋을 량

👆'량(良)'의 대표 뜻은 '어질다'야.

뜻 나쁜 점을 고쳐 더 좋게 함.

예 씨가 많은 수박을 개량해 씨가 없는 수박을 만들었다.

관련 어휘 개선

'개선'은 부족한 점, 잘못된 점, 나쁜 점 등을 고쳐서 더 좋아지게 한다는 뜻이야. '개량'은 눈에 보이는 도구, 기계, 품종 등을 좋게 만들 때 쓰여. 그리고 '개선'은 눈에 보이지 않는 환경이나 제도, 근로 조건 등을 좋게 만들 때 쓰이지.

확인 문제

📝 94~95쪽에서 공부한 낱말을 떠올리며 문제를 풀어 보세요.

1 낱말의 뜻이 알맞지 <u>않은</u> 것을 두 가지 고르세요. (　　　,　　　)

① 저장: 어떤 것을 떠받쳐 버티는 것.
② 단면: 물체를 자르거나 베어 낸 면.
③ 곧은줄기: 땅 위에 곧게 서서 자라는 줄기.
④ 표피 세포: 세포 가운데에 있는 둥근 알갱이.
⑤ 세포: 식물이나 동물의 조직을 이루는 가장 작은 단위.

2 밑줄 친 낱말과 바꾸어 쓸 수 있는 낱말은 무엇인가요? (　　　　　)

옥수수는 줄기의 마디에서 뿌리가 나와 옥수수가 쓰러지지 않게 <u>지지해</u> 준대.

① 발생해　　　② 짐작해　　　③ 이동해
④ 지탱해　　　⑤ 흡수해

3 밑줄 친 낱말의 쓰임이 알맞으면 ○표, 알맞지 <u>않으면</u> ✕표로 가서 몇 번으로 나오는지 쓰세요.

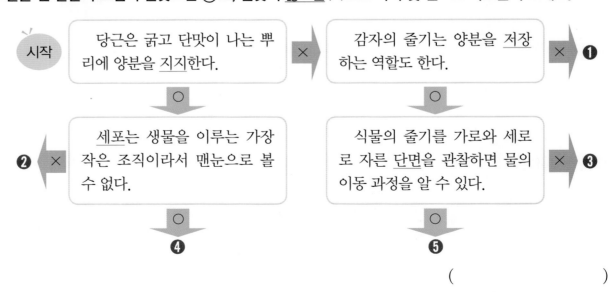

시작 → 당근은 굵고 단맛이 나는 뿌리에 양분을 <u>지지한다</u>. ─✕→ 감자의 줄기는 양분을 <u>저장</u>하는 역할도 한다. ─✕→ ❶

세포는 생물을 이루는 가장 작은 조직이라서 맨눈으로 볼 수 없다. ←✕─ 식물의 줄기를 가로와 세로로 자른 <u>단면</u>을 관찰하면 물의 이동 과정을 알 수 있다. ─✕→ ❸

❷ ✕← <u>세포</u>는 생물을 이루는 가장 작은 조직이라서 맨눈으로 볼 수 없다.

○↓ ❹　　　○↓ ❺

(　　　　　　　　)

📝 96∼97쪽에서 공부한 낱말을 떠올리며 문제를 풀어 보세요.

4 낱말과 그 뜻을 알맞게 선으로 이으세요.

(1) 광합성 •

(2) 증산 작용 •

(3) 꽃가루받이 •

• 수술에서 만들어진 꽃가루가 암술로 옮겨지는 것.

• 잎에 다다른 물이 기공을 통해 식물 밖으로 빠져나가는 것.

• 식물이 빛과 이산화 탄소, 뿌리에서 흡수한 물을 이용해 스스로 양분을 만드는 것.

5 다음 낱말의 뜻과 관련 <u>없는</u> 낱말에 ✕표 하세요.

(1) 기공

잎	구멍	양분

(2) 암술

꽃	빛	씨

6 빈칸에 알맞은 낱말을 보기 에서 찾아 사다리를 타고 내려간 곳에 기호를 쓰세요.

보기
ㄱ 개량   ㄴ 광합성   ㄷ 꽃가루받이

암술은 □□□을/를 거쳐 씨를 만든다.

잎에 다다른 물의 일부는 양분을 만드는 □□□에 쓰인다.

벼 종자를 □□□하자 쌀 수확량이 늘었다.

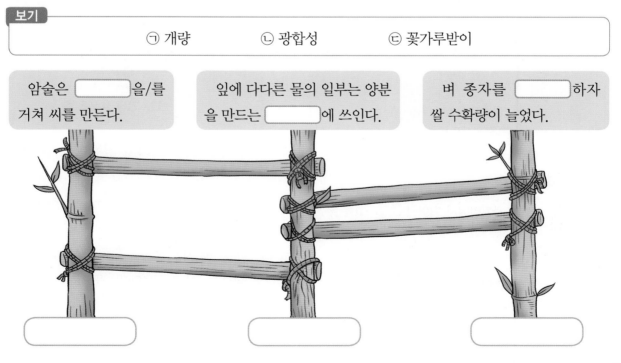

3주차

4회

5회 한자 어휘

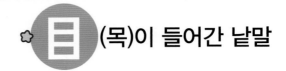

目 (목)이 들어간 낱말

✏ '目(목)'이 들어간 낱말을 읽고, [ ] 부분에 밑줄을 그으면서 낱말 공부를 해 보세요.

目
눈 목

'목(目)'은 눈과 눈동자의 모습을 세로로 표현한 글자야. 글자를 가로로 눕혀 보면 정말 사람의 눈 같은 모양이지? 눈을 표현한 글자라서 '눈'이나 '보다', '안목'이라는 뜻을 가지고 있어.

괄目상대
目격
目표
안目

눈
目

괄목상대

剖 비빌 괄 + 目 눈 목 + 相 서로 상 + 對 대할 대
🖱 '괄(剖)'의 대표 뜻은 '긁다'야.

뜻 상대방의 능력이나 성과가 놀랄 만큼 매우 좋아짐.

예 동생은 이번 시험에서 무려 50점을 올려 괄목상대한 모습을 보였다.

목격

目 눈 목 + 擊 볼 격
🖱 '격(擊)'의 대표 뜻은 '치다'야.

뜻 어떤 일이나 일이 벌어진 현장을 눈으로 직접 보는 것.

예 나는 어젯밤 사거리에서 일어난 교통사고를 목격했다.

비슷한말 목도
'목도'는 눈으로 직접 본다는 뜻이야.

보다 · 안목
目

목표

目 볼 목 + 標 나무의 끝 표
🖱 '표(標)'의 대표 뜻은 '표하다'야.

뜻 이루려고 마음속에 품은 것.

예 우리 팀은 열심히 연습해 올림픽에서 우승하는 것을 목표로 하고 있다.

안목

眼 눈 안 + 目 안목 목

뜻 물건이나 사람의 됨됨이를 잘 헤아리는 능력.

예 넓은 안목으로 봤을 때 이 화가의 재능은 매우 뛰어나다.

비슷한말 식견
'식견'은 학식과 견문이라는 뜻으로, 사물을 헤아리는 능력을 말해.

經(경)이 들어간 낱말

✏️ '經(경)'이 들어간 낱말을 읽고, ▢▢ 부분에 밑줄을 그으면서 낱말 공부를 해 보세요.

經
지날 경

'경(經)'은 실과 베틀을 합해 표현한 글자야. 옷감을 짜는 베틀 사이로 실이 지나는 것에서 '지나다'라는 뜻을 갖게 되었어. 실로 옷감을 짜는 일처럼 일을 해 나간다는 의미에서 '다스리다'라는 뜻도 가지고 있어. '책(경서)'이라는 뜻으로도 쓰여.

經유
經험
經영
우이독經

지나다
經

경유

經 지날 **경** + 由 길 **유**
└ '유(由)'의 대표 뜻은 '말미암다'야.

뜻 어떤 곳을 거쳐 지나가는 것.

예 이 비행기는 일본을 경유해서 미국으로 간다.

글자는 같지만 뜻이 다른 낱말 경유

'경유'는 석유의 원유를 가공할 때 등유 다음에 나오는 기름을 뜻하는 말이야.
예 아버지의 차는 경유 자동차이다.

경험

經 지날 **경** + 驗 경험할 **험**
└ '험(驗)'의 대표 뜻은 '시험'이야.

뜻 자신이 실제로 해 보거나 어떤 일을 겪는 것.

예 여행을 통해 많은 경험을 할 수 있다.

비슷한말 체험

'체험'은 자신이 어떤 일을 몸소 겪는 것을 뜻해.

다스리다·책
經

경영

經 다스릴 **경** + 營 경영할 **영**

뜻 회사, 상점, 공장 등을 꾸려 나가는 것.

예 할아버지는 작은 양말 공장을 경영하셨다.

비슷한말 운영

'운영'은 조직이나 기구, 사업체 등을 맡아서 이끌어 나가는 것을 뜻해.

우이독경

牛 소 **우** + 耳 귀 **이** + 讀 읽을 **독** + 經 책 **경**

뜻 아무리 가르쳐 일러 주어도 알아듣지 못함.

예 우이독경이라더니, 그 친구는 아무리 설명해도 이해하지 못했다.

관련 어휘 마이동풍

'마이동풍'은 다른 사람의 의견이나 충고를 제대로 듣지 않고 넘겨 버리는 것을 뜻해.

확인 문제

100쪽에서 공부한 낱말을 떠올리며 문제를 풀어 보세요.

1 뜻에 알맞은 낱말을 빈칸에 쓰세요.

(1)

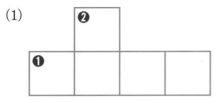

> 가로 열쇠 ❶ 상대방의 능력이나 성과가 놀랄 만큼 매우 좋아짐.
> 세로 열쇠 ❷ 물건이나 사람의 됨됨이를 잘 헤아리는 능력.

(2)

> 가로 열쇠 ❶ 어떤 일이나 일이 벌어진 현장을 눈으로 직접 보는 것.
> 세로 열쇠 ❶ 이루려고 마음속에 품은 것.

2 밑줄 친 낱말을 알맞게 사용하지 <u>못한</u> 친구에게 ✕표 하세요.

(1) 누나의 피아노 실력이 괄목상대할 정도로 늘었어.

( )

(2) 매년 꼴찌였던 팀이 우승을 하다니 괄목상대했구나.

( )

(3) 괄목상대라고 더워서 아이스크림을 5개나 먹었더니 배가 아파서 병원에 갔어.

( )

3 ( ) 안에 들어갈 알맞은 낱말을 보기 에서 찾아 쓰세요.

보기

| 목격 | 목표 | 안목 | 괄목상대 |

(1) 나는 매일 책을 5쪽씩 읽겠다는 ( )을/를 세웠다.

(2) 형의 태권도 실력이 ( )한 것은 피나는 연습의 결과이다.

(3) 지나다가 불길을 ( )한 사람이 소방서에 화재 신고를 했다.

(4) 어머니는 물건을 보는 ( )이/가 뛰어나셔서 예쁜 옷을 잘 고르신다.

✎ 101쪽에서 공부한 낱말을 떠올리며 문제를 풀어 보세요.

4 첫소리와 뜻을 보고 ( ) 안에 알맞은 낱말을 쓰세요.

(1)

| ㄱ | ㅇ |

어떤 곳을 거쳐 지나가는 것.   → ( )

(2)

| ㄱ | ㅇ |

회사, 상점, 공장 등을 꾸려 나가는 것.   → ( )

5 ⬜ 안의 낱말과 비슷한말에 ◯표 하세요.

경험   시험   위험   체험

6 빈칸에 들어갈 알맞은 낱말을 글자 카드로 만들어 쓰세요.

(1) 학교에서 배운 수화 언어로 봉사하는 값진 ⬚⬚을 했다.

과   험   이   경

(2) 여러 번 가르쳐 줬는데 아직도 모른다니 정말 ⬚⬚ ⬚⬚이네.

경   이   독   우

(3) 여행 전문가는 해외여행을 할 때 여러 나라의 공항을 ⬚⬚하는 비행기를 이용하면 비용을 아낄 수 있다고 조언했다.

유   정   경   독

✏️ 3주차 1회~5회에서 공부한 낱말을 떠올리며 문제를 풀어 보세요.

낱말 뜻

1 뜻에 알맞은 낱말을 보기 에서 찾아 쓰세요.

> 보기
>
> 추론　　　　세포　　　　반도체　　　　백분율

(1) (　　　　　　): 기준량을 100으로 할 때의 비율.

(2) (　　　　　　): 식물이나 동물의 조직을 이루는 가장 작은 단위.

(3) (　　　　　　): 이미 아는 정보를 근거로 삼아 다른 판단을 이끌어 내는 것.

(4) (　　　　　　): 여러 상태에 따라 전기가 통하기도 하고 안 통하기도 하는 물질.

비슷한말

2 뜻이 비슷한 낱말끼리 짝 지어지지 <u>않은</u> 것은 무엇인가요? (　　　　)

① 지지 – 지탱　　　　　② 경험 – 체험　　　　　③ 단서 – 실마리
④ 어림값 – 어림치　　　⑤ 입고량 – 출고량

뜻을 더해 주는 말

3 밑줄 친 '–율'과 '–률'이 잘못 쓰인 낱말에 모두 ✕표 하세요.

> 환율　　　출산율　　　할인률　　　적중율　　　성공률　　　득표율

반대말

4 다음 낱말과 반대되는 뜻의 낱말을 쓰세요.

공정	↔	□□□
어느 한쪽으로 치우치지 않고 공평하고 올바름.		공평하지 않고 올바르지 않은 것.

5 다음 속담이 쓰일 수 있는 상황으로 알맞은 것에 ○표 하세요.

> 백지장도 맞들면 낫다

(1) 지우개가 보이지 않아 찾았는데, 한참 뒤에 원래 자리인 책상 위에서 찾았다.

(   )

(2) 집에서 혼자 책상을 옮기고 있었는데, 형이 와서 도와주니 쉽게 끝낼 수 있었다.

(   )

(3) 나와는 달리 동생이 줄넘기를 몇 개밖에 못 하는 모습을 보니 한심하게 느껴졌다.

(   )

한자 성어

6 ~ 7 빈칸에 들어갈 알맞은 한자 성어를 글자 카드로 만들어 쓰세요.

6 후진국이던 나라는 놀라운 경제 발전으로 [ ][ ][ ][ ] 했다.

| 목 | 대 | 점 | 괄 | 상 |

7 용돈을 모두 써 버리면 안 된다고 내가 아무리 말려도 [ ][ ][ ][ ] 이야.

| 우 | 백 | 이 | 경 | 독 |

낱말 활용

8 ~ 10 (   ) 안에 들어갈 알맞은 낱말을 보기 에서 찾아 쓰세요.

> 보기
>
> 경쟁   광합성   배경지식

8 잎에서 빛과 이산화 탄소, 물을 이용해 양분을 만들어 내는 일을 (   )이라고 한다.

9 기업은 상품을 많이 팔기 위해 더 싸고 품질이 좋은 상품을 만들어 다른 기업들과 (   ) 한다.

10 「역사를 바꾼 바이러스」라는 글을 읽을 때 이미 천연두나 독감을 (   )으로 알고 있어서 쉽게 이해할 수 있었다.

4주차 어휘 미리 보기

한 주 동안 공부할 어휘들이야. 쏙 한번 훑어볼까?

1회 학습 계획일 ◯월 ◯일

국어 교과서 어휘

언어생활	글의 주제
실태	시조
비속어	가치
지속	추구
사례집	나누다
다듬다	문자 메시지

2회 학습 계획일 ◯월 ◯일

사회 교과서 어휘

고속 철도	무역
한류	수출
외환	생산지
격차	체결
노사 갈등	관세
친환경	협상

3회 학습 계획일 ◯월 ◯일

수학 교과서 어휘

원그래프	부피
해석	1 세제곱센티미터
분야	1 세제곱미터
차지하다	겉넓이
성분	성질
항목	간편하다

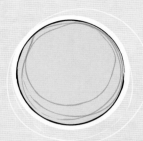

4회

학습 계획일 ◯월 ◯일

과학 교과서 어휘

프리즘	볼록 렌즈
빛의 굴절	구실
경계	일직선
고정	평면
실제	현미경
연장선	모방

5회

학습 계획일 ◯월 ◯일

한자 어휘

출생	결실
청출어람	결과
출입	단결
외출	결초보은

어휘력 테스트

1학기 어휘 학습 끝! 2학기 어휘 학습으로 가 보자.

다음 중 낱말의 뜻을 잘 알고 있는 것에 ✓ 하세요.

□ 언어생활 □ 실태 □ 비속어 □ 지속 □ 사례집 □ 다듬다

✏️ 낱말을 읽고, [   ] 부분에 밑줄을 그으면서 낱말 공부를 해 보세요.

언어생활

言 말씀 **언** + 語 말씀 **어** + 生 살 **생** + 活 생활 **활**
👆 '생(生)'의 대표 뜻은 '나다', '활(活)'의 대표 뜻은 '살다'야.

이것만은 꼭!

뜻 말하기, 듣기, 읽기, 쓰기처럼 언어를 쓰는 생활.

예 언어생활 자기 점검표를 통해 나의 평소 언어 습관을 돌아볼 수 있다.

아빠, 생선 고마워요.

응? 생선?

실태

實 본질 **실** + 態 모양 **태**
👆 '실(實)'의 대표 뜻은 '열매'야.

뜻 어떤 곳이나 일의 실제 형편.

예 모둠 친구들과 모여 우리말 사용 실태를 조사해 보았다.

비슷한말 실정

'실정'은 실제 사정이나 형편을 뜻해.

예 우리나라의 실정에 맞는 교육 정책이 필요하다.

비속어

卑 낮을 **비** + 俗 저속할 **속** + 語 말씀 **어**
👆 '속(俗)'의 대표 뜻은 '풍속'이야.

뜻 거칠고 점잖지 못한 말. 비속어는 비어와 속어를 합쳐서 부르는 말임. '비어'는 대상을 낮추거나 낮잡는 뜻으로 이르는 말, '속어'는 세상에 널리 통하는 점잖지 못한 말을 뜻함.

예 승희는 가끔 비속어를 써서 눈살을 찌푸리게 한다.

관련 어휘 줄임 말

'줄임 말'은 낱말의 일부분을 줄여서 만든 말로, '시강(시선 강탈)', '무물(무엇이든 물어보세요)' 등의 말이 있어.

언어생활에서 비속어나 줄임 말을 자주 쓰면 어른들이나 줄임 말을 잘 모르는 사람들과 의사소통하기 어려워질 수 있어.

지속

持 유지할 **지** + 續 이을 **속**

🐭 '지(持)'의 대표 뜻은 '가지다'야.

뜻 어떤 상태가 끊이지 않고 계속 이어지는 것.

예 외국어를 우리말처럼 사용하는 일이 **지속**된다면 우리말은 점점 사라질 것이다.

관용어 꼬리에 꼬리를 물다

'지속'과 비슷한 뜻의 말로 '꼬리에 꼬리를 물다'라는 말이 있어. 이 말은 계속 이어진다는 뜻이야.

예 소문이 꼬리에 꼬리를 물고 사방으로 퍼졌다.

사례집

事 일 **사** + 例 보기 **례** +
集 모을 **집**

🐭 '례(例)'의 대표 뜻은 '법식'이야.

뜻 전에 실제로 일어난 예를 모아 엮은 책.

예 채원이는 언니와 함께 올바른 우리말을 모은 **사례집**을 만들었다.

뜻을 더해 주는 말 –집

'사례집'에서 '–집'은 '모아 엮은 책'이라는 뜻을 더해 주는 말이야.

예 소설집, 시집, 단편집

다듬다

뜻 글이나 예술 작품 같은 것을 짜임새 있게 고치다.

예 '이모티콘'이라는 말을 대신할 **다듬**은 말은 '그림말'이다.

여러 가지 뜻을 가진 낱말 다듬다

'다듬다'는 쓸모없는 부분을 떼거나 깎아서 쓸모 있게 만들다, 맵시가 나도록 고른 상태로 손질하다, 거칠거나 울퉁불퉁한 면을 고르고 곱게 만들다 등의 뜻이 있어.

꼭! 알아야 할 속담

빈칸 채우기 '　　　　도 식후경'은 아무리 재미있는 일이라도 배가 불러야 흥이 나지 배가 고파서는 아무 일도 할 수 없다는 뜻입니다.

국어 교과서 어휘

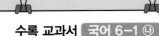
다음 중 낱말의 뜻을 잘 알고 있는 것에 ✓ 하세요.

☐ 글의 주제 ☐ 시조 ☐ 가치 ☐ 추구 ☐ 나누다 ☐ 문자 메시지

✏️ 낱말을 읽고, ▨ 부분에 밑줄을 그으면서 낱말 공부를 해 보세요.

글의 주제
글의 + 主 주인 주 + 題 제목 제

  이것만은 꼭!

뜻 글쓴이가 말하고자 하는 생각.

예 전래 동화 「콩쥐팥쥐」에서 글의 주제는 착한 일을 하면 복을 받고 나쁜 일을 하면 벌을 받는다는 것이다.

> 글의 제목, 중요한 낱말, 중심 문장을 살펴보면 글의 주제를 파악할 수 있어.

시조
時 때 시 + 調 가락 조
👆 '조(調)'의 대표 뜻은 '고르다'야.

뜻 고려 말부터 발달해 온, 초장, 중장, 종장의 형태를 가진 우리 고유의 시.

예 정몽주는 「단심가」라는 시조를 지어 이방원에게 자신의 마음을 표현했다.

초장	이 몸이 죽고 죽어 일백 번 고쳐 죽어
중장	백골이 진토 되어 넋이라도 있고 없고
종장	임 향한 일편단심이야 가실 줄이 있으랴

▲ 시조 「단심가」의 초장, 중장, 종장

가치
價 값있을 가 + 値 가치 있을 치
👆 '가(價)'와 '치(値)'의 대표 뜻은 '값'이야.

뜻 인간이 얻고 싶어 하거나 목표로 삼는 정의, 행복, 책임 등을 통틀어 이르는 말.

예 적은 수의 배와 군사를 가졌지만 포기하지 않았던 이순신의 가치는 고난을 극복하려는 의지이다.

관련 어휘 가치관

'가치관'은 '가치'에 대한 생각이야. '가치관'에서 '관'은 의견이나 생각을 뜻하는 말이란다. 그래서 '가치관'은 사람이 어떤 행동이나 일을 선택하고 실천하는 데 바탕이 되는 생각을 말해.

4
주
차

1회

추구

追 따를 **추** + 求 구할 **구**

뜻 목적을 이룰 때까지 뒤좇아 구함.

예 이순신은 아들의 죽음이라는 힘든 상황을 겪으면서도 무너지지 않고 용기와 자신감을 추구했다.

나누다

뜻 남과 생각이나 느낌을 함께하다.

예 교통 정리를 해 주시는 경찰관 아저씨께 고마운 마음을 나누려고 누리집에 글을 쓴 적이 있다.

여러 가지 뜻을 가진 낱말 **나누다**

'나누다'는 하나를 여럿으로 가르거나 쪼개다, 이야기나 인사를 주고받다, 같은 핏줄을 타고나다 등의 여러 가지 뜻이 있어.

문자 메시지

文 글자 **문** + 字 글자 **자** + 메시지
🖱 '문(文)'의 대표 뜻은 '글월'이야.

뜻 휴대 전화에서, 글자판을 이용해 문자로 된 내용을 상대에게 전달하는 글.

예 친구와 다툰 후 미안한 마음을 전하려고 문자 메시지를 보냈다.

 꼭! 알아야 할 관용어

우아, 멋있다! 우리 집도 좀 부탁해.

그래, 좋아.

우리 집도!

우리 집이 무너졌어. 나 좀 도와줘.

그래. 내가 갈게.

비돌아, 집에 있니? 이 집…

그만해. 집 얘기만 해도 머리에 쥐가 나.

힝~, 난 고마워서 집 모양 케이크를 만들었는데…

진작 말하지.

○표 하기 '(다리 , 머리)에 쥐가 나다'는 싫고 두려운 상황에서 하고 싶은 마음이나 생각이 없어진다는 뜻입니다.

108~109쪽에서 공부한 낱말을 떠올리며 문제를 풀어 보세요.

1 뜻에 알맞은 낱말을 글자판에서 찾아 묶으세요. (낱말은 가로(ㅡ), 세로(ㅣ), 대각선(╱╲) 방향에 숨어 있어요.)

❶ 거칠고 점잖지 못한 말.
❷ 어떤 곳이나 일의 실제 형편.
　예 상점 간판에 사용된 외국어의 ○○를 알아보았다.
❸ 전에 실제로 일어난 예를 모아 엮은 책.
　예 예쁜 우리말 이름 ○○○.
❹ 어떤 상태가 끊이지 않고 계속 이어지는 것.
❺ 말하기, 듣기, 읽기, 쓰기처럼 언어를 쓰는 생활.

2 밑줄 친 낱말의 뜻으로 알맞은 것을 찾아 선으로 이으세요.

(1) 외국어는 우리말로 잘 <u>다듬어</u> 써야 한다. ·

· 맵시가 나도록 고른 상태로 손질하다.

(2) 누나가 손톱깎이로 손톱을 <u>다듬어</u> 주었다. ·

· 글이나 예술 작품 같은 것을 짜임새 있게 고치다.

3 ( ) 안에 들어갈 알맞은 낱말을 보기 에서 찾아 쓰세요.

보기
　　　　지속　　　실태　　　사례집　　　비속어

(1) ( )을/를 사용하면 우리말을 파괴할 수 있으므로 주의해야 한다.

(2) 부정적인 말을 ( )해서 사용하면 생각도 부정적으로 바뀔 수 있다.

(3) 청소년의 우리말 사용 ( )을/를 보면 욕설을 많이 사용한다는 문제가 있다.

(4) 우리말을 잘못 쓴 예들을 조사해 올바른 우리말로 고친 ( )을/를 만들어 보자.

✎ 110~111쪽에서 공부한 낱말을 떠올리며 문제를 풀어 보세요.

4 낱말의 뜻이 알맞지 <u>않은</u> 것은 무엇인가요? (   )

① 추구: 목적을 이룰 때까지 뒤좇아 구함.
② 글의 주제: 글쓴이가 말하고자 하는 생각.
③ 시조: 고려 말부터 발달해 온, 초장, 중장, 종장의 형태를 가진 우리 고유의 시.
④ 문자 메시지: 휴대 전화에서, 글자판을 이용해 문자로 된 내용을 상대에게 전달하는 글.
⑤ 나누다: 인간이 얻고 싶어 하거나 목표로 삼는 정의, 행복, 책임 등을 통틀어 이르는 말.

5 밑줄 친 낱말의 뜻을 보기 에서 찾아 기호를 쓰세요.

> 보기
> ㉠ 이야기나 인사를 주고받다.   ㉡ 같은 핏줄을 타고나다.
> ㉢ 남과 생각이나 느낌을 함께하다.   ㉣ 하나를 여럿으로 가르거나 쪼개다.

(1) 어머니는 사과를 반으로 <u>나누어</u> 누나에게 주셨다. (   )

(2) 승원이는 유치원 때부터 십 년 넘게 우정을 <u>나눈</u> 친구이다. (   )

(3) 서준이는 부모님과 가족 여행을 다녀왔던 이야기를 친구들과 <u>나누었다</u>. (   )

6 빈칸에 들어갈 알맞은 낱말을 보기 에서 글자를 찾아 쓰세요.

> 보기
> 추   가   시   치   조   구

(1) 정몽주는 「단심가」라는 [   ]로 고려를 지키려는 마음을 이방원에게 전했다.

(2) 나무 심기를 꾸준히 실천하신 할아버지는 모두의 이익과 행복을 [   ]하시는 분이다.

(3) "죽으려 하면 살고, 살려 하면 죽는다."라는 말에 나타난 이순신의 [   ]는 고난을 헤쳐 나가는 용기이다.

다음 중 낱말의 뜻을 잘 알고 있는 것에 ✓ 하세요.

☐ 고속 철도 ☐ 한류 ☐ 외환 ☐ 격차 ☐ 노사 갈등 ☐ 친환경

정부와 기업

국민

경제 성장

경제 성장 과정에서의 문제점

우리나라의 경제는 짧은 시간에 놀랄 만큼 성장했지만 문제점도 함께 생겨났지. 그래서 정부와 기업, 국민이 힘을 합쳐 이를 해결하려고 노력하고 있어. 이 내용과 관련 있는 낱말을 공부해 볼까?

✎ 낱말을 읽고, ▨ 부분에 밑줄을 그으면서 낱말 공부를 해 보세요.

고속 철도

高 뛰어날 **고** + 速 빠를 **속** + 鐵 쇠 **철** + 道 길 **도**

↳'고(高)'의 대표 뜻은 '높다'야.

뜻 열차를 시속 200킬로미터 이상 아주 빠르게 몰 수 있는 철도.

예 우리나라는 2000년대에 고속 철도를 개통해 전국이 하루 생활권이 되었다.

▲ 고속 철도

한류

韓 한국 **한** + 流 번져 퍼질 **류**

↳'류(流)'의 대표 뜻은 '흐르다'야.

뜻 우리나라의 영화, 드라마, 대중가요 등 우리 문화가 전 세계로 퍼지는 현상.

예 우리나라의 방송 산업이 발달하면서 전 세계 사람들이 한류를 즐기고 있다.

한류가 유행하게 된 것은 대중 매체 산업이 발달하면서 우수한 콘텐츠들이 많이 만들어졌기 때문이야.

외환

外 외국 **외** + 煥 바꿀 **환**
🖱 '외(外)'의 대표 뜻은 '바깥'이야.

뜻 다른 나라와 거래할 때 쓰는 돈이나 그 밖의 수단.

예 우리나라는 다른 나라에서 빌린 돈을 갚지 못해 1997년에 **외환** 위기를 맞았다.

관련 어휘 **외환 위기**

'외환 위기'는 1997년 우리나라가 다른 나라에서 빌린 돈을 갚지 못해 겪은 경제 위기를 말해. 금 모으기 운동 등으로 국민과 기업, 정부가 힘을 합쳐 이겨 냈어.

격차

隔 차이 **격** + 差 다를 **차**
🖱 '격(隔)'의 대표 뜻은 '사이가 뜨다'야.

이것만은 꼭!

뜻 서로 차이가 벌어진 정도.

예 경제 성장으로 나라의 살림은 나아졌지만 잘사는 사람과 가난한 사람 사이의 소득 **격차**는 더욱 커졌다.

관용어 **하늘과 땅**

'하늘과 땅'은 둘 사이에 큰 차이나 거리가 있음을 비유적으로 이르는 말이야.
예 두 사람의 실력은 하늘과 땅 차이다.

노사 갈등

勞 일할 **노** + 使 부릴 **사** +
葛 칡 **갈** + 藤 등나무 **등**

뜻 근로자와 기업가 사이에 임금이나 근로 환경에 대한 의견이 맞지 않아 부딪치고 맞서는 것.

예 경영자는 적은 비용으로 많은 이윤을 얻으려 하고, 근로자는 좋은 근무 환경과 높은 임금을 원하기 때문에 **노사 갈등**이 일어난다.

노사 갈등이 심해지면 기업의 이윤이 줄어들고 근로자들은 임금을 받지 못하거나 일자리를 잃을 수도 있어.

친환경

親 친할 **친** + 環 둘레 **환** +
境 상태 **경**
🖱 '환(環)'의 대표 뜻은 '고리', '경(境)'의 대표 뜻은 '지경'이야.

뜻 자연환경을 더럽히지 않고 있는 그대로의 자연과 잘 어울려 사는 일.

예 정부는 환경 오염 문제를 해결하려고 **친환경** 자동차를 개발하도록 지원한다.

▲ 친환경 자동차인 전기 자동차

사회 교과서 어휘

다음 중 낱말의 뜻을 잘 알고 있는 것에 ☑ 하세요.

□ 무역 □ 수출 □ 생산지 □ 체결 □ 관세 □ 협상

컨테이너가 엄청 많지? 다른 나라에 수출하려고 큰 배에 물건을 싣는 모습이야. 우리나라는 세계 여러 나라와 다양한 경제 교류를 하고 있어. 경제 교류와 관련 있는 낱말들을 함께 살펴보자.

✏️ 낱말을 읽고, ░░░ 부분에 밑줄을 그으면서 낱말 공부를 해 보세요.

 이것만은 꼭!

무역

貿 무역할 **무** + 易 무역할 **역**
🖱 '역(易)'의 대표 뜻은 '바꾸다'야.

🟡 뜻 나라와 나라 사이에 물건과 서비스를 사고파는 것.

🟠 예 각 나라마다 자신의 나라에서 잘 생산할 수 있는 물건을 만들어 서로 바꾸면서 무역이 생겨났다.

열대 과일, 원유,
목재, 천연고무

○○ 나라 ──→ △△ 나라

배, 반도체,
자동차

▲ 무역의 예

수출

輸 실어 낼 **수** + 出 나갈 **출**
🖱 '수(輸)'의 대표 뜻은 '보내다', 출(出)'의 대표 뜻은 '나다'야.

🟡 뜻 다른 나라에 물건을 파는 것.

🟠 예 우리나라는 발전된 기술로 반도체와 석유 제품을 수출한다.

반대말 수입

'수입'은 다른 나라에서 물건을 사 오는 것을 뜻해.

생산지

生 만들 **생** + 産 생산할 **산** +
地 곳 **지**

🖱 '생(生)'의 대표 뜻은 '나다', '산(産)'의 대표 뜻은 '낳다', '지(地)'의 대표 뜻은 '땅'이야.

뜻 어떤 물품을 만들어 내는 곳.

예 옷이나 신발 등의 생산지는 주로 베트남, 중국 등의 나라들이다.

[관련 어휘] **원산지**

'원산지'는 어떤 물건의 재료를 생산하는 곳이야. '생산지'는 이 원산지에서 들여온 재료로 물건을 만드는 곳이지.

체결

締 맺을 **체** + 結 맺을 **결**

뜻 조약이나 계약 같은 것을 맺는 것.

예 우리나라는 다른 나라와의 무역을 편리하게 하려고 여러 나라와 자유 무역 협정을 체결했다.

[관련 어휘] **자유 무역 협정**

'자유 무역 협정'은 나라 간 물건이나 서비스 등의 자유로운 이동을 위해 세금, 법과 제도 등의 문제를 줄이거나 없애기로 한 약속이야.

관세

關 세관 **관** + 稅 세금 **세**

🖱 '관(關)'의 대표 뜻은 '관계하다'야.

뜻 다른 나라에서 수입하는 물건에 매기는 세금.

예 미국, 중국 등 다른 나라에서 파는 물건을 사려면 관세를 내야 한다.

높은 관세를 매기면 수입 물건의 값이 그만큼 비싸져.

협상

協 화합할 **협** + 商 헤아릴 **상**

🖱 '상(商)'의 대표 뜻은 '장사'야.

뜻 어떤 문제를 두고 생각이 다른 사람이나 단체가 함께 의논함.

예 무역 때문에 일어나는 문제는 세계 여러 나라가 함께 협상해서 풀어 나가야 한다.

[비슷한말] **협의**

'협의'는 여러 사람이 모여 서로 의논하는 것을 뜻해.
예 노사 간 협의 끝에 근무 환경 개선안을 결정했다.

확인 문제

114~115쪽에서 공부한 낱말을 떠올리며 문제를 풀어 보세요.

1 뜻에 알맞은 낱말이 되도록 **보기**에서 글자를 찾아 쓰세요. (같은 카드를 두 번 쓸 수 있어요.)

보기

경	외
격	속	친
철	환	차
고	도

(1) 서로 차이가 벌어진 정도. → ☐☐

(2) 다른 나라와 거래할 때 쓰는 돈이나 그 밖의 수단. → ☐☐

(3) 열차를 시속 200킬로미터 이상 아주 빠르게 몰 수 있는 철도.

→ ☐☐ ☐☐

(4) 자연환경을 더럽히지 않고 있는 그대로의 자연과 잘 어울려 사는 일. → ☐☐☐

2 낱말의 뜻은 무엇인지 ( ) 안에서 알맞은 낱말을 골라 ◯표 하세요.

(1)
한류	우리나라의 영화, 드라마, 대중가요 등 우리 (문화 , 과학 기술)이/가 전 세계로 퍼지는 현상.

(2)
노사 갈등	(소비자 , 근로자)와 기업가 사이에 임금이나 근로 환경에 대한 의견이 맞지 않아 부딪치고 맞서는 것.

3 ( ) 안에 들어갈 알맞은 낱말을 **보기**에서 찾아 쓰세요.

보기

외환   격차   노사 갈등

(1) 경제 성장은 잘사는 사람과 그렇지 못한 사람 사이에 ( )을/를 만들었다.

(2) ( ) 위기로 실업자가 늘어났지만 온 국민이 금 모으기 운동 등을 벌여 극복했다.

(3) 경영자는 적은 비용으로 많은 이윤을 얻으려 하고 근로자는 좋은 근무 환경과 높은 임금을 원하기 때문에 ( )이/가 생겨난다.

116～117쪽에서 공부한 낱말을 떠올리며 문제를 풀어 보세요.

4 뜻에 알맞은 낱말을 빈칸에 쓰세요.

(1)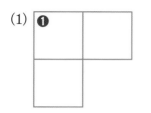

가로 열쇠 ❶ 다른 나라에 물건을 파는 것.
　　예 우리나라는 반도체를 해외에 ○○한다.
세로 열쇠 ❶ 다른 나라에서 물건을 사 오는 것.

(2)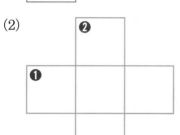

가로 열쇠 ❶ 어떤 물품을 만들어 내는 곳.
세로 열쇠 ❷ 어떤 물건의 재료를 생산하는 곳.
　　예 수입한 농산물에는 반드시 ○○○ 표시를 해야
　　한다.

5 낱말과 그 뜻을 알맞게 선으로 이으세요.

(1) 무역 ・　　　・ 조약이나 계약 같은 것을 맺는 것.

(2) 관세 ・　　　・ 다른 나라에서 수입하는 물건에 매기는 세금.

(3) 체결 ・　　　・ 나라와 나라 사이에 물건과 서비스를 사고파는 것.

6 밑줄 친 낱말의 쓰임이 알맞으면 ○표, 알맞지 <u>않으면</u> ✕표 하세요.

(1) 우리나라는 반도체와 자동차를 만드는 <u>원산지</u>이다. (　　　　)

(2) 한국은 몽골과 계약을 <u>체결</u>해 의료 기술을 수출하려고 한다. (　　　　)

(3) 우리나라의 상품에 높은 <u>관세</u>를 매기면 가격이 비싸져 다른 제품들과 경쟁할 때 불리하다.

(　　　　)

(4) 다른 나라와의 무역 문제를 해결하려면 세계 여러 나라가 함께 <u>수출</u>하고 뜻을 합쳐야 한다.

(　　　　)

4주차
2회

다음 중 낱말의 뜻을 잘 알고 있는 것에 ☑ 하세요.

☐ 원그래프 ☐ 해석 ☐ 분야 ☐ 차지하다 ☐ 성분 ☐ 항목

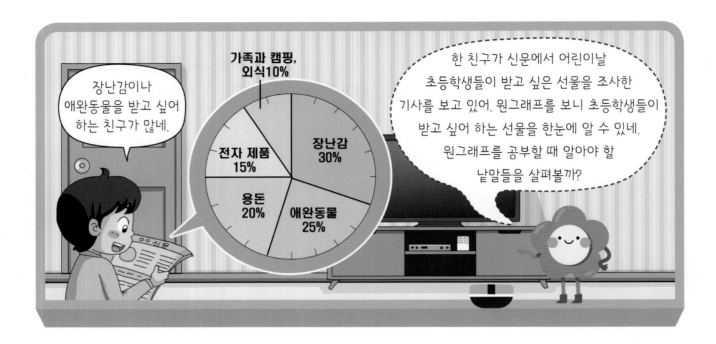

✏️ 낱말을 읽고, ▨ 부분에 밑줄을 그으면서 낱말 공부를 해 보세요.

이것만은 꼭!

원그래프

圓 둥글 **원** + 그래프

뜻 전체에 대한 각 부분의 비율을 원 모양에 나타낸 그래프.

예 우리 반 친구들이 좋아하는 간식의 비율을 원그래프로 나타낼 수 있다.

 원그래프는 전체와 부분, 부분과 부분 사이의 비율을 한눈에 알아보기 쉽단다.

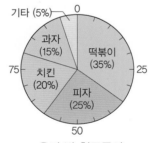

▲ 우리 반 친구들이 좋아하는 간식

해석

解 풀 **해** + 釋 설명할 **석**
👆 '석(釋)'의 대표 뜻은 '풀다'야.

뜻 문장이나 사물 등으로 표현된 내용을 이해하고 설명함.

예 선생님께 들었을 때 기분 좋은 말을 조사한 원그래프를 해석하면 "너를 믿는다."라는 말이 가장 많다는 것을 알 수 있다.

분야

分 나눌 **분** + 野 구역 **야**
👆 '야(野)'의 대표 뜻은 '들'이야.

뜻 여러 갈래로 나누어진 범위나 부분.

예 이 자료는 생활 편의, 안전·방범, 환경 보호, 문화 행사 분야의 자원 봉사자 수를 조사한 그래프이다.

비슷한말 부문, 영역

'부문'은 어떤 기준으로 나눈 테두리나 갈래를 말해. 또 '영역'은 활동, 기능, 효과, 관심 등이 미치는 일정한 범위를 뜻하는 말이야.

4주차

3회

차지하다

뜻 비율, 비중 등을 이루다.

예 몸무게에서 지방이 차지하는 비율을 체지방 비율이라고 한다.

관련 어휘 독차지하다

'독차지하다'는 혼자서 다 가진다는 뜻이야.

예 앞으로 자동차 시장은 전기차가 독차지할 것이다.

성분

成 이룰 **성** + 分 몫 **분**
👆 '분(分)'의 대표 뜻은 '나누다'야.

뜻 물체를 이루는 바탕이 되는 각각의 기본적 요소나 물질.

예 초미세 먼지의 성분을 자세히 조사하면 자동차에서 나온 질산염과 황산염이 가장 많다.

관련 어휘 주성분

'주성분'은 어떤 물질의 주된 성분을 말해.

예 감자의 주성분은 녹말이다.

항목

項 항목 **항** + 目 항목 **목**
👆 '목(目)'의 대표 뜻은 '눈'이야.

뜻 법률이나 규정 등의 내용을 하나하나 나누어 놓은 것.

예 우리 반 친구들이 조사하고 싶은 문화재별 학생 수를 나타낸 표를 보고 각 항목에 대한 백분율을 구했다.

비슷한말 조목

'조목'은 법률이나 규정 등의 각각의 부분을 말해.

예 이 법률은 두 가지 조목으로 되어 있다.

수학 교과서 어휘

다음 중 낱말의 뜻을 잘 알고 있는 것에 ☑ 하세요.

☐ 부피 ☐ 1 세제곱센티미터 ☐ 1 세제곱미터 ☐ 겉넓이 ☐ 성질 ☐ 간편하다

어떤 상자에 담아야 빵을 가장 많이 담을 수 있을까?

빵집 아저씨가 빵을 담을 상자를 두고 망설이고 계시네. 다양한 상자들의 부피는 어떻게 비교할지 부피와 관련 있는 낱말을 공부해 보자.

✏️ 낱말을 읽고, ▢ 부분에 밑줄을 그으면서 낱말 공부를 해 보세요.

이것만은 꼭!

부피

뜻 어떤 물건이 공간에서 차지하는 크기.

예 두 개의 상자 속을 모양과 크기가 같은 물건으로 채우면 상자의 부피를 비교할 수 있다.

관련 어휘 들이

부피와 들이는 비슷하면서도 달라. '부피'는 어떤 물건이 공간에서 차지하는 크기이고, '들이'는 물병이나 컵 같은 그릇 안쪽의 부피야. 쉽게 말해서 그릇 안에 들어갈 수 있는 최대 양은 '들이'이고, 그릇 그 자체의 크기는 '부피'란다.

1 세제곱 센티미터

뜻 한 모서리의 길이가 1 cm인 정육면체의 부피.

예 부피가 1 세제곱센티미터인 쌓기나무 4개로 만든 직육면체의 부피는 4 cm³이다.

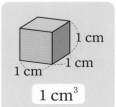

1 cm
1 cm
1 cm

1 cm³

1 세제곱미터

뜻 한 모서리의 길이가 1 m인 정육면체의 부피.

예 부피가 1 세제곱미터인 정육면체의 한 모서리에는 1 세제곱센티미터인 쌓기나무를 100개 놓을 수 있다.

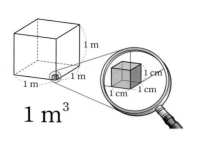

1 m^3

겉넓이

뜻 물체 겉면의 넓이.

예 직육면체의 겉넓이는 여섯 면의 넓이를 합한 것이다.

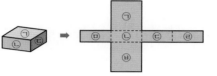

▲ 직육면체의 겉넓이 = ㉠~㉺ 넓이의 합

직육면체의 겉넓이는 두 밑면과 네 옆면의 넓이를 더한 것이라고 표현할 수도 있지.

성질

性 성질 **성** + 質 바탕 **질**
☞ '성(性)'의 대표 뜻은 '성품'이야.

뜻 사물이나 현상이 가지고 있는 고유의 특징.

예 직육면체의 성질은 합동인 면이 3쌍이라는 것과 꼭짓점이 8개인 것, 어느 면도 다른 4개의 면과 수직이라는 것이다.

비슷한말 특성

'특성'은 '일정한 사물에만 있는 보통과 매우 차이가 나게 다른 성질'을 말해.

간편하다

簡 간략할 **간** + 便 편할 **편** + 하다

뜻 쓰기에 편하고 쉽다.

예 직육면체의 부피를 구하기 위해 쌓기나무 수를 세는 가장 간편한 방법은 가로, 세로, 높이에 있는 쌓기나무의 수를 곱하는 것이다.

비슷한말 편리하다

'편리하다'는 이용하기 쉽고 편하다는 뜻이야.

예 스마트폰에서 가장 편리한 기능은 음성으로 문자를 보내는 것이다.

✏️ 120~121쪽에서 공부한 낱말을 떠올리며 문제를 풀어 보세요.

1 뜻에 알맞은 낱말을 글자판에서 찾아 묶으세요. (낱말은 가로(─), 세로(│), 대각선(╱╲) 방향에 숨어 있어요.)

차	결	분	석	원
지	해	야	관	그
하	금	석	성	래
다	정	처	분	프

❶ 비율, 비중 등을 이루다.
❷ 여러 갈래로 나누어진 범위나 부분.
❸ 문장이나 사물 등으로 표현된 내용을 이해하고 설명함. 예 그래프를 ○○하다.
❹ 물체를 이루는 바탕이 되는 각각의 기본적 요소나 물질. 예 농약 ○○.
❺ 전체에 대한 각 부분의 비율을 원 모양에 나타낸 그래프.

2 밑줄 친 낱말과 뜻이 비슷한 낱말을 골라 ○표 하세요.

(1) 자료에서 생활 편의 <u>분야</u>의 자원 봉사자 수는 2012년에 비해 8 퍼센트 줄어들었다.

(기준 , 부문 , 성분)

(2) 원그래프는 표에서 각 <u>항목</u>이 차지하는 백분율의 크기만큼 원을 나누어 나타낸다.

(주목 , 길목 , 조목)

3 ( ) 안에 들어갈 알맞은 낱말을 보기 에서 찾아 쓰세요.

보기
성분   차지   해석   원그래프

(1) 책상이 너무 커서 내 방의 자리를 대부분 (   )하고 있다.

(2) 과일은 베이킹 소다를 넣은 물에 씻어 농약 (   )을/를 없앤다.

(3) 종류별 쓰레기 발생량을 (   )(으)로 나타내면 전체에 대한 각 부분의 비율을 한눈에 알아볼 수 있다.

(4) 초등학생의 고민거리를 조사한 원그래프를 (   )하면 외모에 대한 고민이 가장 많다는 사실을 알 수 있다.

✏️ 122~123쪽에서 공부한 낱말을 떠올리며 문제를 풀어 보세요.

4 낱말의 뜻을 보기 에서 찾아 사다리를 타고 내려간 곳에 기호를 쓰세요.

> **보기**
> ㉠ 물체 겉면의 넓이.
> ㉡ 쓰기에 편하고 쉽다.
> ㉢ 어떤 물건이 공간에서 차지하는 크기.
> ㉣ 한 모서리의 길이가 1 m인 정육면체의 부피.
> ㉤ 한 모서리의 길이가 1 cm인 정육면체의 부피.

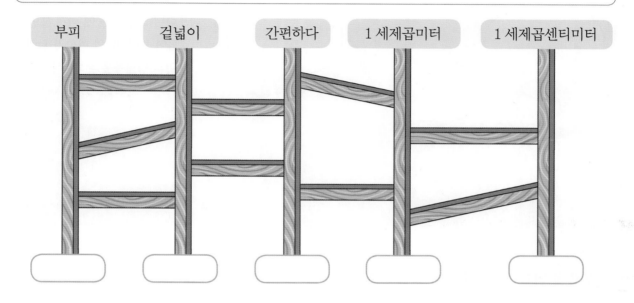

| 부피 | 겉넓이 | 간편하다 | 1 세제곱미터 | 1 세제곱센티미터 |

5 ( ) 안에서 알맞은 낱말을 골라 ○표 하세요.

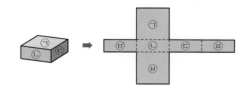

> 직육면체의 (부피 , 겉넓이)는 한 꼭짓점에서 만나는 세 면 ㉠, ㉡, ㉢의 넓이를 구하여 그 값을 2배 하면 된다. 이는 합동인 면이 3쌍이라는 직육면체의 (성질 , 부분)을 이용한 것이다.

6 밑줄 친 낱말의 쓰임이 알맞으면 ○표, 알맞지 <u>않으면</u> ✕표 하세요.

(1) 쌓기나무의 개수를 이용하여 두 직육면체의 <u>부피</u>를 구할 수 있다. (   )

(2) 교실이나 컨테이너처럼 큰 물건의 부피를 나타내는 단위는 <u>세제곱센티미터</u>를 사용한다.
(   )

(3) 정육면체는 여섯 면의 넓이가 모두 같으므로, 한 면의 넓이를 6배 하면 <u>겉넓이</u>를 구할 수 있다. (   )

과학 교과서 어휘

다음 중 낱말의 뜻을 잘 알고 있는 것에 ✅ 하세요.

☐ 프리즘 ☐ 빛의 굴절 ☐ 경계 ☐ 고정 ☐ 실제 ☐ 연장선

어머, 내 색연필이 물컵에 빠졌어.

그런데 왜 색연필이 꺾여 보이지?

저런, 한 아이가 물컵에 색연필을 빠뜨렸네. 그런데 물에 빠진 색연필이 꺾여 보이지? 이 현상과 관련 있는 낱말들을 공부해 볼까?

✏️ 낱말을 읽고, ⬜ 부분에 밑줄을 그으면서 낱말 공부를 해 보세요.

프리즘

뜻 유리나 플라스틱 등으로 만든 투명한 삼각기둥 모양의 기구.

예 햇빛이 프리즘을 통과하자 무지개 빛깔처럼 나누어졌다.

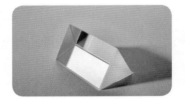

빛의 굴절

빛의 + 屈 굽힐 굴 + 折 꺾을 절

이것만은 꼭!

뜻 서로 다른 물질의 경계에서 빛이 꺾여 나아가는 현상.

예 공기와 물의 경계에서 빛이 꺾여 나아가는 빛의 굴절을 관찰할 수 있다.

물질에 따라 빛이 나아가는 속력이 다르기 때문에 빛의 굴절이 일어나.

▲ 레이저 지시기 빛의 굴절

경계

境 지경 **경** + 界 경계 **계**
🖱 '계(界)'의 대표 뜻은 '지경'이야.

뜻 서로 다른 두 지역이나 사물이 나누어지는 지점.

예 빛을 수면에 비스듬하게 비추면 빛이 공기와 물의 경계에서 꺾여 나아간다.

글자는 같지만 뜻이 다른 낱말 경계

'경계'는 뜻밖의 사고나 위험이 생기지 않도록 살피고 조심한다는 뜻이야.

예 비 오는 날에는 교통사고 예방을 위한 경계에 더욱 주의해야 한다.

▲ 공기와 물의 경계

고정

固 굳을 **고** + 定 고정될 **정**
🖱 '정(定)'의 대표 뜻은 '정하다'야.

뜻 물건 같은 것을 움직이지 못하게 한곳에 붙이거나 박는 것.

예 우리 모둠은 실험을 위해 운동장으로 나가 스탠드에 프리즘을 고정했다.

여러 가지 뜻을 가진 낱말 고정

'고정'은 한번 정한 내용을 바꾸지 않는다는 뜻도 있어.

예 내가 좋아하는 배우가 새 드라마에 고정 출연을 결정했다.

실제

實 본질 **실** + 際 닿을 **제**
🖱 '실(實)'의 대표 뜻은 '열매', '제(際)'의 대표 뜻은 '즈음'이야.

뜻 있는 그대로의 상태나 사실.

예 물속에 있는 실제 물고기는 보는 사람이 생각하는 물고기의 위치보다 더 아래쪽에 있다.

반대말 허구

'허구'는 사실과 다르거나 실제로는 없는 일을 사실처럼 꾸며 만든 것을 뜻해.

연장선

延 늘일 **연** + 長 길 **장** + 線 줄 **선**

뜻 어떤 일이나 현상, 행동 등이 계속하여 이어지는 것.

예 사람은 물속의 물고기를 볼 때 눈에 들어온 빛의 연장선에 물고기가 있다고 생각한다.

관련 어휘 연장과 단축

'연장'은 시간이나 거리를 더 늘리는 것을 뜻하고, '단축'은 시간이나 거리를 짧게 줄이는 것을 뜻해.

과학 교과서 어휘

다음 중 낱말의 뜻을 잘 알고 있는 것에 ☑ 하세요.

☐ 볼록 렌즈   ☐ 구실   ☐ 일직선   ☐ 평면   ☐ 현미경   ☐ 모방

도시의 저녁 불빛들을 카메라로 찍은 사진이야. 우리가 카메라로 멋진 풍경을 찍을 수 있는 것은 볼록 렌즈 덕분이지. 볼록 렌즈와 관련 있는 낱말들을 공부해 보자.

✏️ 낱말을 읽고,  부분에 밑줄을 그으면서 낱말 공부를 해 보세요.

이것만은 꼭!

볼록 렌즈

뜻 가운데 부분이 가장자리보다 두꺼운 렌즈. 볼록 렌즈로 물체를 보면 실제보다 크게 보이거나 상하좌우가 바뀌어 보이기도 함.

예 볼록 렌즈는 빛을 굴절시켜 물체가 실제 모습과 다르게 보이도록 한다.

구실

뜻 마땅히 해야 할 맡은 바 책임.

예 햇빛을 볼록 렌즈에 통과시킬 때 볼록 렌즈는 햇빛을 모으는 구실을 한다.

글자는 같지만 뜻이 다른 낱말 구실

'구실'은 불리한 사실을 감추거나 옳은 것처럼 보이려고 내세우는 이유라는 뜻이야.

예 감기에 걸렸다는 구실로 학원을 이틀이나 빠졌다.

일직선

一 한 **일** + 直 곧을 **직** +
線 줄 **선**

뜻 한쪽으로 곧게 뻗은 줄.

예 태양과 볼록 렌즈, 하얀색 도화지가 일직선이 되게 한 다음, 햇빛이 하얀색 도화지에 만든 원의 크기를 관찰한다.

▲ 일직선으로 늘어선 원

평면

平 평평할 **평** + 面 표면 **면**
🖱 '면(面)'의 대표 뜻은 '낯(얼굴)'이야.

뜻 높낮이 없이 판판하게 고른 면.

예 평면 유리는 볼록 렌즈와 달리 햇빛을 모을 수 없다.

관련 어휘 **곡면**

'곡면'은 공이나 원기둥의 겉면과 같이 평평하지 않은 굽은 면을 뜻해.

현미경

顯 나타날 **현** + 微 작을 **미** +
鏡 거울 **경**

뜻 볼록 렌즈를 이용해 맨눈으로는 볼 수 없는 작은 물체나 물질을 확대해서 보는 기구.

예 현미경을 이용해서 세포나 미생물 등 맨눈으로 보기 힘든 작은 물체를 관찰할 수 있다.

관련 어휘 **대물렌즈, 접안렌즈**

현미경에는 '대물렌즈'와 '접안렌즈'라는 두 개의 볼록 렌즈가 있어. '대물렌즈'는 현미경에서 물체에 가까운 쪽의 렌즈이고, '접안렌즈'는 눈으로 보는 쪽의 렌즈야. 대물렌즈로 물체의 모습을 크게 해서 접안렌즈로 보는 거야.

접안렌즈

대물렌즈

모방

模 본뜰 **모** + 倣 본받을 **방**
🖱 '방(倣)'의 대표 뜻은 '본뜨다'야.

뜻 다른 것을 본뜨거나 본받음.

예 '곤충 눈 사진기'는 넓은 범위를 볼 수 있는 곤충 눈을 모방해서 만든 사진기이다.

반대말 **창조**

'창조'는 전에 없던 것을 처음으로 만든다는 뜻이야.

확인 문제

✏️ 126~127쪽에서 공부한 낱말을 떠올리며 문제를 풀어 보세요.

1 뜻에 알맞은 낱말을 보기에서 찾아 쓰세요.

보기

경계   실제   프리즘   연장선   빛의 굴절

(1) (   ): 있는 그대로의 상태나 사실.

(2) (   ): 서로 다른 두 지역이나 사물이 나누어지는 지점.

(3) (   ): 어떤 일이나 현상, 행동 등이 계속하여 이어지는 것.

(4) (   ): 서로 다른 물질의 경계에서 빛이 꺾여 나아가는 현상.

(5) (   ): 유리나 플라스틱 등으로 만든 투명한 삼각기둥 모양의 기구.

2 밑줄 친 낱말의 뜻으로 알맞은 것을 보기에서 찾아 기호를 쓰세요.

보기

㉠ 한번 정한 내용을 바꾸지 않는 것.
㉡ 물건 같은 것을 움직이지 못하게 한곳에 붙이거나 박는 것.

(1) 스마트폰에는 화면을 고정하는 기능이 있다. (   )

(2) 아르바이트만 해서는 고정적인 수입을 기대하기 어렵다. (   )

3 빈칸에 들어갈 알맞은 낱말을 글자 카드로 만들어 쓰세요.

(1)
책장이 자꾸만 넘어가서 필통으로 [   ][   ]시켰다.

정   연   고   장

(2)
빛이 [   ][   ]하기 때문에 물속에 있는 물체가 실제와 다른 위치에 있는 것처럼 보인다.

절   경   동   굴

(3)
빛은 공기와 유리처럼 서로 다른 물질이 만나는 [   ][   ]에서 꺾여 나아간다.

경   실   계   제

✏️ 128~129쪽에서 공부한 낱말을 떠올리며 문제를 풀어 보세요.

4 뜻에 알맞은 낱말을 글자판에서 찾아 묶으세요. (낱말은 가로(─), 세로(│), 대각선(╲) 방향에 숨어 있어요.)

모	우	물	해	일
자	방	구	타	직
하	마	실	우	선
품	평	면	비	차

❶ 한쪽으로 곧게 뻗은 줄.
❷ 다른 것을 본뜨거나 본받음.
❸ 높낮이 없이 판판하게 고른 면.
　예 엄마와 백화점에서 ○○ TV를 알아보았다.
❹ 마땅히 해야 할 맡은 바 책임.

5 두 친구가 설명하는 낱말을 골라 ○표 하세요.

(1)

맨눈으로는 볼 수 없는 작은 물체나 물질을 확대해서 보는 기구야.

(현미경 , 볼록 렌즈)

(2)

가운데 부분이 가장자리보다 두꺼운 렌즈야. 물체가 커 보이거나 상하좌우가 바뀌어 보여.

(평면 유리 , 볼록 렌즈)

6 주어진 첫소리를 참고해 (　　) 안에 들어갈 알맞은 낱말을 쓰세요.

(1) | ㅍ | ㅁ | → 위성 사진으로 보면 높은 에베레스트 산도 납작한 (　　　　　　)으로 보인다.

(2) | ㄱ | ㅅ | → 볼록 렌즈는 검은색 종이나 검은 글씨 부분을 태울 때 햇빛을 모으는 (　　　　　　)
을 한다.

(3) | ㅎ | ㅁ | ㄱ | → 볼록 렌즈인 대물렌즈와 접안렌즈를 이용한 (　　　　　　)은 바이러스나
세균을 관찰하는 데 쓰인다.

(4) | ㅁ | ㅂ | → 식물이나 동물이 지닌 독특한 특징을 이해하고 본떠 새로운 것을 만들어 내는 기
술을 생체 (　　　　　　) 기술이라고 한다.

한자 어휘

出(출)이 들어간 낱말

🖊 '出(출)'이 들어간 낱말을 읽고, ▨▨ 부분에 밑줄을 그으면서 낱말 공부를 해 보세요.

出
날 출

'출(出)'은 사람의 발이 동굴이나 움집의 입구를 벗어나는 모습을 본떠 만든 글자야. 원래 있던 자리를 떠난다는 데서 '출(出)'은 '나가다', '떠나다'라는 뜻을 갖게 되었어. 세상으로 나간다는 뜻에서 '나다, 태어나다'로도 쓰인단다.

出생
청出어람
出입
외出

나다, 태어나다
出

☆ 출생

出 날 출 + 生 낳을 생
🐭 '생(生)'의 대표 뜻은 '나다'야.

뜻 아이가 세상에 태어나는 것.

예 드라마에서는 출생의 비밀에 얽힌 이야기가 많이 나온다.

반대말 **사망**

'사망'은 사람이 죽는 것을 말해.

☆ 청출어람

靑 푸를 청 + 出 날 출 + 於 ~에서 어 + 藍 쪽 람

뜻 제자나 후배가 스승이나 선배보다 나음.

예 청출어람이라더니, 자전거를 가르쳐 준 형보다 동생이 더 잘 타는구나.

비슷한말 **후생가외**

'후생가외'는 젊은 후배가 학문을 닦아 큰 인물이 될 수 있어 선배가 두려워한다는 뜻이야.

나가다
出

☆ 출입

出 나갈 출 + 入 들 입

뜻 들어가거나 나오는 것.

예 문에는 출입 금지라는 팻말이 붙어 있었다.

관련 어휘 **출입국**

'출입국'은 나라 밖으로 나가거나 나라 안으로 들어오는 일을 뜻해.

☆ 외출

外 바깥 외 + 出 나갈 출

뜻 집이나 일터 밖으로 잠시 나가는 것.

예 오랜만에 부모님과 외출을 하게 돼서 마음이 들떴다.

비슷한말 **나들이**

'나들이'는 집을 떠나 가까운 곳에 잠시 다녀오는 일을 말해.

結 (결)이 들어간 낱말

✏️ '結(결)'이 들어간 낱말을 읽고, ▢ 부분에 밑줄을 그으면서 낱말 공부를 해 보세요.

結
맺을 결

'결(結)'은 가는 실과 길하고 좋은 일이 결합한 모습의 글자야. 길하고 좋은 일에 실을 잇거나 매면 모든 일이 술술 잘되겠지? 그래서 '결(結)'은 '맺다'나 '모으다', '묶다'의 뜻으로 쓰인단다.

結실
結과
단結
結초보은

맺다
結

✿ 결실

結 맺을 **결** + 實 열매 **실**

뜻 풀이나 나무가 열매를 맺는 것.

예 가을은 결실의 계절이다.

여러 가지 뜻을 가진 낱말 **결실**

'결실'은 일하여 얻은 좋은 결과라는 뜻도 있어.
예 훈련의 결실

✿ 결과

結 맺을 **결** + 果 결과 **과**
🖱️ '과(果)'의 대표 뜻은 '실과'야.

뜻 어떤 사정이나 까닭 때문에 생긴 일.

예 우리 팀이 경기에서 승리한 것은 모두 함께 노력한 결과였다.

속담 **콩 심은 데 콩 나고 팥 심은 데 팥 난다**

모든 일은 근본에 따라 거기에 걸맞은 결과가 나타난다는 속담이야.

모으다·묶다
結

✿ 단결

團 모일 **단** + 結 모을 **결**
🖱️ '단(團)'의 대표 뜻은 '둥글다'야.

뜻 여러 사람이 마음과 힘을 한데 뭉침.

예 동해안 지역에 산불이 일어나자 전국의 소방대원들이 단결하여 산불을 진화했다.

비슷한말 **단합**

'단합'은 여럿이 한마음으로 뭉치는 것을 말해.

✿ 결초보은

結 묶을 **결** + 草 풀 **초** + 報 갚을 **보** + 恩 은혜 **은**

뜻 죽은 뒤에라도 은혜를 잊지 않고 갚음.

예 선원들은 목숨을 구해 준 선장에게 결초보은하겠다고 다짐하였다.

비슷한말 **각골난망**

'각골난망'은 남에게 입은 은혜가 뼈에 새길 만큼 커서 잊혀지지 않는다는 뜻이야.

 **확인 문제**

✎ 132쪽에서 공부한 낱말을 떠올리며 문제를 풀어 보세요.

1 뜻에 알맞은 낱말을 빈칸에 쓰세요.

(1)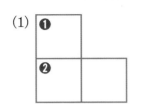

┃세로 열쇠 ❶ 집이나 일터 밖으로 잠시 나가는 것.
┃가로 열쇠 ❷ 들어가거나 나오는 것.

(2)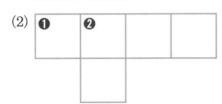

가로 열쇠 ❶ 제자나 후배가 스승이나 선배보다 나음.
┃세로 열쇠 ❷ 아이가 세상에 태어나는 것.

2 밑줄 친 부분의 뜻으로 알맞은 것은 무엇인가요? (   )

> 통계청의 조사 결과, 우리나라에서 쌍둥이 출생이 가장 많은 도시는 서울이었다.

① 기르다   ② 가지다   ③ 오르다   ④ 나가다   ⑤ 태어나다

3 빈칸에 들어갈 알맞은 낱말을 찾아 선으로 이으세요.

(1)
> 언니는 시내에 [   ]하려고 옷을 차려 입고 멋을 부렸다.

· · 출입

(2)
> 동생은 몸이 약해서 어렸을 때부터 병원 [   ]이 잦았다.

· · 외출

(3)
> 나에게 배운 동생의 춤 동작이 훨씬 좋아 보여 [   ]이라고 할 만했다.

· · 청출어람

✏️ 133쪽에서 공부한 낱말을 떠올리며 문제를 풀어 보세요.

4 뜻에 알맞은 낱말을 **보기** 에서 찾아 쓰세요.

보기

결과	단결	결실	결초보은

(1) ( ): 풀이나 나무가 열매를 맺는 것.

(2) ( ): 여러 사람이 마음과 힘을 한데 뭉침.

(3) ( ): 어떤 사정이나 까닭 때문에 생긴 일.

(4) ( ): 죽은 뒤에라도 은혜를 잊지 않고 갚음.

5 안의 낱말과 비슷한말에 ○표 하세요.

단결   기합   단합   시합

6 첫소리를 참고해 ( ) 안에 들어갈 알맞은 낱말을 쓰세요.

(1) 시험에 최선을 다했으니 좋은 ㄱㄱ가 나올 거야. ( )

(2) 일 년 내내 정성 들여 키운 논의 벼가 ㄱㅅ을 맺었다. ( )

(3) 박 사장은 고객의 격려와 응원에 ㄱㅊㅂㅇ하겠다고 다짐했다. ( )

4주차 1회~5회에서 공부한 낱말을 떠올리며 문제를 풀어 보세요.

낱말 뜻

1 낱말의 뜻이 알맞지 <u>않은</u> 것은 무엇인가요? (   )

① 비속어: 거칠고 점잖지 못한 말.
② 구실: 마땅히 해야 할 맡은 바 책임.
③ 추구: 목적을 이룰 때까지 뒤좇아 구함.
④ 무역: 나라와 나라 사이에 물건과 서비스를 사고파는 것.
⑤ 항목: 문장이나 사물 등으로 표현된 내용을 이해하고 설명함.

낱말 활용

2 (   ) 안에서 알맞은 낱말을 골라 ◯표 하세요.

(1) 우리가 많이 사용하는 줄임 말의 (실태 , 격차)를 조사해 보았다.

(2) (현미경 , 사진기)(으)로 손바닥을 보았더니 아주 미세한 세균까지 보였다.

(3) 우리나라는 다른 나라에 빌린 돈을 갚지 못해 (외환 , 관세) 위기를 겪은 적이 있다.

(4) 우리 반 친구들의 장래 희망별로 백분율을 구해 (프리즘 , 원그래프)(으)로 나타냈다.

비슷한말

3 밑줄 친 낱말과 바꾸어 쓸 수 있는 낱말을 보기 에서 찾아 쓰세요.

보기

| 부문 | 협의 | 고정 | 모방 | 단결 |

(1)
우리 학교 야구 팀은 모든 선수가 <u>단합</u>해 올해 전국 우승이라는 성과를 거두었다.

(   )

(2)
우리나라는 수입으로 일어난 갈등이나 무역 문제를 해결하기 위해 다른 나라와 <u>협상</u>을 한다.

(   )

반대말

4 반대되는 뜻을 가진 낱말끼리 짝 지어지지 <u>않은</u> 것은 무엇인가요? (   )

① 수입 – 수출   ② 연장 – 단축   ③ 분야 – 부문
④ 출생 – 사망   ⑤ 모방 – 창조

여러 가지 뜻을 가진 낱말

5 밑줄 친 낱말이 보기의 뜻으로 쓰인 문장에 ○표 하세요.

보기

하나를 여럿으로 가르거나 쪼개다.

(1) 우리는 같은 부모에게서 태어난 피를 <u>나눈</u> 형제이다. (   )

(2) 오늘 수업 끝나고 엄마 생신 선물에 대해 이야기를 <u>나눴으면</u> 좋겠어. (   )

(3) 현준이는 도화지를 여러 조각으로 <u>나누어</u> 선거에 쓸 투표 용지를 만들었다. (   )

관용어

6 빈칸에 들어갈 알맞은 관용어를 찾아 선으로 이으세요.

(1)
함박눈이 많이 내려 도로 위에 차들이 [   ] 거북이 걸음을 했다.   •   •   하늘과 땅

(2)
조용하고 차분한 형과 활발하고 노는 것을 좋아하는 나는 성격이 [   ] 만큼 다르다.   •   •   꼬리에 꼬리를 물고

낱말 활용

7 ~ 10 (   ) 안에 들어갈 알맞은 낱말을 보기에서 찾아 쓰세요.

보기

경계   가치   겉넓이   노사 갈등

7 발명왕 에디슨이 어린 시절부터 추구한 (   )은/는 끝없는 호기심이었다.

8 자동차 회사는 근로자들과 (   )을/를 해결하지 못해 자동차 생산이 중단되었다.

9 준비물 상자의 (   )은/는 직육면체의 두 밑면과 네 옆면의 넓이를 구해서 더한다.

10 물속에 있는 물체가 실제와 다르게 보이는 것은 공기와 물의 (   )에서 빛이 꺾여서 나아가기 때문이다.

찾아보기

『어휘가 문해력이다』초등 6학년 1학기에 수록된 모든 어휘를
과목별로 나누어 ㄱ, ㄴ, ㄷ … 순서로 정리했습니다.

과목별로 뜻이 궁금한 어휘를 바로바로 찾아보세요!

국어 교과서 어휘

수학 교과서 어휘

과학 교과서 어휘

한자 어휘

사진 자료 출처

- **서울특별시** 6월 민주 항쟁(19쪽)
- **셔터스톡**
- **아이클릭아트**
- **위키피디아**
  - clumsyforeigner 국회 의사당 건물(50쪽)
  - *Youngjin 정부 세종 청사(51쪽)
  - Person50 대법원(52쪽)
  - Subway06 고속 철도(114쪽)
- **픽사베이**

"

어휘가
문해력이다

어휘 학습으로
문해력 키우기

"

어휘가
문해력
이다

초등 6학년 1학기

1주차 정답과 해설

1주차 1회

국어 교과서 어휘

수록 교과서 국어 6-1 ②
1. 비유하는 표현

다음 중 낱말의 뜻을 잘 알고 있는 것에 ✓ 하세요.

□ 비유하는 표현　□ 은유법　□ 직유법　□ 운율　□ 참신하다　□ 시화전

낱말을 읽고, ＿＿ 부분에 낱말을 그으면서 낱말 공부를 해 보세요.

비유하는 표현
比 견줄 비 + 喩 비유할 유 + 하는 + 表 겉 표 + 現 나타날 현
ⓘ '유(喩)'의 대표 뜻은 '깨우치다'이다.

뜻 어떤 현상이나 사물을 비슷한 현상이나 사물에 빗대어 표현하는 것을 말함.

예 '아기 솜털 구름솜.' 이러는 솜은 아기 손을 단풍잎에 비유하는 표현이다.

이것만은 꼭!

접시 같은 보름달
☆
떠오른다는 공통점이 있음.

은유법
隱 숨을 은 + 喩 비유할 유 + 法 법 법
ⓘ '법(法)'의 대표 뜻은 '법'이다.

뜻 "~은/는 ~이다."로 빗대어 표현하는 방법.

예 '내 마음은 호수요.' 내 마음을 호수에 빗대어 은유법으로 표현한 것이야.

Tip 은유법은 대상을 숨기고 두고 빗대어 표현하는 방법이에요.

직유법
直 곧을 직 + 喩 비유할 유 + 法 법 법
ⓘ '직(直)'의 대표 뜻은 '곧다'이다.

뜻 '~같이', '~처럼', '~듯이'와 같은 말을 써서 두 대상을 직접 견주어 표현하는 방법.

예 '풀잎 같은 친구는 풀잎 같은 친구라고 직유법으로 표현했다.

운율
韻 소리 운 + 律 법칙 율
ⓘ '운(韻)'의 대표 뜻은 '운'이다.

뜻 소리가 비슷한 글자나 일정한 글자 수를 반복해 시가 음악처럼 느껴지게 하는 요소.

예 이 시에도 빗소리를 표현한 부분에 운율이 드러나 있다.

글자 수가 반복되면 운율이 생겨.

글자 수 반복

| 폭 숲에 머리카락 보인다 | 2 3 4 3 |
| 폭 숲에 웃자락이 보인다 | 2 3 4 3 |

참신하다
新 새 신 + 鮮 새 선 + 하다
ⓘ '참'의 대표 뜻은 '베다'이다.

뜻 전에 보던 것과는 달리 아주 새롭다.

예 이 시에서는 친구를 호수에 비유한 것이 참신했다.

시화전
詩 시 시 + 畵 그림 화 + 展 펼 전
ⓘ '전(展)'의 대표 뜻은 '펴다'이다.

뜻 시를 그림에 담아서 여러 사람에게 보이는 행사.

예 낭송한 시에 어울리는 그림을 그려서 시화전을 열어 봅시다.

웃음이 빵! 빵!

빈칸 채우기

가랑비 예 옷 젖는 줄 모른다는 말은 아무리 사소한 것이라도 그것이 거듭되면 무시하지 못할 정도로 크게 된다는 뜻입니다.

1주차 1회

국어 교과서 어휘

수록 교과서 국어 6-1 ⑦
2. 이야기를 간추려요

다음 중 낱말의 뜻을 잘 알고 있는 것에 ✓ 하세요.

□ 추론 질문 □ 이야기의 구조 □ 발단 □ 전개 □ 절정 □ 결말

✎ 낱말을 읽고, ___ 부분에 알맞은 낱말을 그으면서 낱말 공부를 해 보세요.

추론 질문
推 추측할 추 + 論 논할 론 + 質 바탕 질 + 問 물을 문
ㄴ'추(推)'의 대표 뜻은 '밀다'.

뜻 사실을 바탕으로 짐작한 정보를 묻는 질문. 인물의 말이나 행동의 까닭에 대한 질문이다.
예 글을 읽고 난 다음 추론 질문을 통해 인물이 한 생각이나 행동의 까닭을 생각해 볼 수 있다.

관련 어휘 사실 질문, 평가 질문
· 사실 질문: 사실을 묻는 질문.
· 예 사건이 언제 어디에서 일어났나요?
· 평가 질문: 사실에 대한 가치를 판단하는 질문.
· 예 만약 나라면 어떻게 했을까요?

이야기의 구조
構 얽을 구 + 造 만들 조
ㄴ'구(構)'의 대표 뜻은 '얽다', '조(造)'의 대표 뜻은 '짓다'.

뜻 이야기의 여러 부분이 서로 어울려 전체를 이루는 짜임새. 발단, 전개, 절정, 결말로 이루어 있음.
예 이 글에서 이야기의 구조가 어떻게 짜여졌는지 살펴보았다.

이것만은 꼭!

발단 → 전개 → 절정 → 결말

발단
發 필 발 + 端 처음 단
ㄴ'발(發)'의 대표 뜻은 '피다', '단(端)'의 대표 뜻은 '끝'이다.

뜻 이야기의 사건이 시작되는 부분.
예 처음은 이야기가 시작되는 발단 부분은 어디인가요?

반대말 결말
'결말'은 이야기에서 사건이 해결되고 끝나는 부분이야.

뜻 이야기에서 사건이 본격적으로 발생하고 갈등이 일어나는 부분.
예 나는 사건이 본격적으로 일어나는 전개 부분에서 이야기가 숨으로 빠져들었다.
Tip '갈등'은 등장인물이 서로 맞서거나 부딪치는 것을 말해요.

전개
展 펼 전 + 開 시작할 개
ㄴ'개(開)'의 대표 뜻은 '열다'.

뜻 이야기에서 사건 속의 갈등이 커지면서 긴장감이 가장 높아지는 부분.
예 이 글에서 두 인물의 갈등이 점점 깊어지는 절정 부분은 어디인지 찾아보세요.

여러 가지 뜻을 가진 낱말 절정
'절정'은 사물의 진행이나 발전이 최고에 이른 상태라는 뜻도 있어.
예 그 배우는 인기가 절정에 이르렀다.

절정
絶 으뜸 절 + 頂 꼭대기 정
ㄴ'정(頂)'의 대표 뜻은 '정수리'야.

뜻 이야기에서 사건이 해결되는 부분.
예 누나는 주인공의 죽음으로 끝난 결말이 슬프다며 눈물을 보였다.

결말
結 맺을 결 + 末 끝 말
ㄴ'말(末)'의 대표 뜻은 ...

비슷한말 결미
'결미'도 어떤 일이 마무리되는 부분부분을 못해.

꼭! 알아야 할 관용어

(눈, 코)에 익다는 여러 번 보아서 익숙하다는 뜻입니다.
○표 하기

확인 문제

12~13쪽에서 공부한 낱말을 떠올리며 문제를 풀어 보세요.

1 뜻에 알맞은 낱말을 빈칸에 쓰세요.

❶ 직		
❷ 비	유	
	음	

해설 | 비유는 어떤 현상이나 사물을 다른 비슷한 현상이나 사물에 빗대는 것이고, 그렇게 표현하는 것이 '비유하는 표현'입니다. '직유법'은 두 대상을 직접 견주어 빗대어 표현하는 방법입니다.

2 낱말의 뜻은 무엇인지 ( ) 안에서 알맞은 낱말을 골라 ○표 하세요.

(1) **시화전** : 시를 (그림 , 음악)에 담아서 여러 사람에게 보이는 행사.

(2) **운율** : 소리가 비슷한 글자나 일정한 글자 수를 반복해 시가 (그림 , 음악)처럼 느껴지게 하는 요소.

해설 | (1) 시화전은 시에 그림을 담아 여러 사람에게 보이는 행사입니다. (2) 운율은 소리가 비슷한 글자나 일정한 글자 수를 반복해 시가 음악처럼 느껴지게 하는 요소입니다.

3 문장에 쓰인 표현 방법을 알맞게 선으로 이으세요.

(1) 인형처럼 예쁜 소녀. · · 은유법
(2) 내 마음은 투명한 호수. · · 직유법

해설 | (1) '처럼'을 써서 '예쁜 소녀'를 '인형'에 직접 빗대어 표현한 것입니다. (2) 은유법을 사용해 맑고 고요한 자신의 마음을 '호수'에 빗대어 표현한 것입니다.

4 밑줄 친 낱말을 알맞게 사용한 친구에게 ○표 하세요.

(1) 시에서 어려운 말을 반복해서 쓰니 운율이 느껴진대.

(2) 시에서 '빛깔'을 '붉게' 눈에 보라고 하니 참신하게 느껴져.

(3) 친구들 앞에서 시의 분위기를 살려 낭독하는 시화전을 준비했어.

해설 | (1) 운율은 어떤 말이 아니라 소리가 비슷한 글자나 일정한 글자 수를 반복해 시가 음악처럼 느껴지게 만드는 요소입니다. (3) '시화전'은 시에 그림을 담아 여러 사람에게 보이는 행사이므로, '시화전'을 시로 바꾸어야 합니다.

14~15쪽에서 공부한 낱말을 떠올리며 문제를 풀어 보세요.

5 뜻에 알맞은 낱말을 글자판에서 찾아 묶으세요. (낱말은 가로(—), 세로(|), 대각선(\\) 방향에 숨어 있어요.)

❹ 정	구	❶ 발	단
결	정	생	물
미	❸ 절	❷ 전	소	개
참	말		

① 이야기의 사건이 시작되는 부분.

② 이야기에서 사건이 해결되는 부분.

③ 이야기에서 사건이 본격적으로 발생하고 갈등이 일어나는 부분.

④ 이야기에서 사건 속의 갈등이 커지면서 긴장감이 가장 높아지는 부분.

해설 | ① 이야기의 구조에서 사건이 시작되는 부분은 '발단'입니다. ② 이야기에서 사건이 해결되는 부분을 '결말'이라고 합니다. ③ 이야기에서 사건이 본격적으로 발생하고 갈등이 일어나는 부분을 '전개'라고 합니다. ④ 사건 속의 갈등이 커지면서 긴장감이 가장 높아지는 부분은 '절정'입니다.

6 빈칸에 들어갈 알맞은 낱말로 알맞은 것에 ○표 하세요.

(1) '사건이 언제 어디에서 일어났나요?'처럼 사실을 묻는 질문은 [ ] 질문이다. (추론 , 사실)

(2) 이야기의 여러 부분이 서로 어울려 전체를 이루는 짜임새를 이야기의 [ ] (이)라고 한다. (종류 , 구조)

(3) '만약 나라면 어떻게 행동했을까요?'처럼 이야기 속 사실에 대한 가치를 판단하는 질문은 [ ] 질문이다. (평가 , 추론)

(4) '왜 그렇게 행동했을까요?'처럼 이야기 속 사실을 바탕으로 짐작하는 질문은 [ ] 질문이다. (추론 , 평가)

해설 | (1) 사건이 일어난 배경을 파악하는 질문으로, '사실 질문'입니다. (2) 이야기의 여러 부분이 어울려 전체를 이루는 짜임새를 '이야기의 구조'라고 합니다. (3) 나의 입장에서 생각해 보게 해서 가치를 판단하는 질문이므로, '평가 질문'입니다. (4) 사실을 바탕으로 인물의 행동에 숨은 기분을 생각하는 질문이므로, '추론 질문'이 알맞습니다.

7 빈칸에 들어갈 알맞은 낱말을 완성하세요.

이야기 「호랑이와 곶감」에서 (1) [발] [단] 은 배고프고 호랑이가 외딴집에서 우는 아기를 달래는 엄마를 보는 부분이다. 곶감을 무서워 호랑이가 산으로 도망가는 부분은 긴장감이 가장 높은 (3) [절] [정] 이다.

(2) [절] [정] 이다. 도망간 호랑이가 숨이 상상하는 것이 이야기의 (3) [절] [말] 이다.

해설 | (1) 이야기에서 사건이 시작되는 부분이므로 '발단'이 알맞습니다. (2) 이야기에서 긴장감이 가장 높은 부분이므로, '절정'에 해당합니다.

항쟁
抗 대항할 항 + 爭 다툴 쟁

뜻 적이나 나쁜 세력에 맞서 싸우는 것.

예 국민들은 전두환 정부가 독재 정치를 펴자, 이에 반대해 6월 민주 항쟁을 벌였어.

▲ 6월 민주 항쟁

> 이 사진은 6월 민주 항쟁의 도화선이 되었던 이한열 열사의 장례식을 찍은 사진이야.

'抗(항)'의 대표 뜻은 '겨루다'야.

직선제
直 바로 직 + 選 뽑을 선 + 制 규정할 제

뜻 국민이 직접 선거를 통하여 대표를 선출하는 제도. '직접 선거 제도'라고 함.

예 거리로 나선 시민과 학생들은 대통령 직선제를 요구했다.

관련 어휘 간선제
'간선제'는 '간접 선거 제도'의 줄임 말이야. 일정 수의 선거인단을 구성해 이들에게 대표자를 뽑게 하는 선거 제도를 말해.

'직(直)'의 대표 뜻은 '곧다', '선(選)'의 대표 뜻은 '가리다', '제(制)'의 대표 뜻은 '절제하다'야.

지방 자치제
地 땅 지 + 方 모 방 + 自 스스로 자 + 治 다스릴 치 + 制 규정할 제

뜻 지역의 주민이 직접 선출한 지방 의회와 의원과 지방 자치 단체장이 그 지역의 일을 처리하는 제도.

예 우리나라는 지방 자치제를 통해 지역의 여러 가지 문제를 민주적으로 해결하고 있다.

'지(地)'의 대표 뜻은 '땅', '방(方)'의 대표 뜻은 '모'야.

집회
集 모을 집 + 會 모일 회

뜻 여럿이 어떤 특별한 목적으로 한데 모이는 것.

예 우리나라는 촛불 집회와 같은 대규모 집회와 캠페인, 누리 소통망 등을 통해 사회 문제를 해결하고 있다.

▲ 촛불 집회

1주차 2회 사회 교과서 어휘

수록 교과서 사회 6-1
1. 우리나라의 정치 발전

다음 중 낱말의 뜻을 잘 알고 있는 것에 ✓ 하세요.

□ 혁명 □ 민주화 □ 항쟁 □ 직선제 □ 지방 자치제 □ 집회

부정 선거 물러가라!

공명 선거 이룩하자!

독재 정치 바로잡자!

> 1960년에 있었던 4·19 혁명 모습이야. 우리나라의 민주주의는 힘들고 어려운 과정을 거쳐 발전해 왔어. 민주주의가 발전해 온 과정과 관련된 어휘들을 나와 함께 공부해 보자!

✏ 낱말을 읽고, ▨ 부분에 뜻풀이를 그으면서 낱말 공부를 해 보세요.

혁명
革 고칠 혁 + 命 목숨 명

뜻 나라, 사회, 제도 같은 것이 근본부터 뒤집어엎고 새롭게 고치는 것.

예 4·19 혁명은 이승만 정부의 부정 선거에 항의해 국민들이 들고일어나 바로잡은 사건이야.

발음 받침 '¬'을 'ㅇ'으로 발음하기
받침 '¬, ㄷ, ㄹ, ㅁ, ㄴ, ㅇ'을 만나면 [ㅇ], [ㄴ], [ㅁ]으로 발음해. 국물은 [궁물], 만나는 [만나]로 발음하는 것처럼 '혁명'은 [형명]이라고 발음한단다.

민주화
民 백성 민 + 主 주인 주 + 化 될 화

뜻 민주주의를 지키고 이루는 것.

예 5·18 민주화 운동에 참여한 많은 사람이 다치거나 죽었다.

비슷한말 민주주의화
'민주주의화'는 국민이 모든 결정의 중심이 되어 가는 것을 뜻해.

이것만은 꼭! 민주주의를 지키고 이루는 것.

다수결
多 많을 다 + 數 셀 수 + 決 결정할 결

뜻 다수의 의견이 소수의 의견보다 더 이치에 맞을 것이라고 생각해 다수의 의견을 채택하는 방법.

예 주민들은 다수결의 원칙에 따라 쉽고 빠르게 문제를 해결했다.

관련 어휘 다수와 소수
'다수결'에 들어 있는 '다수'는 많은 수를 뜻해. 그래서 '다수결'은 한자로 많은 수의 사람이 선택한 결정이라는 뜻을 담고 있어. '다수'의 반대말은 적은 수를 뜻하는 '소수'야.

존엄
尊 높을 존 + 嚴 엄숙할 엄

뜻 어떤 사람이나 신분이 매우 높고 엄숙함.

예 사람은 태어날 때부터 인간으로서 존엄하다.

반대말 미천
'미천'하다는 신분이 낮고 보잘것없다는 뜻이야.
예 인간은 모두 존엄한 존재로 미천한 사람은 없다.

관용
寬 너그러울 관 + 容 용서할 용

뜻 나와 다른 의견을 인정하고 포용하는 태도.

예 생활 속 다양한 문제를 해결하려면 나와 다른 의견을 인정하는 관용이 필요하다.

비슷한말 포용
'포용'은 남을 넓은 마음으로 감싸 주거나 받아들인다는 뜻이야.
예 열린 마음으로 이해하고 포용하는 사회가 되어야 한다.

불공평
不 아닐 불 + 公 공평할 공 + 平 고를 평

뜻 서로 차이를 두어서 한쪽에만 이로운 것.

예 우리 지역에만 냄새 나는 쓰레기 매립장을 건설하는 것은 불공평하다.

반대말 공평
'공평'은 한쪽으로 치우치지 않고 고른 것을 뜻해.

1주차 2회
사회 교과서 어휘

수록 교과서 사회 6-1
1. 우리나라의 정치 발전

다음 중 낱말의 뜻을 잘 알고 있는 것에 ✓ 하세요.

□ 민주주의 □ 선거 □ 다수결 □ 존엄 □ 관용 □ 불공평

> 선거는 민주주의의 꽃이라고 불려. 왜 선거를 이렇게 부르는지 아니야? 민주주의가 무엇인지 알면 선거를 이렇게 부르는 까닭도 알 수 있어. 민주주의와 관련 있는 낱말들을 알아보자.

낱말을 읽고, 부분에 맞춤을 그으면서 낱말 공부를 해 보세요.

이것만은 꼭!

민주주의
民 백성 민 + 主 주인 주 + 主 주인 주 + 義 옳을 의

뜻 모든 국민이 나라의 주인으로서 권리를 갖고, 그 권리를 자유롭고 평등하게 행사하는 정치 제도.

예 주민 자치회는 민주주의의 대표적인 예이다.

선거
選 뽑을 선 + 擧 행할 거

뜻 국민이 자신들을 대표할 사람을 직접 뽑음. 보통, 평등, 직접, 비밀 선거의 기본 원칙이 있음.

예 민주주의 사회에서는 기본 원칙에 따라 공정한 선거를 치르고 있다.

관련 어휘 선거의 기본 원칙
• 보통 선거: 만 19세 이상 이상 누구나 가능.
• 평등 선거: 누구나 한 표로 행사.
• 직접 선거: 자신이 직접 행사.
• 비밀 선거: 후보 선택의 비밀 보장.

확인 문제

18~19쪽에서 공부한 낱말을 떠올리며 문제를 풀어 보세요.

1 낱말과 그 뜻을 알맞게 선으로 이으세요.

(1) 혁명
(2) 항쟁
(3) 민주화

- 민주주의를 지키고 이루는 것.
- 잘이나 나쁜 세력에 맞서 싸우는 것.
- 나라, 사회, 제도 같은 것의 본바탕을 뒤집어엎고 새롭게 고치는 것.

해설 | (1) '혁명'은 나라, 사회, 제도 같은 것의 본바탕을 뒤집어엎고 새롭게 고치는 것을 뜻합니다. (2) '항쟁'은 잘이나 나쁜 세력에 맞서 싸우는 것을 의미합니다. (3) '민주화'는 민주주의를 지키고 이루는 것을 뜻합니다.

2 뜻에 알맞은 낱말이 되도록 보기에서 글자를 찾아 쓰세요.

보기

직	집	세
평	항	간
선	회	정
회		

(1) 여럿이 어떤 특별한 목적으로 한데 모이는 것.
→ 집 회

(2) 국민이 직접 선거를 통하여 대표를 선출하는 제도.
→ 직 선 제

해설 | (1) 여럿이 어떤 특별한 목적으로 한데 모이는 것을 뜻하는 낱말은 '집회'입니다. (2) 국민이 직접 선거를 통하여 대표를 선출하는 제도는 '직선제'입니다.

3 ( )안에서 알맞은 낱말을 골라 ○표 하세요.

(1) 시민과 학생들은 민주주의를 지키려고 독재 정치를 펴는 정부에 맞서 (정쟁, **항쟁**)을 벌였다.
(2) 우리나라는 4·19 혁명, 5·18 민주화 운동, 6월 민주 항쟁을 가치면서 (**민주화**, 공산화)가 이루어졌다.
(3) (간선제, **직접 자치제**)가 시행되면서 주민들은 자신들이 살고 있는 곳의 문제를 스스로 해결할 수 있다.
(4) 6월 항쟁 이후 시민들은 대규모 (**집회**, 전시회)에 참여하거나 캠페인을 벌이는 방식으로 사회 공동의 문제를 해결하고 있다.

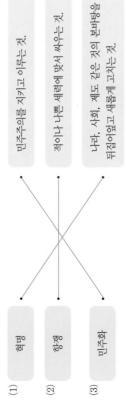

해설 | (1) 시민과 학생들이 독재 정치를 펴는 정부에 맞서 싸웠으므로, '항쟁'이 알맞습니다. (2) 우리나라는 여러 가지 정치적인 어려움을 겪으면서 '민주화'를 이루었습니다. (3) 주민들이 지역 문제를 스스로 해결할 수 있는 제도는 지방 자치제입니다. (4) 시민들은 '집회'에 참여하며 사회 공동의 문제를 해결합니다.

20~21쪽에서 공부한 낱말을 떠올리며 문제를 풀어 보세요.

4 뜻에 알맞은 낱말을 글자판에서 찾아 묶으세요. (낱말은 가로(—), 세로(|), 대각선(\) 방향에 숨어 있어요.)

다	수	앙	성	정	구	연
수	정	정	민	과	정	관
결	과	세	주	민	세	용
존	엄	회	화			
귀	회	선	거	의		

① 어떤 사람이나 신분이 매우 높고 엄숙함.
② 나와 다른 의견을 인정하고 포용하는 태도.
③ 모든 국민이 나라의 주인으로서 권리를 갖고, 그 권리를 자유롭고 평등하게 행사하는 정치 제도.
④ 국민이 자신들을 대표할 사람을 직접 뽑음.

해설 | ① 어떤 사람이나 신분이 매우 높고 엄숙하다는 뜻의 낱말은 '존엄'입니다. ② 나와 다른 의견을 인정하고 포용하는 태도를 '관용'이라고 합니다. ③ 모든 국민이 나라의 주인이 되어 권리를 갖고 권리를 자유롭고 평등하게 행사하는 정치 제도는 '민주주의'라고 합니다. ④ 국민이 자신들을 대표할 사람을 직접 뽑는 것은 '선거'입니다.

5 빈칸에 알맞은 반대말을 쓰세요.

(1)

| 다수 | ↔ | 소수 |
| 많은 수. | | 작은 수. |

(2)

| 불공평 | | 공평 |
| 서로 차이를 두어서 한쪽에만 이로운 것. | ↔ | 한쪽으로 치우치지 않고 고른 것. |

해설 | (1) 많은 수를 뜻하는 다수의 반대말은 '소수'입니다. (2) '공평'의 반대말로, 서로 차이를 두어서 한쪽에만 한쪽으로 치우치는 것을 '불공평'이라고 합니다.

6 ( )안에 들어갈 알맞은 낱말을 보기에서 찾아 쓰세요.

보기

| 존엄 | 관용 | 불공평 |
| 포용 | 다수결 | |

(1) 양보와 타협이 어려울 때에는 (다수결)의 원리으로 문제를 해결한다.
(2) 모든 사람은 인간으로서 (존엄)하기 때문에 태어날 때부터 존중받아야 한다.
(3) 전체 하나의 사용하는 운동장을 6학년만 사용하는 것은 다른 학년에게도 (불공평)하게 느껴질 수 있다.
(4) 서로 다른 의견을 가진 사람들 사이의 문제를 해결하려면 다른 의견을 인정하고 포용하는 (관용)의 태도를 가져야 한다.

해설 | (1) 양보와 타협이 어려울 때에는 '다수결'의 원리로 문제를 해결합니다. (2) 인간은 모두 '존엄'하기 때문에 태어날 때부터 존중받아야 합니다. (3) 전체가 사용하는 공간을 일부 다른 하나에게만 '불공평'하다고 느낄 수 있습니다. (4) 서로 다른 의견을 가진 사람들의 문제를 해결하려면 '관용'의 태도를 가져야 합니다.

수학 교과서 어휘

수록 교과서 수학 6-1

1. 분수의 나눗셈

다음 중 낱말의 뜻을 잘 알고 있는 것에 ✓ 하세요.

□ 자연수 □ 분수 □ 몫 □ 등분 □ 큰술 □ 인분

낱말을 읽고, [   ] 부분에 맞줄을 그으면서 낱말 공부를 해 보세요.

자연수

- 뜻 1부터 시작하여 하나씩 더하여 얻는 수.
- 예 딱딱이크 12개를 3명이 나누어 먹는다면 자연수 1÷3으로 계산할 수 있다.

自 저절로 자 + 然 그럴 연 + 數 셀 수
자(自)자의 대표 뜻은 '스스로'야.

분수

- 뜻 어떤 수를 0이 아닌 다른 수로 나누는 몫을 분자와 분모로 나타낸 것.
- 예 2÷3을 분수로 나타내면 $\frac{2}{3}$이다.

分 나눌 분 + 數 셀 수

이것만은 꼭!
몫을 어떤 수를 0이 아닌 다른 수로 나누는
$\frac{2}{3}$ — 분자
$\phantom{\frac{2}{3}}$ — 분모

몫

- 뜻 어떤 수를 다른 수로 나누어 얻은 수.
- 예 1÷5의 몫은 $\frac{1}{5}$이다.
- 여러 가지 뜻을 가진 낱말 **몫**
- '몫'은 무엇을 여럿이 나누어 가질 때 각 사람이 가지게 되는 부분이라는 뜻도 있어.
- 예 우리 반은 함창 대회에서 받은 공책을 각자의 몫만큼 나누어 가졌다.

$1 \div 5 = \frac{1}{5}$

등분

- 뜻 똑같이 나누는 것을 세는 말.
- 예 3÷4의 몫은 3을 4등분한 것 중 하나이다.
- 여러 가지 뜻을 가진 낱말 **등분**
- '등분'은 분량을 똑같이 나누는 것을 뜻하기도 해.
- 예 우리는 선물을 정확히 반으로 등분했다.

等 같을 등 + 分 나눌 분
등(等)의 대표 뜻은 '무리'야.

큰술

- 뜻 음식물을 숟가락에 담아 그 분량을 세는 단위 단위 가운데 하나.
- 예 천차주방용을 만들 때 다진 양파를 다섯 큰술 넣었다.

▲ 1큰술의 분량
15mL

인분

- 뜻 사람 수를 기준으로 분량을 세는 단위.
- 예 떡볶이 4인분을 만드는 데 필요한 재료와 양을 구한다.
- 뜻을 더해 주는 말 **-분**
- '인분'에서 '-분'은 '분량'이라는 뜻을 더해 주는 말이야. '1인분'이라고 하면 1인, 즉 한 사람이 먹을 분량이라는 뜻이지.
- 예 초과분, 부족분, 잉여분

人 사람 인 + 分 나눌 분

정답과 해설 ▶ 8쪽

수학 교과서 어휘

정답과 해설 ▶ 9쪽

수록 교과서 수학 6-1
2. 각기둥과 각뿔

다음 중 낱말의 뜻을 잘 알고 있는 것에 ✓ 하세요.

☐ 입체도형 ☐ 각기둥 ☐ 각기둥의 밑면 ☐ 각기둥의 모서리 ☐ 각기둥의 꼭짓점
☐ 각기둥의 전개도

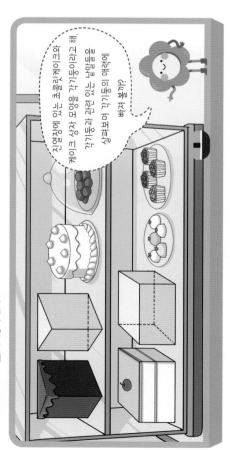

진열장에 있는 초콜릿케이크와 케이크 상자 모양을 각기둥이라고 해. 각기둥과 관련된 낱말들을 살펴보며 각기둥의 매력에 빠져 볼까?

낱말을 읽고, ▬▬ 부분에 낱말을 그으면서 낱말 공부를 해 보세요.

입체도형
立 설 립 + 體 몸 체 +
圖 그림 도 + 形 모양 형
✎ '체(體)'의 대표 뜻은 '몸'이다.

Tip '입체 + 도형, 평면 + 도형' 처럼 물로 조합될 수 있는 낱말은 '합성어'예요.

뜻 여러 개의 평면으로 둘러싸여서 공간에서 부피를 가지는 도형.
예 입체도형들을 활용해서 건축물 모양을 만들어 보자.

 평면도형

입체도형

▲ 입체도형

각기둥
角 각 각 + 기둥
✎ '각(角)'의 대표 뜻은 '뿔'이다.

Tip 모드 면이 만나 부분을 못해요

이것만은 꼭!
뜻 서로 평행한 두 면이 있는 입체도형. 삼각기둥, 사각기둥, 오각기둥 등이 있음.
예 각기둥을 위와 아래에 있는 면이 서로 나란하고, 두 면의 크기와 모양이 똑같다.

각기둥의 밑면
角 각 각 + 기둥의 밑 +
面 면면 면
✎ '면(面)'의 대표 뜻은 '낯얼굴'이다.

뜻 각기둥에서 서로 평행하고 합동인 두 면.
예 각기둥의 밑면은 각기둥에서 기준이 되는 연으로 모두 한 쌍이다.

관련 어휘 **각기둥의 옆면**
두 밑면과 만나는 연을 '옆면'이라고 해.

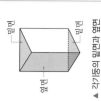
밑면 옆면 밑면
▲ 각기둥의 밑면과 옆면

각기둥의 모서리
角 각 각 + 기둥의 모서리

뜻 각기둥에서 면과 면이 만나는 선분.
예 각기둥의 모서리는 밑면과 옆면, 옆면과 옆면이 만나는 부분에서 볼 수 있다.

모서리
▲ 각기둥의 모서리

각기둥의 꼭짓점
角 각 각 + 기둥의 꼭짓점

뜻 각기둥에서 모서리와 모서리가 만나는 점.
예 밑면의 모양이 오각형인 각기둥의 꼭짓점 개수는 10개이다.

관련 어휘 **각기둥의 높이**
각기둥에서 두 밑면 사이의 거리를 '높이'라고 해.

꼭짓점 높이
모서리
▲ 각기둥의 꼭짓점과 높이

각기둥의 전개도
角 각 각 + 기둥의 +
展 펼 전 + 開 열 개 +
圖 그림 도
✎ '도(圖)'의 대표 뜻은 '그림도'이다.

뜻 각기둥의 모서리를 잘라서 평면 위에 펼쳐 놓은 그림.
예 삼각기둥의 전개도를 그리려면 밑면 2개, 옆면 3개를 그려야 된다.

▲ 삼각기둥의 전개도

확인 문제

✎ 26~27쪽에서 공부한 낱말을 떠올리며 문제를 풀어 보세요.

4 뜻에 알맞은 낱말이 되도록 보기에서 글자를 찾아 쓰세요. (같은 카드를 두 번 쓸 수 있어요.)

보기 전 형 개 체 도 임

(1) 각기둥의 (전개도) : 각기둥의 모서리를 잘라서 평면 위에 펼쳐 놓은 그림.

(2) (입체도형) : 각기둥처럼 여러 개의 평면으로 둘러싸여서 공간에서 부피를 가지는 도형.

해설 | (1) 각기둥의 모서리를 잘라서 평면 위에 펼쳐 놓은 그림을 '각기둥의 전개도'라고 합니다. (2) 여러 개의 평면으로 둘러싸여서 공간에서 부피를 가지는 도형을 '입체도형'입니다.

5 낱말과 그 뜻을 알맞게 선으로 이으세요.

(1) 각기둥의 밑면 •　　• 각기둥에서 반과 면이 만나는 선분.

(2) 각기둥의 모서리 •　　• 각기둥에서 서로 평행하고 합동인 두 면.

(3) 각기둥의 꼭짓점 •　　• 각기둥에서 모서리와 모서리가 만나는 점.

해설 | (1) '각기둥의 밑면'은 각기둥에서 서로 평행하고 합동인 두 면을 뜻합니다. (2) '각기둥의 꼭짓점'은 각기둥에서 모서리와 모서리가 만나는 점입니다. (3) '각기둥의 모서리'는 각기둥에서 반과 면이 만나는 선분을 뜻합니다.

6 그림과 관련 있는 낱말을 골라 ○표 하세요.

(1)  각기둥 ・ 전개도 ・ 평면도형

(2) 각기둥 ・ 평면도형 ・ 입체도형 ・ 오각형

해설 | (1) 평평한 면에 그려진 사각형이므로 평면도형입니다. (2) 그림은 마주 보는 밑면이 있는 입체도형으로, 밑면의 모양이 오각형인 육각기둥입니다.

7 오른쪽 삼각기둥을 보고, ( ) 안에 들어갈 알맞은 낱말에 ○표 하세요.

(1) 두 개의 (밑면 ・ 옆면)이 서로 평행하고 합동이다.

(2) 여러 개의 평면으로 둘러싸인 (평면도형 ・ 입체도형)이다.

(3) (약도 ・ 전개도)를 펼치면 밑면은 두 개, 옆면은 세 개가 된다.

(4) 밑면의 모양이 삼각형이므로 (모서리 ・ 옆면 ・ 꼭짓점)의 수는 6개이다.

▲ 삼각기둥

해설 | (1) 각기둥에서 서로 평행하고 합동인 면은 '밑면'입니다. (2) 삼각기둥은 여러 개의 평면으로 둘러싸인 입체도형입니다. (3) 삼각기둥의 전개도를 펼치면 마주 보는 밑면은 2개, 옆면은 3개가 됩니다. (4) 각기둥의 꼭짓점 수는 한 밑면의 변의 수×2이므로, 삼각기둥의 꼭짓점 수는 3×2=6입니다.

확인 문제

✎ 24~25쪽에서 공부한 낱말을 떠올리며 문제를 풀어 보세요.

1 낱말의 뜻을 보기에서 찾아 사다리를 타고 내려간 곳에 기호를 쓰세요.

보기
㉠ 어떤 수를 다른 수로 나누어 얻은 수. - 몫
㉡ 1부터 시작하여 하나씩 더하여 얻는 수. - 자연수
㉢ 어떤 수를 0이 아닌 다른 수로 나눈 몫을 분자와 분모로 나타낸 것. - 분수

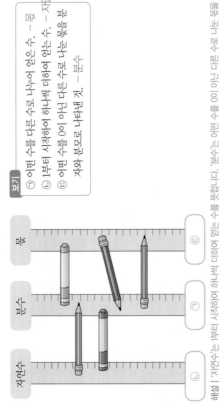

자연수　　분수　　몫

해설 | 자연수는 1부터 시작하여 하나씩 더하여 얻는 수를 뜻합니다. 분수는 어떤 수를 0이 아닌 다른 수로 나눈 몫을 분자와 분모로 나타낸 것입니다. 몫은 어떤 수를 다른 수로 나누어 얻은 수를 의미합니다.

2 낱말의 뜻은 무엇인지 ( ) 안에서 알맞은 낱말을 골라 ○표 하세요.

(1) 몫 : (똑같이 ・ 따로따로) 나눈 것을 세는 말.

(2) 인분 : (사람 ・ 동물) 수를 기준으로 분량을 세는 단위.

(3) 큰술 : 음식물을 (컵 ・ 순가락)에 담아 그 분량을 세는 단위 가운데 하나.

해설 | (1) '몫'은 똑같이 나눈 것을 세는 말입니다. (2) '인분'은 사람 수를 기준으로 분량을 세는 단위입니다. (3) '큰술'은 숟가락에 담은 음식물의 분량을 세는 단위입니다.

3 ( ) 안에 들어갈 알맞은 낱말을 보기에서 찾아 쓰세요.

보기 몫 분모 분수 분자 자연수

(1) 3 ÷ 8을 (분수)(으)로 나타내면 $\frac{3}{8}$ 이다.

(2) 미술 시간에 점토를 3(등분)하여 꽃병을 3개 만들었다.

(3) $\frac{6}{8}$ ÷ 3의 몫을 구할 때에는 분자를 (자연수)(으)로 나누어 계산한다.

해설 | (1) 3÷8은 분자, 8이 분모가 되는 '분수'입니다. (2) 점토 덩어리를 3개로 나누어서 꽃병을 만들었다는 뜻이므로, '등분'입니다. (3) 분수의 나눗셈에서 분자가 자연수의 배수일 때에는 분자를 자연수로 나누어 계산합니다.

과학 교과서 어휘

다음 중 낱말의 뜻을 잘 알고 있는 것에 ☑ 하세요.

□ 발효 □ 효모 □ 가설 □ 고려 □ 체계적 □ 일치

수록 교과서 과학 6-1
1. 과학자처럼 탐구해 볼까요?

시험관을 든 과학자가 보이지? 과학자들은 실험을 하기 전에 실험에서 일어날 일을 머리 속으로 짐작해 보아야 해. 이 과정과 관련 있는 낱말을 공부하며 과학자처럼 탐구해 보자.

낱말을 읽고, 　　 부분에 알맞은 말을 그으면서 낱말 공부를 해 보세요.

발효
醱 술괼 발 + 酵 삭힐 효

뜻 김치, 된장, 술 같은 것이 맛있게 익는 것.
예 빵 반죽을 완성한 다음 발효가 끝날 때까지 기다려야 한다.
[글자는 같지만 뜻이 다른 낱말] 발효
'발효'는 법률이나 조약 같은 것이 실제로 쓰이기 시작한다는 것이라는 뜻이야.
예 어린이 제품에 화학 물질을 넣지 못하게 하는 법안이 발효되었다.
Tip '발효'처럼 글자는 같지만 뜻이 다른 낱말을 '동음이의어'라고 해요.

효모
酵 삭힐 효 + 母 근원 모
〈'모(母)'의 대표 뜻은 '어머니'야.〉

뜻 술이나 빵을 만들 때, 발효와 부풀리기에 쓰는 균류의 하나.
예 빵 반죽을 부풀게 하려고 효모를 넣었다.

효모는 미생물로, 효모균이라고도 불러.

가설
假 임시 가 + 說 말씀 설
〈'가(假)'의 대표 뜻은 '거짓'이야.〉

뜻 아직 증명되지 않았지만 어떤 사실을 설명하려고 임시로 세운 틀이나 생각.
예 효모는 차가운 곳보다 따뜻한 곳에서 더 잘 발효할 것이라는 가설을 세웠다.
[비슷한말] 가정
'가정'은 사실이 아니거나 사실인지 아닌지 분명하지 않은 것을 임시로 받아들이는 뜻이야.
예 일부 학자들은 인류의 멸망이라는 가정을 세웠다.

이것만은 꼭!

고려
考 생각할 고 + 慮 생각할 려

뜻 이것저것 생각하거나 헤아리는 것.
예 효모가 발효하는 조건을 고려해 가설을 세워야 한다.
[비슷한말] 참작, 감안
'참작'은 결정하거나 판단할 때 어떤 일이나 상황을 참고하여 이리저리 헤아린다는 뜻이야.
예 김 씨는 정상 참작을 받아 무죄로 풀려났다.
'감안'은 여러 사정을 살펴서 생각한다는 것을 뜻해.
예 현실을 감안하다.

체계적
體 제 몸 체 + 系 이을 계 + 的 ~한 상태로 되는 적
〈'체(體)'의 대표 뜻은 '몸', '적(的)'의 대표 뜻은 과녁이야.〉

Tip '체계'는 '생기거나 이루 어진다'를 뜻을 말해요.

뜻 정해진 원칙에 따라 낱낱의 부분이 짜임새 있게 전체를 이루는 것.
예 표를 사용하면 많은 양의 자료를 체계적으로 정리할 수 있다.
[반대말] 비체계적
'비체계적'은 정해진 원칙에 따라 낱낱의 부분이 짜임새 있게 전체를 이루지 않은 것이라는 뜻이야.

일치
一 하나 일 + 致 이를 치
〈'치(致)'의 대표 뜻은 '이르다'야.〉

뜻 서로 같거나 딱 들어맞는 것.
예 우리 모둠이 세운 가설은 실험 결과와 일치했다.
[관용어] 아귀가 맞다
'아귀가 맞다'는 앞뒤가 빈틈없이 들어맞는다는 뜻을 가진 말이야.
예 우리가 계획한 대로 아귀가 맞게 진행되었다.

과학 교과서 어휘

수록 교과서 · 과학 6-1
2. 지구와 달의 운동

다음 중 낱말의 뜻을 잘 알고 있는 것에 ✓하세요.
□ 자전축 □ 지구의 자전 □ 지구의 공전 □ 초승달 □ 음력 □ 주기

지구에서는 낮과 밤, 계절이 반복이 나타나지. 태양과 달, 별은 동쪽에서 떠서 서쪽으로 지고 있어. 날마다 달의 모양도 바뀌지. 지구와 달의 운동에 관련된 낱말을 살펴보자.

낱말을 읽고, 붉은색 ▨부분에 밑줄을 그으면서 낱말 공부를 해 보세요.

자전축
自 스스로 자 + 轉 회전할 전 + 軸 축 축
↳ '축(軸)'의 대표 뜻은 '굴대'야.

뜻 지구의 북극과 남극을 이은 가상의 직선.
예 지구는 자전축을 중심으로 회전한다.
Tip 축은 자전축이나 회전의 중심으로 회전한다.

지구의 자전
地 땅 지 + 球 공 구 + 의 + 自 스스로 자 + 轉 회전할 전

뜻 지구가 가상의 직선인 자전축을 중심으로 로 하루에 한 바퀴씩 서쪽에서 동쪽으로 로 회전하는 것.
예 북극 위에서 내려다보면 지구의 자전은 시계 반대 방향이다.

이것만은 꼭!

23.5° 자전축 / 적도

지구의 공전
地 땅 지 + 球 공 구 + 의 + 公 공평할 공 + 轉 회전할 전

뜻 지구가 태양을 중심으로 일 년에 한 바퀴씩 서쪽에서 동쪽(시계 반 대 방향)으로 회전하는 것.
예 지구의 공전 때문에 계절에 따라 지구의 위치가 달라진다.

초승달
初 처음 초 + 生 날 생 + 달

뜻 음력으로 매달 첫째 날부터 며칠 동안 뜨는 달.
예 음력 2~3일경에 뜨는 달의 모양은 초승달이다.
Tip '초승달'에서 '초승'은 "갓 생기다, 돋아나다."를 뜻하는 한자어 '초생(初生)'에서 온 말 이에요.

초승달 상현달 / 보름달 / 하현달 그믐달

음력
陰 그늘 음 + 曆 책력 력
↳ '음(陰)'의 대표 뜻은 '그늘'이야.

뜻 달이 지구를 한 바퀴 도는 데 걸리는 시간을 한 달로 삼은 달력.
예 달의 모양은 음력 날짜와 밀접한 관련이 있다.
'양력'은 지구가 태양의 둘레를 한 바퀴 도는 데 걸리는 시간을 일 년으로 삼은 달력 이야.
반대말 양력
Tip '음력'을 '태음력'이라고도 해요. '태음'은 달을 태양에 상대하여 이르는 말이에요.

주기
週 돌 주 + 期 기간 기
↳ '기(期)'의 대표 뜻은 '기약하다'야.

뜻 한 번 일어난 일이 다시 나타나기까지의 동안.
예 달의 모양은 약 30일 주기로 초승달, 상현달, 보름달, 하현달, 그믐달의 순서로 변한다.
비슷한말 사이클
'사이클'은 상태가 바뀌었다가 다시 원래 상태로 되돌아올 때까지의 과정을 뜻해.
예 유행 사이클, 일정한 사이클

서 동

확인 문제

✏ 30~31쪽에서 공부한 낱말을 떠올리며 문제를 풀어 보세요.

1 낱말과 그 뜻을 알맞게 선으로 이으세요.

(1) 고려 · · 서로 잘 맞거나 딱 들어맞는 것.

(2) 일지 · · 이것저것 생각하거나 헤아리는 것.

(3) 가설 · · 정해진 원칙에 따라 낱낱의 부분이 짜임새 있게 전체를 이루는 것.

(4) 체계적 · · 아직 증명되지 않았지만 어떤 사실을 설명하려고 임시로 세운 생각이나 생각.

해설 | (1) '고려'는 이것저것 생각하거나 헤아리는 것을 뜻합니다. (2) '일지'는 서로 잘 맞거나 딱 들어맞는 것입니다. (3) '가설'은 아직 증명되지 않았지만 어떤 사실을 설명하려고 임시로 세운 생각을 의미합니다. (4) '체계적'은 원칙에 따라 낱낱의 부분이 짜임새 있게 전체를 이루는 것을 뜻합니다.

2 밑줄 친 낱말의 뜻으로 알맞은 것을 보기 에서 찾아 기호를 쓰세요.

보기
㉠ 김치, 된장, 술 같은 것이 맛이 들게 되는 것.
㉡ 법률이나 조약 같은 것이 실제로 쓰이기 시작하는 것.

(1) 새로운 정보 통신 기본법의 발효가 1개월 앞으로 다가왔다. (㉡)

(2) 고추장과 요구르트, 치즈는 모두 발효를 거쳐 만드는 식품이다. (㉠)

해설 | (1) 법이 실제로 쓰이기 시작하는 것을 뜻하므로, ㉡의 뜻으로 쓰였습니다. (2) 김치, 된장, 술 같은 것이 맛이 들게 되는 것을 뜻하므로, ㉠의 뜻으로 쓰였습니다.

3 밑줄 친 낱말의 쓰임이 알맞으면 ○표, 알맞지 않으면 ✕표를 가서 몇 번으로 나오는지 쓰세요.

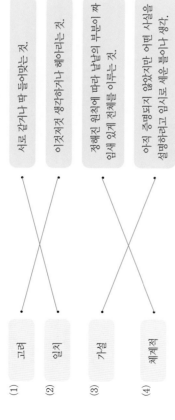

시작
- 효모의 발효에는 따뜻한 온도가 필요하다. ○
- 처음에 세운 가설이 실험 결과와 고려하는지 판단한다. ✕
- 가설을 세울 때 이해하기 쉬운지 고려한다. ○
- 실험 결과는 체계적으로 정리하여 나타낸다. ○

❶ ❷ ❸ ❹ ❺

(❸)

해설 | 두 번째 문장인 가설과 실험 결과의 관련성을 판단하는 것은 '고려'가 아니라 '비교'를 써야 합니다. 가설과 실험 결과의 관련성을 판단해야 하므로, '고려'를 '비교'로 바꾸어야 합니다.

✏ 32~33쪽에서 공부한 낱말을 떠올리며 문제를 풀어 보세요.

4 뜻에 알맞은 낱말을 보기 에서 찾아 쓰세요.

보기
주기   음력   자전축   조승달

(1) (자전축) : 지구의 북극과 남극을 잇는 가상의 직선.

(2) (주기) : 한 번 일어난 일이 다시 나타나기까지의 동안.

(3) (조승달) : 음력으로 매달 첫째 날부터 며칠 동안 뜨는 달.

(4) (음력) : 달이 지구를 한 바퀴 도는 데 걸리는 시간을 한 달로 삼은 달력.

해설 | (1) 지구의 북극과 남극을 잇는 가상의 직선축을 '자전축'이라고 합니다. (2) 한 번 일어난 일이 다시 나타나기까지의 동안을 '주기'입니다. (3) 음력으로 매달 첫째 며칠 동안 뜨는 달은 '조승달'입니다. (4) 달이 지구를 한 바퀴 도는 데 걸리는 시간을 한 달로 삼은 달력을 '음력'이라고 합니다.

5 낱말의 뜻이 무엇인지 ( ) 안에서 알맞은 낱말을 골라 ○표 하세요.

(1) 지구의 공전 — 지구가 (달 , 태양)을 중심으로 일 년에 한 바퀴씩 서쪽에서 동쪽으로 회전하는 것.

(2) 지구의 자전 — 지구가 자전축을 중심으로 (하루 , 일 년)에 한 바퀴씩 서쪽에서 동쪽으로 회전하는 것.

해설 | (1) 지구의 공전은 지구가 태양을 중심으로 일 년에 한 바퀴씩 서쪽에서 동쪽으로 회전하는 것입니다. (2) 지구의 자전은 지구가 자전축을 중심으로 하루에 한 바퀴씩 서쪽에서 동쪽으로 회전하는 것입니다.

6 빈칸에 들어갈 알맞은 낱말을 글자 카드로 만들어 쓰세요.

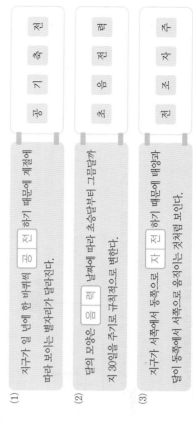

공	기	축	전
조	음	전	력
전	조	자	구

(1) 지구가 일 년에 한 바퀴씩 공 전 하기 때문에 계절에 따라 보이는 별자리가 달라진다.

(2) 달의 모양은 음 력 날짜에 따라 초승달부터 그믐달까지 30일을 주기로 구체적으로 변한다.

(3) 지구가 서쪽에서 동쪽으로 자 전 하기 때문에 태양과 달이 동쪽에서 서쪽으로 움직이는 것처럼 보인다.

해설 | (1) 계절에 따라 보이는 별자리가 달라지는 현상은 지구의 공전으로 생기는 현상입니다. (2) 달의 모양이 변하는 것은 음력 날짜에 따른 것입니다. (3) 태양과 달이 동쪽에서 서쪽으로 움직이는 것은 지구의 자전이기 때문입니다.

直 (직)이 들어간 낱말

'直(직)'이 들어간 낱말을 읽고, ▨ 부분에 알맞은 글을 그으면서 낱말 공부를 해 보세요.

곧을 직

'직(直)'은 막대기와 눈의 모습을 합해 표현한 글자야. 눈에 마치 곧은 막대기가 있는 것처럼 똑바로 본다는 데서 '곧다'라는 뜻을 갖게 되었어. '바로'라는 뜻으로 쓰일 때도 있어.

곧다 直

직선 直 곧을 직 + 線 줄 선
- 뜻 휘거나 꺾이지 않은 곧은 선.
- 예 동생이 화원은 직선 거리로 십 미터 앞에 있어.
- 반대말 곡선

직립 直 곧을 직 + 立 설 립
- 뜻 두 발로 꼿꼿하게 바로 서는 것.
- 예 몇 시간째 직립 자세를 유지하고 있는 군인들의 모습이 참 늠름해 보였다.
- 관련 어휘 직립 보행
- '직립 보행'은 두 개의 다리를 가지는 동물이 뒷다리만을 사용하여 걷는 일이야.

바로 直

이실직고 以 ~로써 이 + 實 내용 실 + 直 곧을 직 + 告 알릴 고
- 뜻 어떤 일을 사실대로 말하는 것.
- 예 형은 엄마께 꽃병 깬 사람이 자신이라고 이실직고했다.

직접 直 바로 직 + 接 이을 접
- 뜻 중간에 다른 것을 거치지 않고 바로.
- 예 무엇이든 직접 경험한 일이 기억에 오래 남는다.
- 반대말 간접
- '간접'은 어떤 일이 바로 되지 않고 사이에 낀 다른 것을 거쳐서 관계를 맺는 것을 말해.

1주차 5회 한자 어휘 낱말

交 (교)가 들어간 낱말

'交(교)'가 들어간 낱말을 읽고, ▨ 부분에 알맞은 글을 그으면서 낱말 공부를 해 보세요.

사귈 교

'교(交)'는 사람이 다리를 꼬고 앉은 모습을 표현한 만든 글자야. 그래서 '교(交)'가 들어간 낱말은 '엇갈리다, 섞이다'라는 뜻을 나타내지. 여기에서 사람들 사이에 사귄다는 데서 '사귀다'라는 뜻으로도 널어졌어.

엇갈리다·섞이다 交

교차로 交 엇갈릴 교 + 叉 갈래 차 + 路 길 로
- 뜻 서로 엇갈리거나 마주치는 길.
- 예 도로와 철도가 만나는 교차로에서 사고가 자주 일어난다.
- 비슷한말 갈림길
- 여러 갈래로 갈라진 길을 뜻하는 '갈림길'도 '교차로'와 비슷한 뜻으로 쓰이는 말이야.

교향악 交 섞일 교 + 響 울림 향 + 樂 노래 악
- 뜻 관악기, 타악기, 현악기 등을 함께 연주하는 큰 규모의 음악.
- 예 음악회에서 웅장한 교향악 연주를 들으니 가슴이 두근거렸어.

사귀다 交

관포지교 管 대롱 관 + 鮑 절인 물고기 포 + 之 ~의 지 + 交 사귈 교
- 뜻 우정이 아주 두터운 친구 사이의 이름.
- 예 세훈이는 나와 십 년 이상 우정을 쌓은 관포지교이다.
- 비슷한말 단금지교
- '단금지교'는 쇠라도 자를 만큼 굳고 단단한 사귐이라는 뜻으로, 매우 두터운 우정을 이르는 말이야.

수교 修 닦을 수 + 交 사귈 교
- 뜻 나라끼리 오가는 관계를 맺는 것.
- 예 두 나라는 수교를 맺어 정치 분야에서 협력해 나가기로 했다.
- 비슷한말 국교
- '국교'는 나라와 나라 사이의 외교 관계를 뜻해.

확인 문제

● 36쪽에서 공부한 낱말을 떠올리며 문제를 풀어 보세요.

1 뜻에 알맞은 낱말이 되도록 보기에서 글자를 찾아 쓰세요.

보기
악 수 교 향 차 로

(1) 서로 엇갈리거나 마주치는 길. → 교 차 로

(2) 나라끼리 오가는 관계를 맺는 것. → 수 교

(3) 관악기, 타악기, 현악기 들을 함께 연주하는 큰 규모의 음악. → 교 향 악

해설 | (1) 서로 엇갈리거나 마주치는 길은 '교차로'입니다. (2) 나라끼리 오가는 관계를 맺는 것은 '수교'입니다. (3) 관악기, 타악기, 현악기 들을 함께 연주하는 큰 규모의 음악은 '교향악'입니다.

2 밑줄 친 낱말을 알맞게 사용한 친구에게 ○표 하세요.

(1) 부모님께 어떻게 효도해야 할지 진로지교에서 다음 듯이야.

(2) 친구에게 마음을 여는 일이 어려워서 진포지교를 만들지 못했어.

(3) 기까 시간을 앞과 갔더니 아주에 늦어났다고 화를 내네. 이런 관포지교을 듣는 상황이 이상야?

해설 | 관포지교는 우정이 아주 두터운 동무 사이를 이르는 말로 알맞게 사용한 것은 (2)입니다. (1)에는 아버지에 은혜를 갚는 효성을 뜻하는 '반포지효가, (3)에는 잘못한 사람이 잘못이 없는 사람을 나무라는 태도를 뜻하는 '적반하장'이 알맞습니다.

3 빈칸에 들어갈 알맞은 낱말을 찾아 선으로 이으세요.

(1) 신호등이 설치되어 보행자들이 ￹￻ 안전하게 건널 수 있다. ·

· 수교

(2) ￹￻ 이/가 연주되는 음악회에서는 다양한 관현악기가 한데 어울린 그 매력을 뿜어낸다. ·

· 교향악

(3) 지난해 우리나라는 ￹￻ 50주년을 맞는 나라들을 한데 묶어서 기념 엽서를 만들었다. ·

· 교차로

해설 | (1) 보행자들이 건널 수 있는 길이므로, 반칸에는 '교차로'가 알맞습니다. (2) 관현악기가 연주되는 음악회에서 어울리는 것이므로, 반칸에는 '교향악'이 어울립니다. (3) 다른 나라와 오고 관계를 맺는다는 뜻이므로 '수교'가 어울립니다.

● 37쪽에서 공부한 낱말을 떠올리며 문제를 풀어 보세요.

4 낱말의 뜻을 보기에서 찾아 사다리를 타고 내려간 곳에 기호를 쓰세요.

보기
㉠ 휘거나 꺾이지 않은 곧은 선. - 직선
㉡ 어떤 일을 사실대로 말하는 것. - 이실직고
㉢ 두 발로 꼿꼿하게 바로 서는 것. - 직립
㉣ 중간에 다른 것을 가지지 않고 바로. - 직접

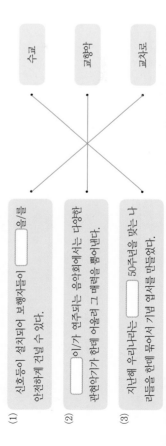

이실직고 / 직접 / 직립 / 직선

㉡ / ㉠ / ㉢ / ㉣

해설 | '직선'은 휘거나 꺾이지 않은 곧은 선입니다. '직립'은 두 발로 꼿꼿하게 바로 서는 것입니다. '직접'은 중간에 다른 것을 가지지 않고 바로라는 뜻입니다. '이실직고'는 어떤 일을 사실대로 말하는 것을 뜻합니다.

5 밑줄 친 글자의 공통된 뜻으로 알맞은 것은 무엇인가요? (③)

직선 직립

① 굽다 ② 높다 ③ 곧다 ④ 갔다 ⑤ 세다

해설 | '직선'은 휘거나 꺾이지 않은 곧은 선, '직립'은 두 발로 꼿꼿하게 서는 것을 뜻합니다. 따라서 '직'의 뜻으로는 곧다가 알맞습니다.

6 ( ) 안에 들어갈 알맞은 낱말을 보기에서 찾아 쓰세요.

보기
직선 / 직립 / 직접 / 이실직고

(1) 예방전 중에도 훈련을 통해 (직립)(으)로 걷는 개가 있다.

(2) 고속 도로는 빠른 속도로 달려야 해서 (직선)이 많다.

(3) 아빠는 주말 농장에서 우리가 먹을 채소를 (직접) 키우신다.

(4) 범인으로 경찰이 증거물을 들이대자 자신의 범행을 (이실직고)했다.

해설 | (1) 예방전을 통해 일어서서 걷는다는 의미이므로, '직립'이 알맞습니다. (2) 빠른 속도로 달려야 하는 고속 도로는 '직선'이 많습니다. (3) 아빠가 농장에서 손을 가지지 않고 재소를 기우시므로, 반칸에는 '직접'이 어울립니다. (4) 범인의 범행을 들이대자 자신의 범행을 '이실직고하기'어울립니다.

1주차 어휘력 테스트

1주차 1회~5회에서 공부한 낱말을 떠올리며 문제를 풀어 보세요.

낱말 뜻

1 낱말과 그 뜻이 알맞지 <u>않은</u> 것은 무엇인가요? (③)

① 고려: 이것저것 생각하거나 헤아리는 것.
② 각기둥: 서로 평행한 두 면이 있는 입체도형.
③ 존엄: 나와 다른 의견을 인정하고 포용하는 태도.
④ 지속: 지구와 북극과 남극을 잇는 가상의 직선.
⑤ 전개: 이야기에서 사건이 본격적으로 발생하고 갈등이 일어나는 부분.

해설 | '존엄'은 어떤 사람이나 신분이 매우 높고 엄숙함을 뜻합니다. 나와 다른 의견을 인정하고 포용하는 태도는 '관용'입니다.

낱말 뜻

2 ( )안에서 알맞은 낱말을 골라 ○표 하세요.

(1) (국론, 평가) 질문은 사실을 바탕으로 정확한 정보를 묻는 질문이다.
(2) (관포지교, 이심전심) 우정이 아주 두터운 동무 사이를 이르는 말이다.
(3) (분수, 자연수) 는 어떤 수를 0이 아닌 다른 수로 나눈 몫을 분자와 분모로 나타낸 것이다.
(4) (민주화, 다수결) 은/는 다수의 의견이 소수의 의견보다 이치에 맞을 것이라고 생각해 다수의 의견을 채택하는 방법이다.

해설 | (1) 사실을 바탕으로 정확한 정보를 묻는 질문은 주로 '국론' 질문입니다. (2) 우정이 아주 두터운 동무 사이를 이르는 말은 '관포지교'입니다. (3) 어떤 수를 0이 아닌 다른 수로 나눈 몫을 분자와 분모로 나타낸 것은 '분수'입니다. (4) 다수의 의견이 소수의 의견보다 이치에 맞을 것이라고 생각해 다수의 의견을 채택하는 방법은 '다수결'입니다.

비슷한말

3 밑줄 친 낱말과 뜻이 비슷한 낱말은 무엇인가요? (③)

실험을 통해 어떤 일이 일어날지 미리 <u>가설</u>을 세워 확인해야 한다.

① 진리 ② 학설 ③ 가정 ④ 질문 ⑤ 원인

해설 | '가설'은 어떤 중앙되지 않았지만 어떤 사실을 설명하려고 임시로 세운 틀이나 생각을 뜻합니다. 이와 비슷한 뜻을 가진 낱말은 사실이 아니거나 사실인지 아니지 분명하지 않은 것을 임시로 받아들이는 뜻인 '가정'입니다.

반대말

4~5 밑줄 친 낱말의 반대말을 쓰세요.

4 디자이너는 여러 개의 <u>곡선</u>으로 부드러움을 표현했다.

(직선)

해설 | '곡선'은 반듯하지 않고 굽은 선을 뜻하므로, 이와 반대되는 뜻을 가진 선을 뜻하는 '직선'입니다.

5 이 책은 <u>다수</u>의 독자들에게 좋은 평가를 받은 소설이다.

(소수)

해설 | '다수'는 많은 수를 뜻하므로, 반대말은 적은 수를 뜻하는 '소수'입니다.

글자는 같지만 뜻이 다른 낱말

6 밑줄 친 낱말의 뜻으로 알맞은 것에 ○표 하세요.

효모는 차가운 곳보다 따뜻한 곳에서 더 잘 발효한다.

(1) 감지, 된장, 술 같은 것이 맛이 드는 것. (○)
(2) 발효나 조약 같은 것이 실제로 쓰이기 시작하는 것. ( )

해설 | 효모가 차가운 곳보다 따뜻한 곳에서 더 잘 발효는, 발효는 (1)의 뜻으로 쓰였습니다.

낱말 활용

7 빈칸에 들어갈 알맞은 낱말을 글자 카드로 만들어 쓰세요.

(1)

시민들은 충돌 [집 | 회] 를 열어 사회 공동의 문제를 해결했다.

회	사	모
	집	설

(2)

'소처럼 느린 걸음'은 걸음을 걸을 때 서로 맞닿는 발뒤꿈치를 직접 접주는 선분이다.

직	유	은	벌

해설 | (1) 시민들이 사회 공동의 문제를 해결할 목적으로 온 것이므로, 여럿이 어떤 특별한 목적으로 한데 모이는 것을 뜻하는 '집회'가 알맞습니다. (2) '소처럼 느린 걸음'은 ~처럼 느린 걸음을 사용해 두 대상을 직접 잇는 직선분을 사용한 표현입니다.

낱말 활용

8~10 ( )안에 들어갈 알맞은 낱말을 보기에서 찾아 쓰세요.

보기

공전	모서리	민주주의

8 각기둥의 (모서리)은/는 각기둥의 전개도를 접었을 때 서로 맞닿는 선분이다.

해설 | 각기둥의 전개도를 접었을 때 면끼리 맞닿게 되는 선분이 각기둥의 '모서리'입니다.

9 지구가 (공전)하면서 태양과 같은 방향에 있으면 태양 빛 때문에 보이지 않는 별자리가 있다.

해설 | 지구가 태양 주위를 돌아 태양과 같은 방향에 있으면 태양 빛이 별자리를 가린다는 뜻이므로, 빈칸에는 '공전'이 알맞습니다.

10 다양한 문제와 갈등을 해결하려면 양보와 타협, 관용 등 (민주주의)을/를 실천하는 태도가 필요하다.

해설 | 양보와 타협, 관용 등은 모든 국민이 주인이 되어 권리를 가지는 정치 제도인 '민주주의'를 실천하기 위한 태도입니다.

어휘가
문해력
이다

초등 6학년 1학기

2주차 정답과 해설

국어 교과서 어휘

수록 교과서 국어 6-1 ㉮
3. 짜임새 있게 구성해요

다음 중 낱말의 뜻을 잘 알고 있는 것에 ✓ 하세요.
□ 저작권 □ 공식적 □ 연설 □ 자료 □ 검색 □ 출처

낱말을 읽고, ▨ 부분에 알맞은 낱말을 그으면서 낱말 공부를 해 보세요.

저작권
著 지을 저 + 作 지을 작 + 權 권리 권
⊙'저(著)'의 대표 뜻은 '나타내다', '권(權)'의 대표 뜻은 '권리'야.

뜻 사람의 생각이나 감정을 표현한 글, 그림, 노래 같은 창작물에 대해 그것을 만든 사람에게 주는 권리.
예 나는 발표에 쓸 자료가 처음 썼던 곳을 밝혀서 저작권을 보호하려고 노력했다.

공식적
公 공평할 공 + 式 쓸 식 + 的 ~한/과녁 적
⊙'공(公)'의 대표 뜻은 '공평하다', '식(式)'의 대표 뜻은 '법', '적(的)'의 대표 뜻은 '과녁'이야.

뜻 국가에서 규정으로 정해졌거나 사회적으로 인정된 것.
예 여러 사람들 앞에서 공식적으로 말할 때에는 큰 소리로 잘 들리게 말해야 해.
반대말 비공식적
'공식적'의 반대말은 '아님'의 뜻을 더하는 '비'를 붙인 '비공식적'이야. 국가적으로나 사회적으로 인정되지 않은 것이라는 뜻이지.

연설
演 펼 연 + 說 말씀 설

뜻 여러 사람 앞에서 자기의 생각이나 주장을 말하는 것.
예 연설할 때에는 여러 사람 앞이므로 높임 표현을 써야 한다.
관련 어휘 발표, 강연
발표나 '강연'도 여러 사람 앞에서 하는 말하기야. '발표'는 어떤 사실이나 결과, 작품 등을 세상에 널리 드러내어 알리는 거야. 그리고 '강연'은 어떤 주제에 대해 다른 사람들 앞에서 형식으로 말하는 것을 뜻해.

이것만은 꼭!

자료
資 도움 자 + 料 재료 료
⊙'자(資)'의 대표 뜻은 '재물', '료(料)'의 대표 뜻은 '헤아리다'야.

뜻 글이나 사진처럼 어떤 일에 쓰는 재료, 사진, 표, 도표, 그림, 동영상, 실물 등이 있음.
예 발표에 필요한 자료를 어떻게 찾으면 좋을지 생각해 보자.

검색
檢 조사할 검 + 索 찾을 색
⊙'검(檢)'의 대표 뜻은 '검사하다'야.

뜻 책이나 컴퓨터에서 알고 싶은 것을 찾는 것.
예 전통 음식을 소개하는 발표를 하려고 인터넷을 검색해 전통 음식을 찾았다.
여러 가지 뜻을 가진 낱말 검색
'검색'은 수상한 사람의 몸을 뒤지거나 물건을 샅샅이 살펴보는 것을 뜻하기도 해.
예 사거리를 범인이 경찰이 검색에 잡혔다.

출처
出 날 출 + 處 곳 처
뜻 말이나 사물이 생기거나 나온 곳.
예 자료를 활용할 때에는 반드시 자료의 출처를 밝혀야 한다.

꼭! 알아야 할 속담

빈칸 채우기

'같은 값이면 다홍치마' '너는 많은 것 중에 값어치 있는 좋은 물건을 선택하는 것을 이르는 말입니다.

국어 교과서 어휘

수록 교과서 국어 6-1 ㉮
4. 주장과 근거를 판단해요

● 다음 중 낱말의 뜻을 잘 알고 있는 것에 ✔ 하세요.

☐ 논설문 ☐ 타당성 ☐ 적절성 ☐ 주관적 표현 ☐ 모호한 표현 ☐ 단정하는 표현

✏ 낱말을 읽고, 부분에 밑줄을 그으면서 낱말 공부를 해 보세요.

이것만은 꼭!

논설문
論 의견 논 + 說 말씀 설 + 文 글월 문
↳'논(論)'의 대표 뜻은 '논하다', '설(說)'의 대표 뜻은 '말씀'이야.

뜻 어떤 문제에 대해 자신의 주장을 논리적으로 내세워 읽는 사람을 설득하는 글.

예 논설문은 글쓴이의 주장과 주장을 뒷받침하는 근거로 이루어져 있다.

비슷한말 논설

'논설'도 '논설문'과 같은 뜻으로 쓰여, '논설'은 그 자체로 어떤 주제에 관해 자신의 의견과 주장을 논리적으로 설명하는 글이라는 뜻이야.

논설도 무엇인 있는 사람을 설득하는 글이 거야.

그래서 논설문에는 글쓴이의 주장이 함께 근거가 함께 들어 있지.

논설문의 짜임
서론 → 본론 → 결론

타당성
妥 온당할 타 + 當 마땅 당 +
性 성질 성
↳'당(當)'의 대표 뜻은 '마땅'이야.

뜻 이치에 맞는 옳은 성질.

예 글쓴이의 주장에 대한 근거가 타당성이 있는지 판단해야 한다.

뜻을 더해 주는 말 -성

'타당성'에 쓰인 '-성'은 성질이나 특성이라는 뜻을 더하는 말이야.
'-성'이 붙어서 만들어진 낱말에는 다음과 같은 것들이 있어.
예 기능성, 필요성, 창의성

적절성
適 맞을 적 + 切 적절할 절 +
性 성질 성
↳'절(切)'의 대표 뜻은 '끊다'야.

뜻 꼭 알맞은 성질.

예 논설문에 쓰인 표현이 알맞은지 적절성을 살펴보자.

비슷한말 적정성

'적정성'은 알맞고 바른 특성을 뜻해.
예 선생님들은 시험 문제의 적정성을 검토했다.

뜻 자신만의 생각이나 감정에 치우치는 표현.

예 논설문을 쓸 때에는 '내가 보기에는~'과 같은 주관적 표현을 피해야 한다.

관련 어휘 객관적 표현

'객관적 표현'은 자기 느낌이나 생각을 담지 않고 사실을 있는 그대로 드러내는 표현을 뜻해.

주관적 표현
主 자신 주 + 觀 생각할 관 +
的 ~한 상태로 되는 적 +
表 겉 표 + 現 나타날 현
↳'주(主)'의 대표 뜻은 '주인', '관(觀)'의 대표 뜻은 '보다', '적(的)'의 대표 뜻은 '과녁'이야.

Tip 주관을 자신만의 생각이나 관점을 뜻해요.

뜻 낱말이나 문장이 나타내는 의미가 분명하지 않아 정확하게 해석할 수 없는 표현.

예 논설문에서 "~을 것이다."와 같은 모호한 표현을 쓰면 읽는 이에게 자신의 주장을 정확히 전달할 수 없다.

모호한 표현
模 모호할 모 + 糊 흐릴할 호 +
한 + 表 겉 표 + 現 나타날 현
↳'모(模)'의 대표 뜻은 '본뜨다', '호(糊)'의 대표 뜻은 '풀칠하다'야.

뜻 '반드시', '절대로', '결코'와 같이 어떤 사실을 딱 잘라 판단하거나 결정하는 표현.

예 단정하는 표현을 읽는 이의 생각에 영향을 줄 수 있으므로 조심해서 써야 한다.

단정하는 표현
斷 끊을 단 + 定 정할 정 + 하는
+ 表 겉 표 + 現 나타날 현
↳'단(斷)'의 대표 뜻은 '끊다', '정(定)'의 대표 뜻은 '정하다'야.

글자는 같지만 뜻이 다른 낱말 단정하다

'단정하다'는 딱 잘라서 어떠하다고 생각하거나 결정한다는 뜻 외에 "모습이나 태도가 흐트러짐 없이 바르고 깨끗하다."라는 뜻도 있어.

꼭 알아야 할 관용어

표현하기

(간담) 배꼽이 간담 쓸개를 아울러 이르는 말로 속마음을 비유적으로 이르는 말이에요.

Tip '간담이 서늘하다'는 "몹시 놀라서 섬뜩하다."라는 뜻이다.

확인 문제

44~45쪽에서 공부한 낱말을 떠올리며 문제를 풀어 보세요.

1 낱말과 그 뜻을 알맞게 선으로 이으세요.

(1) 연설 · · 말이나 사물이 생겨나거나 나온 곳.

(2) 자료 · · 글이나 사진처럼 어떤 일에 쓰이는 재료.

(3) 출처 · · 여러 사람 앞에서 자기의 생각이나 주장을 말하는 것.

(4) 저작권 · · 사람의 생각이나 감정을 표현한 글, 그림, 노래 같은 창작물에 대해 그것을 만든 사람에게 주는 권리.

해설 | (1) '연설'은 여러 사람 앞에서 자기의 생각이나 주장을 말하는 것입니다. (2) '자료'는 글이나 사진처럼 어떤 일에 쓰는 재료를 말합니다. (3) '출처'는 말이나 사물이 생겨나거나 나온 곳입니다. (4) '저작권'은 사람에게 주는 권리를 말합니다.

2 밑줄 친 낱말의 뜻으로 알맞은 것을 보기에서 찾아 기호를 쓰세요.

> **보기**
> ㉠ 책이나 컴퓨터에서 알고 싶은 것을 찾는 것.
> ㉡ 수상한 사람의 몸을 뒤지거나 물건을 샅샅이 살펴보는 것.

(1) 공항에서는 X선을 이용한 정밀 여행 가방에 위험한 물품이 없는지 검색한다. (㉡)

(2) 국립 박물관 누리집에서 고려청자를 검색하자 다양한 청자를 살펴보았다. (㉠)

해설 | (1) 공항에서 여행 가방에 위험한 물건이 없는지 샅샅이 살펴보는 것이므로, ㉡의 뜻으로 쓰였습니다. (2) 인터넷을 이용해서 누리집에서 고려청자를 찾았다는 뜻이므로 ㉠의 뜻으로 쓰였습니다.

3 밑줄 친 낱말의 쓰임이 알맞으면 ○표, 알맞지 않으면 X표로 가서 몇 번으로 나오는지 쓰세요.

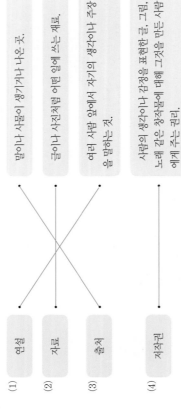

해설 | 두 번째 문장의 '연설'은 청자들에게 창작물에 대한 만든 사람의 권리를 뜻하는 저작권으로 바꾸어야 합니다.

---

4 46~47쪽에서 공부한 낱말을 떠올리며 문제를 풀어 보세요.

낱말 뜻에서 빈칸에 들어갈 알맞은 낱말을 글자판에서 찾아 묶으세요. (낱말은 가로(—), 세로(|), 대각선(\) 방향에 숨어 있어요.)

❶ ○○○은 자신만의 생각이나 감정에 치우치는 표현이다.

❷ ○○한 표현은 낱말이나 문장이 나타내는 의미가 분명하지 않아 정확하게 해석할 수 없는 표현이다.

❸ ○○하는 표현은 '반드시', '절대로', '결코'와 같이 어떤 사실을 딱 잘라 판단하거나 결정하는 표현이다.

해설 | ❶ 자신만의 생각이나 감정에 치우치는 표현은 '주관적 표현'입니다. ❷ 낱말이나 문장이 뜻이 흐릿하거나 분명하지 않아 정확하게 해석할 수 없는 표현은 모호한 표현입니다. ❸ '반드시, 절대로, 결코'처럼 어떤 사실을 딱 잘라 판단하거나 결정하는 표현은 단정하는 표현입니다.

5 밑줄 친 낱말과 같은 뜻으로 쓰인 문장을 골라 ○표 하세요.

> 흰색 셔츠를 입은 선우이는 단정하게 앉아 있었다.

(1) 경찰은 한쪽 말만 듣고 그 남자를 범인으로 단정했다. ( )

(2) 머리를 곱게 빗어 넘긴 여학생의 모습이 참으로 단정하게 보였다. (○)

(3) 시간 약속을 지키지 않았다고 해서 나쁜 사람이라고 단정할 수 있나? ( )

해설 | 주어진 문장에서 '단정하다'는 '모습이나 태도가 흐트러지는 데가 없이 바르고 깨끗하다.'라는 뜻으로 쓰였습니다. 이와 같은 뜻으로 쓰인 것은 (2)입니다. (1), (3)은 딱 잘라서 어떠하다고 생각하거나 결정한다는 뜻으로 쓰였습니다.

6 ( )안에 들어갈 알맞은 낱말을 보기에서 찾아 쓰세요.

> **보기**
> 주관적　타당성　본론　논설문　적절성

(1) (논설문)은 서론, 본론, 결론으로 짜여진 글이다.

(2) 이 표현이 논설문에 적합한 표현인지 그 (적절성)을 따져 보자.

(3) 자신의 주장을 생활히 드러내려면 (주관적) 표현이 아닌 객관적 표현을 써야 한다.

(4) '동물들도 자유를 누릴 권리가 있다.'는 근거는 "동물원을 없애야 한다."는 주장을 잘 뒷받침하고 있으므로 (타당성)이 있다.

해설 | (1) 서론, 본론, 결론이 짜임을 가진 글은 논설문입니다. (2) 글에 쓴 표현이 알맞은지 알맞은지 적절성을 판단해야 합니다. (3) 빈칸에는 객관적인 표현과 반대되는 뜻의 주관적 표현이 들어가야 합니다. (4) 근거가 주장을 잘 뒷받침하고 있으므로, '타당성'이 있습니다.

사회 교과서 어휘

수록 교과서 사회 6-1 1. 우리나라의 정치 발전

다음 중 낱말의 뜻을 잘 알고 있는 것에 ✓ 하세요.

□ 주권 □ 국회 □ 정부 □ 심의 □ 발의 □ 국정 감사

여기는 우리나라의 국회야. 국회 의원들이 모여서 회의하는 장면을 텔레비전에서 본 적 있지? 국회가 국가 기관이라는 건 알겠는데 무슨 일과 관련 있는 나라를 살펴볼까?

낱말을 읽고, ___ 부분에 밑줄을 그으면서 낱말 공부를 해 보세요.

주권 主 주인 주 + 權 권리 권
〈'권력'의 대표 뜻은 '저울추'야.〉

뜻 국민이 한 나라의 주인으로서 나라의 중요한 일을 스스로 결정하는 권리.
예 대한민국의 주권은 국민에게 있다.

주권은 우리 국민 모두가 가지고 있어, 한반에도 국민 주권이 분명히 드러나 있지.

국회 國 나라 국 + 會 모일 회

뜻 국민의 대표인 국회 의원이 나라의 중요한 일을 의논하고 법을 만드는 국가 기관.
예 국회에서는 전통 시장의 상인들을 보호하는 법을 만들었다.

▲ 국회 의사당

이것만은 꼭!

정부 政 정사 정 + 府 관청 부
〈'부(府)'의 대표 뜻은 '마을'이야.〉

Tip 정사는 '나라를 다스리는 일'을 뜻해요.

뜻 법에 따라 나라의 살림을 맡아 하는 곳.
예 정부는 대통령과 국무총리 아래 행정 각 부로 구성되어 다양한 일을 맡고 있다.

비슷한말 행정부
행정부는 대통령을 중심으로 국가의 행정을 맡아보는 기관이야.

▲ 정부 세종 청사

심의 審 살필 심 + 議 의논할 의

뜻 어떤 일을 토의하여 적절한가를 판단하는 일.
예 국회는 정부가 계획한 예산이 알맞게 짜여졌는지 심의한다.

관련 어휘 예산안
'예산안'은 국회의 심의를 받기 전에, 정부에서 나라의 살림에 필요한 비용을 계산하여 작성한 것을 뜻해. 예산안을 심의는 심의를 하는 중요한 일을 하나야.

발의 發 드러낼 발 + 意 뜻 의
〈'발(發)'의 대표 뜻은 '피다'야.〉

뜻 회의에서, 심의하고 의논해야 할 내용을 냄.
예 국회 의원이 어린이 보호 구역 내에 교통 안전 시설을 의무적으로 설치해야 한다는 내용이 담긴 법률안을 발의했다.

비슷한말 제안
'제안'은 '의견이나 안건으로 내놓음'을 뜻해.

국정 감사 國 나라 국 + 政 정사 정 + 監 볼 감 + 査 조사할 사

뜻 국회가 정부의 업무를 살펴서 올바르지 않은 일이나 문제가 있는지 조사하는 것.
예 국회는 정부와 각 기관들이 법에 따라 일을 잘하고 있는지 감사하고 비판하기 위해 국정 감사를 한다.

관련 어휘 국정과 감사
국정은 나라의 정치를 뜻하고, '감사는 기관이나 단체 같은 데서 잘못하는 일이 없는지 감독하고 잘 살피는 것을 뜻해.

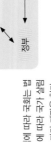

2주차 2회

사회 교과서 어휘

수록 교과서 [사회 6-1]

1. 우리나라의 정치 발전

다음 중 낱말의 뜻을 잘 알고 있는 것에 ☑ 하세요.

□ 법원 □ 삼심 제도 □ 삼권 분립 □ 제청 □ 견제 □ 균형

이 그림이 나타내는 것은 무엇일까요?
바로 국가 기관인 국회, 정부, 법원이 서로 권력을 나누어 가진 모습을 표현한 거야.
이것과 관련된 있는 낱말을 살펴보면서 삼권 분립을 자세히 공부해 볼까?

━━ 낱말을 읽고, ▨ 부분에 알맞은 그림을 그으면서 낱말 공부를 해 보세요.

법원

뜻 법에 따라 재판을 하는 곳.

예 법원은 사람들 사이에 다툼이나 다툼으로 생겼을 때 재판을 통해 문제를 해결해 준다.

Tip '법원'은 '법에 관한 심판'이 라는 뜻이에요.

法 법 법 + 院 관청 원
↳ '법원(法院)'의 대표 뜻은 '집이야.

삼심 제도

뜻 한 사건을 두고 세 번 재판을 받을 수 있는 제도.

예 우리나라는 공정한 재판을 위해 삼심 제도를 두고 있다.

▲ 우리나라 최고 법원인 대법원

우리나라의 재판 제도는
대부분 삼심 제도로 운영돼. 이 제도가 이어서 지방 법원, 고등 법원, 가장 높은 단계인 대법원까지 총 3번에 걸쳐 심판을 받을 수 있어.

Tip '삼심'은 '세 번의 심판'이 라는 뜻이에요.

三 석 삼 + 審 살필 심 +
制 규정 제 + 度 법도 도
↳ '제(制)'의 대표 뜻은 '절제하다' 이야.

이것만은 꼭!

삼권 분립

Tip '삼권'은 국회의 정부, 법원이 가진 국가 권 력을 뜻해요.

三 석 삼 + 權 권세 권 +
分 나눌 분 + 立 존재할 립
↳ '권(權)'의 대표 뜻은 '저울추', '힘 (力)'의 대표 뜻은 '차다'이야.

뜻 국가 권력을 국회, 정부, 법원이 나누어 맡는 것.

예 우리나라는 삼권 분립에 따라 국회는 법을 만들고, 정부는 법에 따라 국가 살림을 하며, 법원은 법에 따라 재판을 한다.

관련 어휘 권력 분립

'권력 분립'은 국가 기관이 권력을 나누고 서로 감시하는 민주 정치의 원리를 뜻해.
'삼권 분립'은 우리나라에서 이루어지고 있는 '권력 분립'이야.

제청

提 제시할 제 + 請 청할 청
↳ '제(提)'의 대표 뜻은 '끌다'이야.

뜻 함께 의논해야 할 것을 제시하여 결정해 달라고 요구함.

예 대통령은 국회의 새로운 국무총리의 임명 동의안을 제청했다.

헷갈리기 쉬운 말 재청

재청은 회의에서 다른 사람이 내놓은 의견에 찬성하여 다시 제안하는 것을 말해.
예 저도 기 순서대로 앉자는 의견에 재청합니다.

견제

牽 이끌 견 + 制 억제할 제

뜻 상대방이 자유롭게 행동하거나 힘이 강해지지 못하도록 함.

예 국회, 정부, 법원은 국가의 중요한 일을 마음대로 처리할 수 없도록 서로 견제하는 역할을 한다.

균형

均 고를 균 + 衡 저울대 형

뜻 한쪽으로 기울거나 쏠리지 않은 고른 상태.

예 국회, 정부, 법원은 권력이 어느 한곳으로 집중되지 않도록 균형을 유지한다.

비슷한말 평형

'평형'은 사물이나 생각이 어느 한쪽으로 기울거나 치우치지 않는 것을 뜻해.

반대말 불균형

'불균형'은 "어느 한쪽으로 기울거나 치우쳐 고르지 않음."을 뜻해.

확인 문제

50~51쪽에서 공부한 낱말을 떠올리며 문제를 풀어 보세요.

1 뜻에 알맞은 낱말을 빈칸에 쓰세요.

(1)
- [가로 열쇠] ❶ 나라의 정치. ○○ 감사는 국회가 정부의 업무를 살펴서 올바르지 않은 일이나 문제가 있는지 조사하는 것임. 또, 국회 의원이 나라의 중요한 일을 의논하고 법을 만드는 곳도 '국회'임.
- [세로 열쇠] ❶ 국민의 대표인 국회 의원이 나라의 중요한 일을 의논하고 법을 만드는 국가 기관.

(2)
- [가로 열쇠] ❶ 어떤 일을 토의하여 적정한가를 판단하는 일.
- [세로 열쇠] ❷ 회의에서, 심의하고 의논해야 할 내용을 내놓음.

해설 | (1) 나라의 정치가 '국정'이고, 국정 감사는 국회가 정부의 업무를 살펴서 올바르지 않은 일이나 문제가 있는지 조사하는 것입니다. 또, 국회 의원이 나라의 중요한 일을 의논하고 법을 만드는 국가 기관은 '국회'입니다. (2) 어떤 일을 토의하여 적정한가를 판단하는 일은 '심의'이고, 회의에서, 심의하고 의논해야 할 내용을 내놓는 것은 '발의'입니다.

2 낱말의 뜻은 무엇인지 ( ) 안에서 알맞은 낱말을 골라 ○표 하세요.

(1) 정부 : 법에 따라 (국회 , 나라)의 살림을 맡아 하는 곳.
(2) 주권 : (국민, 대통령)이 한 나라의 주인으로서 나라의 중요한 일을 스스로 결정하는 권리.

해설 | (1) 정부는 법에 따라 나라의 살림을 맡아 하는 곳입니다. (2) 대통령은 정부의 살림을 맡아 최고 책임자이지만 주권을 가진 것은 아닙니다. 주권은 모두 국민이 가진 권리로, 주인으로서 나라의 중요한 일을 스스로 결정하는 권리입니다.

3 빈칸에 들어갈 알맞은 낱말을 글자 카드로 만들어 쓰세요.

(1) 국회에서는 매년 새로운 법으로 [법 | 의 | 국] 하여 국민에게 필요한 법을 만들어 도움을 준다.

(2) 국민이 직접 뽑은 대통령은 [행 | 정 | 부] 의 최고 책임자로서 나랏일을 처리하고 결정한다.

(3) 국회는 나라의 살림에 필요한 예산을 정부가 제대로 화했는지 [심 | 의 | 주 | 권 | 세] 하여 회장하는 일을 한다.

해설 | (1) 국민에게 필요한 법을 만들어 내놓는다는 뜻이므로, 빈칸에는 '발의'가 어울립니다. (2) 국민이 뽑은 대통령은 행정부의 최고 책임자입니다. (3) 국회가 정부의 예산을 살펴보고 잘 계획했는지 심의하는 것을 계속한다는 뜻이므로, 제3의 빈칸에는 '심의'가 어울립니다.

52~53쪽에서 공부한 낱말을 떠올리며 문제를 풀어 보세요.

4 뜻에 알맞은 낱말을 보기에서 찾아 사다리를 타고 내려간 곳에 쓰세요.

보기
법원　균형　삼심 제도　삼권 분립

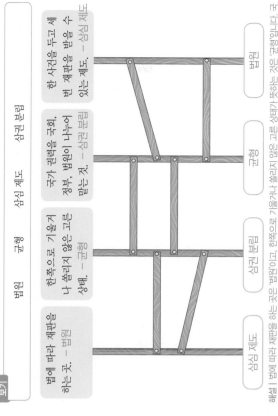

- 법에 따라 재판을 하는 곳. —법원
- 한쪽으로 기울거나 쓰러지지 않고 고른 상태. —균형
- 국가 권력을 국회, 정부, 법원 셋으로 나누어 맡는 것. —삼권 분립
- 한 사건을 두고 세 번 재판을 받을 수 있는 제도. —삼심 제도

해설 | 법에 따라 재판을 하는 곳은 '법원'이고, 한쪽으로 기울거나 쓰러지지 않은 고른 상태는 '균형'입니다. 국가 권력을 국회, 정부, 법원이 나누어 맡는 것을 '삼권 분립'이라고 합니다. 또, 한 사건을 두고 세 번 재판을 받을 수 있는 제도는 '삼심 제도'입니다.

5 밑줄 친 낱말과 바꾸어 쓸 수 있는 낱말은 무엇인가요? (①)

빨래는 균형을 잃지 않고 반듯하게 맞추어 내려야 해.

① 평형　② 균일　③ 형태
④ 평균　⑤ 평행

해설 | 밑줄 친 균형은 한쪽으로 기울거나 쓰러지지 않은 고른 상태를 뜻합니다. 이와 비슷한 뜻을 가진 낱말은 사물이나 현상이 어느 한쪽으로 기울거나 치우치지 않는 것을 뜻하는 평형입니다.

6 ( ) 안에서 알맞은 낱말을 골라 ○표 하세요.

(1) (정부 , 법원)에서는 법을 지키지 않는 사람을 처벌한다.
(2) 국회, 정부, (삼심 제도, 삼권 분립)(으)로 국가 권력을 나누어 맡는다.
(3) 국회는 국정 감사를 실시해 정부가 나라 살림을 잘하고 있는지 (견제 , 견하)한다.

해설 | (1) 법에 따라 재판하는 것은 법원의 일입니다. (3) 국정 감사는 국회가 정부가 나라 살림을 잘 하고 있는지 견제하는 것이므로, 견제가 알맞습니다.

2주차 3회

수학 교과서 어휘

다음 중 낱말의 뜻을 잘 알고 있는 것에 ✓ 하세요.

□ 각뿔　□ 각뿔의 밑면　□ 각뿔의 모서리　□ 소수점 위치　□ 몫의 자연수 부분　□ 어림셈

수록 교과서 수학 6-1
2. 각기둥과 각뿔 ~
3. 소수의 나눗셈

이 피라미드는 담은 입체도형을 알고
이나? 피라미드는 각뿔 중 하나인 사각뿔
모양으로 지어졌어. 낱말을 공부하면서
각뿔에 대해 알아보자.

이집트의 피라미드 사진이야.

낱말을 읽고, 부분에 낱말을 그으면서 낱말 공부를 해 보세요.

이것만은 꼭!

각뿔
角 각 각 + 뿔
뜻 모든 면이 만나서 부분을
뜻하는 부분

각뿔
角 각 각 + 뿔
Tip '각(角)'의 대표 뜻은 '뿔'이야.

각뿔의 밑면
角 모 각 + 뿔 + 面 평면 면
뜻 각뿔을 놓았을 때 바닥에 놓인 면.
예 각뿔의 밑면이 가진 모양이 사각형이면 사각뿔이라고 부른다.
관련 어휘 **각뿔의 옆면**
각뿔의 밑면과 만나는 면을 '옆면'이라고 해.
▲ 각뿔의 밑면과 옆면

각뿔의 밑면
角 모 각 + 뿔의 밑면

각뿔의 모서리
角 모 각 + 뿔의 모서리
뜻 각뿔에서 면과 면이 만나는 선분.
예 밑면의 변의 수가 4개인 사각뿔의 모서리의 수는 8개이다.
관련 어휘 **각뿔의 꼭짓점**
모서리와 모서리가 만나는 점을 '꼭짓점'이라 하고, 여러 개의 모서리 중에서도 옆면이 모두 만나는 점을 '각뿔의 꼭짓점'이라고 해.
▲ 각뿔의 모서리와 꼭짓점

소수점 위치
小 작을 소 + 點 점 점 + 數 셈 수 + 位 자리 위 + 置 둘 치
뜻 소수와, 0 또는 자연수 사이에 찍는 부호의 자리.
예 25.26에서 나누어지는 수인 25.26의 소수점 위치에 맞추어 몫에도 소수점을 올려 찍는다.
둘 이상의 낱말이 합쳐진 말 **소수점**
'소수점'은 '소수'와 '점'이라는 한자어끼리 합쳐진 낱말이야. '꼭짓점'은 '꼭지'(순우리말)와 '점'(한자어)'이 합쳐진 낱말이라서 사이시옷이 들어가지. 하지만 '소수점'은 한자어끼리 합쳐진 낱말이라서 사이시옷이 들어가지 않아.
Tip '소수'는 일의 자리보다 작은 자리의 값을 가진 수를 말해요.

몫의 자연수 부분
몫의 + 自 자연로 자 + 然 그럴 연 + 數 셈 수 + 部 거느릴 부 + 分 나눌 분
뜻 나눗셈의 결괏값인 몫에서 자연수가 들어가는 부분.
예 6.48÷9는 몫이 1보다 작으므로, 몫의 자연수 부분에 0을 쓴다.
Tip '몫'의 대표 뜻은 '스스로', '부(部)'의 대표 뜻은 '떼'야.

	몫의 자연수 부분
0.7	2
9)6.4	8
6.3	
1	8
1	8
	0

어림셈
뜻 대강 셈하는 것.
예 18.6÷4를 어림셈으로 계산하면 20÷40므로 약 5라고 할 수 있다.
관용어 **어림 반 푼어치도 없다**
'어림셈'에 들어 있는 '어림'은 대강 짐작으로 헤아리는 셈이야. 이와 관련해 '어림 반 푼어치도 없다'는 말이 있지. 이 말은 너무 터무니없어서 생각해 볼 가치도 없다는 뜻이야.

2주차 3회

수록 교과서 수학 6-1
4. 비와 비율

다음 중 낱말의 뜻을 잘못 알고 있는 것에 ☑ 하세요.

☐ 비 ☐ 장애물 ☐ 비율 ☐ 밀집 ☐ 타율 ☐ 원액

> 두 친구가 그림을 보면서 이야기하고 있는 '비'는 우리 생활에서 많이 쓰여. 낱말을 공부하면서 비와 비율에 대해 알아보자.

너무 아름답다. 비가 딱 맞아서 그린가?

그래서 황금비라고 하잖아.

낱말을 읽고, ▢▢▢ 부분에 맞는 낱말을 넣어 공부를 해 보세요.

비 比 견줄 비

- 뜻 두 수를 나눗셈으로 비교하기 위해 기호 : 을 사용하여 나타낸 것.
- 예 카레를 만들 때 넣은 물의 양과 카레 가루 양의 비는 7 : 10이다.

관련 어휘 기준량과 비교하는 양

이것만은 꼭!

10 : 20
비교하는 양 기준량

> 이것을 10 대 20, 10과 20의 비, 10의 20에 대한 비, 20에 대한 10의 비라고 읽어.

장애물 障 가로막을 장 + 礙 막을 애 + 物 물건 물

- 뜻 어떤 일을 못 하게 하는 물건이나 대상.
- 예 선수는 중간에 설치된 장애물을 뛰어넘는 달리기에서 3등을 하였다.

비슷한말 방해물

> '방해물'은 방해가 되는 물건이나 대상을 뜻해.
> 예 '애(礙)'의 대표 뜻은 '거리끼다'야.

비율 比 견줄 비 + 率 비율 율

- 뜻 기준량에 대한 비교하는 양의 크기.
- 예 인구의 비율은 기준량인 넓이를 비교하는 양인 인구의 크기로 나눈 값이다.

$$비율 = \frac{(비교하는 양)}{(기준량)}$$

밀집 密 빽빽할 밀 + 集 모을 집

- 뜻 여럿이 한곳에 빽빽하게 모여 있는 것.
- 예 사람이 평면도보다 넓이에 대한 인구의 비율이 더 높기 때문에 인구가 더 밀집해 있다고 할 수 있다.

비슷한말 운집

> '운집'은 많은 사람들이 모여드는 것을 뜻해.
> 예 벚꽃을 보러 나온 시민들이 운집했다.

타율 打 칠 타 + 率 비율 율

- 뜻 야구에서 타자가 규정에 맞게 공을 친 전체 횟수에 대해 1루 이상 나갈 수 있게 공을 친 비율.
- 예 김 선수는 올해 한국 프로 야구에서 타율이 가장 높은 선수로 뽑혔다.

글자는 같지만 뜻이 다른 낱말 타율

> '타율'은 자신의 의지와 상관없이 정해진 규칙이나 다른 사람의 명령에 따라 행동하는 일을 뜻해.
> 예 공부란 타율보다 자율에 따라 해야 한다.

▲ 공을 치는 타자

원액 原 원래 원 + 液 진 액

- 뜻 물이나 다른 것을 섞지 않은 원래 그대로의 액체.
- 예 엄마는 포도 원액에 물을 섞어 포도 주스를 만들어 주셨다.

관련 어휘 희석액

> '희석액'은 어떤 물질의 농도를 낮게 만들기 위해 사용하는 액체를 뜻해. 모두 원액에 물을 타서 포도 주스를 만든다면 물이 희석액이 되는 거야.

확인 문제

56~57쪽에서 공부한 낱말을 떠올리며 문제를 풀어 보세요.

1 뜻에 알맞은 낱말이 되도록 보기에서 글자를 찾아 쓰세요.

보기

모	여	자
연	수	림
리	셈	서

(1) 대강 셈하는 것. → 어 림 셈

(2) 가뿔에서 면과 면이 만나는 선분.
→ 가뿔의 모 서 리

(3) 나눗셈의 결괏값인 몫에서 자연수가 들어가는 부분.
→ 몫의 자 연 수 부분

해설 | (1) 대강 셈하는 것을 뜻하는 말은 '어림셈'입니다. (2) 겨냥에서 면과 면이 만나는 선은 '모서리'입니다. (3) 나눗셈의 결괏값인 몫에서 자연수가 들어가는 부분을 몫의 자연수 부분이라고 합니다.

2 ( )안에서 맞춤법에 알맞은 낱말을 골라 ○표 하세요.

(1) 삼각뿔에서 (꼭지점, (꼭짓점))의 수는 4개이다.

(2) 8.2÷4의 몫은 8.2의 ((소수점), 소숫점) 위치에 맞추어 적으면 된다.

해설 | (1) '꼭짓점'은 딱지점(순우리말)와 '점(한자어)'이 합쳐진 낱말이므로, 사이시옷을 넣어 씁니다. (2) '소수점'은 '소수'와 '점'이 한자어이므로, 사이시옷을 쓰지 않습니다.

3 빈칸에 들어갈 알맞은 것은 무엇인가요? (②)

나는 방을 동아 우주 여행을 떠날 거야.

반 포에는 있는 소리 하지 마,

① 자리 ② 어림 ③ 높이 ④ 위치 ⑤ 소용

해설 | 주어진 대화는 남자아이가 한 터무니없는 일에 여자아이가 다시 생각할 일으로 없다고 답하는 상황입니다. 따라서 빈칸에는 '어림'이 들어가는 것이 알맞습니다.

4 ( )안에 들어갈 알맞은 낱말을 보기에서 찾아 쓰세요.

보기

옆면	밑면
밑면	옆면
자연수	
모서리	

(1) 가뿔에서 ( )의 개수는 1개이다.

(2) 가뿔에서 ( )의 모양은 모두 삼각형이다.

(3) 삼각뿔은 둘러싼 면의 수가 4개이고, (모서리)의 수는 6개이다.

(4) 8.6÷5를 계산하면 몫이 1.720이므로, 몫의 (자연수) 부분에 1을 쓴다.

해설 | (1) 가뿔에서 바닥에 놓인 면이는 1개입니다. (2) 가뿔의 옆면은 모두 삼각형이므로 '옆면'이 들어가야 합니다. (3) 삼각뿔은 밑면이 1개, 옆면이 3개로 면의 수가 모두 4개입니다. 삼각뿔에서 6개인 것은 밑면과 옆면의 모서리 수를 뜻한 것입니다. (4) 8.6÷5의 몫이 1.720이므로 자연수 부분에 들어가는 숫자입니다.

58~59쪽에서 공부한 낱말을 떠올리며 문제를 풀어 보세요.

5 낱말의 뜻을 보기에서 찾아 사다리를 타고 내려간 곳에 기호를 쓰세요.

보기

㉠ 기준량에 대한 비교하는 양의 크기. - 비율
㉡ 두 수를 나눗셈으로 비교하기 위해 기호 :을 사용하여 나타낸 것. - 비
㉢ 야구에서 타자가 규정에 맞게 공을 친 전체 횟수에 대해 1루 이상 나갈 수 있게 공을 친 비율. - 타율

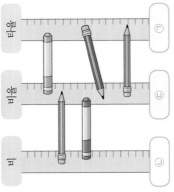

| 타율 | 비율 | 비 |

| ㉢ | ㉡ | ㉠ |

해설 | 비는 두 수를 나눗셈으로 비교하기 위해 기호 :을 사용하여 나타낸 것입니다. '비율'은 기준량에 대한 비교하는 양의 크기를 뜻합니다. '타율'은 타자가 규정에 맞게 공을 친 전체 횟수에 대해 1루 이상 나갈 수 있게 공을 친 비율을 의미합니다.

6 낱말의 뜻은 무엇인지 ( )안에서 알맞은 낱말을 골라 ○표 하세요.

(1) 장애물 — 어떤 일을 (진하게, (못하게)) 하는 물건이나 대상.

(2) 밀집 — 여럿이 한곳에 ((빽빽하게), 듬성듬성하게) 모여 있는 것.

(3) 원형 — 묶이나 다른 것을 (쉽는, (쉽지 않은)) 원래 그대로의 액체.

해설 | (1) 장애물은 어떤 일을 못 하게 하는 물건이나 대상입니다. (2) '밀집'은 여럿이 한곳에 빽빽하게 모여 있는 것을 뜻합니다. (3) '원형은 묶이나 다른 것을 섞지 않은 원래 그대로를 뜻합니다.

7 빈칸에 들어갈 알맞은 낱말을 찾아 선으로 이으세요.

(1) 서울은 우리나라의 수도라서 인구가 [해] 있다.

(2) 소금물 양에 대한 소금 양이 [으로 소금] 물의 진하기를 알 수 있다.

(3) 시각 장애인은 바로 앞에 놓인 [을 피하] 지 못해 사고를 당할 수 있다.

비율 / 밀집 / 장애물

해설 | (1) 서울이 수도이기 때문에 인구가 모여 있다는 뜻이므로, 빈칸에 알맞은 말은 '밀집'입니다. (2) 소금물의 진하기는 기준량인 소금물 양에 대한 비교하는 양인 소금 양이 '비율'로 알 수 있습니다. (3) 시각 장애인이 앞에 놓인 장애물을 피하지 못하여 사고를 당할 수 있습니다.

과학 교과서 어휘

다음 중 낱말의 뜻을 잘 알고 있는 것에 ✓ 하세요.

□ 산소 □ 녹슬다 □ 압축 □ 이산화 탄소 □ 드라이아이스 □ 팽창

잠수부가 깊은 바닷속에서 사진을 찍고 있네. 잠수부 주변에 공기 방울이 보이네? 잠수부가 메인 통 속에 산소라는 기체가 들어 있기 때문이야. 산소 같은 기체와 관련 있는 낱말을 함께 알아보자.

🖊 낱말을 읽고, ___ 부분에 밑줄을 그으면서 낱말 공부를 해 보세요.

이것만은 꼭!

산소
酸 산소 산 + 素 본디 소
('산소酸素'의 대표 뜻은 '맛(이)'이야.)

뜻 생물이 숨을 쉬는 데 꼭 필요한 기체.
공기 속에 많이 들어 있고 다른 물질이 타는 것을 도와줌.
예 공기 중에 산소의 양이 지금보다 많으면 불을 끄기 어려울 것이다.

▲ 산소로 높은 온도의 불을 이용하는 모습

녹슬다
綠 초록빛 녹 + 슬다

뜻 쇠붙이가 겉에 녹이 생겨서 벌겋거나 푸렇게 되다.
예 산소는 철이나 구리 같은 금속을 녹슬게 한다.

어휘 **'녹슬다'의 활용**
'녹슬다'는 '녹슬어, 녹슬고, 녹스니, 녹슨......'과 같이 활용해. 녹슬다가 '-으니, -은'과 합쳐지면 ㄹ이 탈락되어 '녹스니, 녹슨'이 되는 거지.

Tip '녹슬다'는 '녹나다'라고도 도해요.

정답과 해설 ▶ 27쪽

압축
壓 누를 압 + 縮 줄일 축

뜻 부피를 줄여 작게 하는 것.
예 잠수부나 소방관 등이 숨 쉬기 어려울 때 사용하는 압축 공기통은 산소를 통에 넣어서 만든 장치이다.

여러 가지 뜻을 가진 낱말 **압축**
'압축'은 범위나 거리를 줄인다는 뜻으로 쓰이기도 해.
예 경찰은 수사를 계속한 끝에 범인을 두 명으로 압축했다.

이산화 탄소
二 두 이 + 酸 산소 산 + 化 될 화 + 炭 숯 탄 + 素 본디 소
('炭'의 대표 뜻은 '숯'이야.)

뜻 동물이 숨을 내쉬거나 탄소가 들어 있는 물질이 탈 때 생기는 기체.
색깔과 냄새가 없음.
예 이산화 탄소는 물질이 타는 것을 막을 불을 끄는 성질이 있다.

▲ 소화기에 이용하는 이산화 탄소

드라이아이스

뜻 이산화 탄소를 높은 압력과 낮은 온도에서 압축하여 만든 흰색의 고체.
예 아이스크림 케이크가 녹지 않도록 상자 안에 드라이아이스를 넣어 포장했다.

팽창
膨 부풀 팽 + 脹 부을 창
('膨脹'의 대표 뜻은 '(배가) 부르다'야.)

뜻 부풀어서 부피가 커짐.
예 이 구명조끼는 조끼의 튜브에 이산화 탄소를 넣어 위급한 순간에 팽창하도록 만들어.

반대말 **수축**
'수축'은 어떤 것이 줄어들거나 오그라드는 것을 말해.

질소
窒 막을 질 + 素 본디 소
↳ '질(窒)'의 대표 뜻은 '막다'이다.

뜻 공기 속에 가장 많이 들어 있는 기체로 빛깔, 맛, 냄새가 없음. 식품의 내용물을 보호하거나 신선하게 보관하는 데 쓰임.

예 대형 할인점들은 창고에 질소를 채워 사과와 같은 과일을 신선하게 유지한다.

> 질소는 비행기 타이어나 자동차 에어백을 채우는 데에도 쓰여.

수소
水 물 수 + 素 본디 소

뜻 가장 가벼운 기체로 빛깔, 맛, 냄새가 없고 불이 잘 붙음.

예 수소는 오염 물질이 나오지 않는 청정 연료로, 전기를 만드는 데 이용된다.

Tip '물이 근원'을 뜻하는 '수소'는 한자어예요. 산소와 수소의 경합에서 물로 지구상에 더 많이 존재하지요.

▲ 수소 연료

네온

뜻 전류가 흐르는 관에 넣으면 여러 가지 빛을 내는 기체.

예 특이한 빛을 내는 조명 기구를 만들 때 이용하는 기체는 네온이다.

▲ 네온 광고

헬륨

뜻 수소 다음으로 가볍고 불이 붙지 않는 기체.

예 헬륨은 가벼운 성질을 가지고 있어 풍선이나 비행선을 공중에 띄우는 데 사용된다.

▲ 비행선

2주차 4회

과학 교과서 어휘

수록 교과서 과학 6-1
3. 여러 가지 기체

다음 중 낱말의 뜻을 찾을 읽고 있는 것에 ✓ 하세요.
☐ 압력 ☐ 가하다 ☐ 질소 ☐ 수소 ☐ 네온 ☐ 헬륨

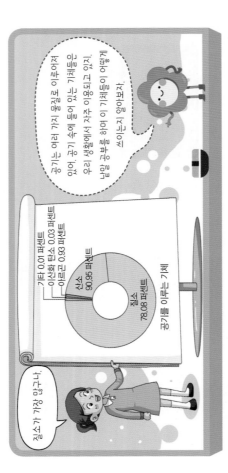

> 질소가 가장 많구나.

> 공기는 여러 가지 물질로 이루어져 있어. 공기 속에 들어 있는 기체들은 우리 생활에서 자주 사용되고 있지. 나랑 공부를 하면서 이 기체들이 어떻게 쓰이는지 알아보자.

기타 0.01 퍼센트
이산화 탄소 0.03 퍼센트
아르곤 0.93 퍼센트
산소 20.95 퍼센트
질소 78.08 퍼센트
공기를 이루는 기체

낱말을 읽고, 부분에 알맞은 이름을 그으면서 낱말 공부를 해 보세요.

압력
壓 누를 압 + 力 힘 력

뜻 누르거나 미는 힘.

예 높은 산 위에서는 압력이 낮아져서 과자 봉지가 부풀어 오른다.

여러 가지 뜻을 가진 낱말 **압력**
'압력'은 어떤 요구나 주장을 따르게 하는 힘을 뜻하기도 해.
예 반도체 선점이 국제 시장의 압력을 받고 있다.

가하다
加 더할 가 + 하다
↳ '가(加)'의 대표 뜻은 '더하다'이다.

뜻 어떤 영향을 끼치거나 주다.

예 기체에 압력을 가하면 부피가 작아진다.

글자는 같지만 뜻이 다른 낱말 **가하다**
'가하다'는 옳거나 좋다는 뜻이다.
예 공을 세로 사람에게 상을 내리는 것이 가한 일이다.

> **이것만은 꼭!**

확인 문제

62~63쪽에서 공부한 낱말을 떠올리며 문제를 풀어 보세요.

1 뜻에 알맞은 낱말을 완성하세요.

(1) [팽][창] 부풀어서 부피가 커짐.

(2) [압][축] 부피를 줄여 작게 하는 것.

(3) [산][소] 생물이 숨을 쉬는 데 꼭 필요한 것.

(4) [이][산][화][탄][소] 동물이 숨을 내쉬거나 탄소가 들어 있는 물질이 탈 때 생기는 기체.

해설 | (1) 부풀어서 부피가 커지는 것을 뜻하는 낱말은 '팽창'입니다. (2) 부피를 줄여 작게 하는 것을 '압축'이라고 합니다. (3) 생물이 숨을 쉬는 데 꼭 필요한 기체는 '산소'입니다. (4) 동물이 숨을 내쉬거나 탄소가 들어 있는 물질이 탈 때 생기는 기체를 이산화탄소라고 합니다.

2 밑줄 친 부분이 바르게 쓰이지 않은 것에 X표 하세요.

(1) 오랫동안 쓰지 않은 길이 쉽게 녹슬어 있었다. ( )

(2) 내가 아끼던 자전거가 녹슬은 것을 보니 마음이 아팠다. (×)

(3) 유명 업체가 만든 눈유물 주방이 녹슬어 반품 처리하기로 하였다. ( )

해설 | (1)~(3)의 기본형은 '녹슬다'입니다. '녹슬다'에 '-은'이 합쳐지면 'ㄹ'이 탈락되어 '녹슨'이 됩니다.

3 빈칸에 들어갈 알맞은 낱말을 찾아 선으로 이으세요.

(1) 페트병을 발로 밟아 [ ]을/를 줄였더니 부피가 줄어들었다. • • 산소

(2) 응급 환자의 호흡 장치와 잠은, 생명 유지와 관련된 [ ]이/가 이용된다. • • 압축

(3) 이산화 탄소를 이용한 [ ]은/는 얼음처럼 차가워 음식물을 차게 보관할 수 있다. • • 드라이아이스

해설 | (1) 페트병을 발로 밟아 부피를 줄어들게 했으므로 '압축'이 알맞습니다. (2) 호흡 장치에 이용되는 기체는 '산소'이므로 '산소'가 알맞습니다. (3) 이산화 탄소를 이용하여 음식물을 차게 보관할 수 있는 것은 '드라이아이스'입니다.

66 어휘가 문해력이다

64~65쪽에서 공부한 낱말을 떠올리며 문제를 풀어 보세요.

4 뜻에 알맞은 낱말을 보기 에서 찾아 쓰세요.

보기
수소   질소   네온   가하다

(1) (수소): 가장 가벼운 기체.

(2) (가하다): 어떤 영향을 끼치거나 주다.

(3) (질소): 공기 속에 가장 많이 들어 있는 기체.

(4) (네온): 전류가 흐르는 관에 넣으면 여러 가지 빛을 내는 기체.

해설 | (1) 가장 가벼운 기체는 '수소'입니다. (2) '어떤 영향을 끼치거나 주다.'의 뜻을 가진 낱말은 '가하다'입니다. (3) 공기 속에 가장 많이 들어 있는 기체는 '질소'입니다. (4) 전류가 흐르는 관에 넣으면 여러 가지 빛을 내는 기체는 '네온'입니다.

5 밑줄 친 낱말의 뜻으로 알맞은 것을 보기 에서 찾아 기호를 쓰세요.

보기
㉠ 입거나 누르는 힘.   ㉡ 어떤 요구나 주장을 따르게 하는 힘.

(1) 선우이는 부모님의 압박에 떠밀려 반장 선거에 나가게 되었다. (㉡)

(2) 바닷속 깊은 곳에서는 압력이 세져서 빈 페트병이 많이 찌그러진다. (㉠)

해설 | (1) 부모님이 요구하거나 주장하는 것을 따라 반장 선거에 나갔다는 뜻이므로, ㉡의 뜻으로 쓰였습니다. (2) 바닷속 깊은 곳에서 압력이 입거나 누르는 힘에 의해 반 페트병이 찌그러지는 현상이므로, ㉠의 뜻으로 쓰였습니다.

6 빈칸에 알맞은 낱말을 보기 에서 찾아 사다리를 타고 내려간 곳에 기호를 쓰세요.

보기
㉠ 네온   ㉡ 질소   ㉢ 수소

㉠ 있는 거리의 화려한 광고판을 만들 때 이용되는 기체이다. -네온

㉡ 최근 청정 연료인 [ ](으)로 가는 자동차 연구가 한창 진행 중이다. -수소

㉢ 과자 공장에서는 내용물이 부서지지 않게 과자 봉지를 [ ](으)로 재운다. -질소

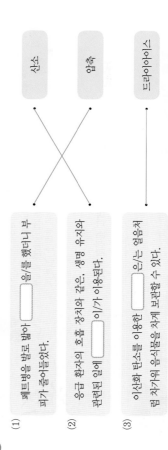

해설 | 화려한 광고판에 이용되는 기체는 '네온'이고, 자동차의 청정 연료로 사용되는 기체는 '수소'입니다. 과자를 포장할 때 내용물이 부서지지 않게 채우는 기체는 '질소'입니다.

초등 6학년 1학기 67

溫 (온)이 들어간 낱말

따뜻할 온

'溫(온)'이 들어간 낱말을 읽고, ▨ 부분에 알맞은 낱말을 그으면서 낱말 공부를 해 보세요.

'온(溫)'은 따뜻한 물이 가득 담긴 큰 통과 그 안에서 목욕하는 모습을 표현한 글자야. 그래서 '온(溫)'이 들어간 낱말은 '따뜻하다', 부드럽다라는 뜻을 나타내. '익히다'라는 뜻으로 쓸 때도 있어.

溫
温도
温기
温순
温고지신

따뜻하다 溫

온도
溫 따뜻할 온 + 度 온도 도
따뜻함[溫]의 정도[度]를 나타낸 말이야.
뜻 덥고 찬 정도.
예 오늘 낮에는 온도가 30도까지 올라갔다.
비슷한말 수온주

온기
溫 따뜻할 온 + 氣 기운 기
따뜻한[溫] 기운[氣]을 나타내는 말이야.
뜻 따뜻한 기운.
예 난로를 피운 지 오래되었는지 방 안에 온기가 느껴지지 않았다.
반대말 냉기, 한기, 한기
'냉기'와 '한기'는 찬 기운을 뜻하고, '한기'는 주로 추운 기운을 뜻해.

부드럽다·익히다 溫

온순
溫 부드러울 온 + 順 순할 순
뜻 마음씨나 태도가 부드럽고 순한 것.
예 우리 집 강아지는 온순해서 사람을 잘 따른다.
비슷한말 유순, 온화
'유순'과 '온화'는 모두 성격이나 태도가 부드럽고 순하다는 뜻이야.

온고지신
溫 익힐 온 + 故 옛 고 + 知 알 지 + 新 새로울 신
뜻 옛것을 익혀서 새로운 것을 앎.
예 화가는 온고지신하여 전통 기법을 계승해 나가고자 노력하였다.
비슷한말 발고창신
'발고창신'은 옛것을 본받아 새로운 것을 만드는 뜻이야.

發 (발)이 들어간 낱말

필 발

'發(발)'이 들어간 낱말을 읽고, ▨ 부분에 알맞은 낱말을 그으면서 낱말 공부를 해 보세요.

'발(發)'은 두 발로 딛고 서서 활을 쏘는 모습을 표현한 글자야. 그래서 원래 '쏘다'라는 뜻을 가지고 있었어. 이 뜻이 나중에 '떠나다', '나타나다', '피다' 등으로 넓어졌단다.

發
만발
발아
백발백중
출발점

피다 發

만발
滿 찰 만 + 發 필 발
뜻 꽃이 활짝 다 핌.
예 태백산에 가을꽃이 만발해 관광객들을 모으고 있다.
비슷한말 만개
'만개'는 꽃이 활짝 피는 것을 뜻해.

발아
發 필 발 + 芽 싹 아
뜻 씨앗에서 싹이 나옴.
예 파인애플의 씨는 늦게 발아한다고 알려져 있다.
비슷한말 싹트기
'싹트기'는 씨앗에서 싹이 트는 것을 뜻해.

쏘다·떠나다 發

백발백중
百 일백 백 + 發 쏠 발 + 百 일백 백 + 中 맞힐 중
《命中(명중)의 대표 뜻을 가운데야.
뜻 총이나 활 등을 쏘는 대로 잘 맞히는 것.
예 그가 쏘는 화살은 정확해서 백발백중이었다.
비슷한말 명중
'명중'은 화살이나 총알 등이 가운데 꼭 바로 맞는 것을 뜻해.
예 양궁 선수가 쏜 화살이 모두 과녁에 명중했다.

출발점
出 나갈 출 + 發 떠날 발 + 點 점 점
《出發(출발)의 대표 뜻을 '나간다'야.
뜻 가리는 곳을 향해 처음 떠나는 곳.
예 장애물 달리기에서 장애물을 출발점에서 10미터 떨어진 거리에 있다.
반대말 도착점
'도착점'은 도착하는 지점이라는 뜻이야.

확인 문제

✏️ 68쪽에서 공부한 낱말을 떠올리며 문제를 풀어 보세요.

1 뜻에 알맞은 낱말을 빈칸에 쓰세요.

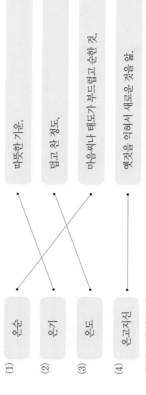

해설 | ❶ 가려는 곳을 향해 처음 떠나는 곳을 뜻하는 낱말은 '출발점'입니다. ❷ "씨앗에서 싹이 나옴."을 뜻하는 낱말은 '발아'입니다. ❸ '꽃이 활짝 다 핌.'을 뜻하는 낱말은 '만발'입니다. ❹ 종이나 화폐 등을 세는 낱말은 날말은 '백'입니다. ❺ '꽃이 활짝 다 핌'을 뜻하는 낱말은 '백발백중'입니다.

2 다음 낱말과 반대되는 뜻의 낱말을 쓰세요.

도착점	↔	출발점
도착하는 지점.		가려는 곳을 향해 처음 떠나는 곳을 뜻하는 낱말은 출발점입니다.

해설 | 도착점과 반대되는 뜻으로, 가려는 곳을 향해 처음 떠나는 곳을 뜻하는 낱말은 출발점입니다.

3 밑줄 친 낱말과 바꾸어 쓸 수 있는 낱말은 무엇인가요? (③)

어느새 온 산에 개나리와 진달래가 만발해 있다.

① 만족 ② 유지 ③ 만개 ④ 낙화 ⑤ 발견

해설 | '만발'은 '꽃이 활짝 다 핌'을 뜻하는 말로, 이와 비슷한 뜻을 가진 낱말은 '만개'입니다.

4 밑줄 친 낱말을 알맞게 사용하지 못한 친구에게 X표 하세요.

해설 | (3)은 싹트다에 쓰여 생각난 상황이므로 '만발'을 싹트다에서 쓰여 나오는 것을 뜻하는 '발아'로 바꾸어야 합니다.

✏️ 69쪽에서 공부한 낱말을 떠올리며 문제를 풀어 보세요.

5 낱말과 그 뜻을 알맞게 선으로 이으세요.

(1) 온순 · · 따뜻한 기운.
(2) 온기 · · 덥고 찬 정도.
(3) 온도 · · 마음이나 태도가 부드럽고 순한 것.
(4) 온고지신 · · 옛것을 익혀서 새로운 것을 앎.

해설 | (1) '온순'은 마음이나 태도가 부드럽고 순한 것을 말합니다. (2) '온기'는 따뜻한 기운을 말합니다. (3) '온도'는 덥고 찬 정도를 뜻합니다. (4) '온고지신'은 옛것을 익혀서 새로운 것을 아는 것을 뜻합니다.

6 뜻이 비슷한 낱말끼리 짝 지어진 것에 ○표 하세요.

(1) 온기 - 냉기 ( )
(2) 온순 - 유순 (○)
(3) 온기 - 온도 ( )

해설 | '온순'과 '유순'은 비슷한 뜻을 가진 낱말로 마음이나 태도가 부드럽고 순한 것을 말하는 낱말끼리 짝 지어진 것입니다. (3)은 같은 한자가 들어간 낱말끼리 짝 지어진 예입니다.

7 밑줄 친 낱말이 쓰임이 알맞으면 ○표, 알맞지 않으면 X표로 가서 몇 번으로 나오는지 쓰세요.

시작
바닷물이 온도가 올라가면 가상 이번이 일어난다. ○
동생은 성격이 온기해서 구름의 사랑을 많이 받았다. X
한부로 연구해서 새로운 옷을 만들었다, 온고지신이구나. ○
온돌은 방바닥의 온순을 오래 유지해 준다. X

해설 | 두 번째 문장은 동생의 성격이 부드럽고 순하다는 뜻이므로, '온기'를 '온순'으로 바꾸어야 합니다. 네 번째 문장에서는 온돌이 방바닥의 따뜻한 기운을 오래 유지해 주므로, '온기'가 알맞습니다.

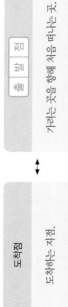

2주차 어휘력 테스트

🖊 2주차 1회~5회에서 공부한 낱말을 떠올리며 문제를 풀어 보세요.

낱말 뜻

1 낱말의 뜻이 알맞지 않은 것은 무엇인가요? (③)

① 산소: 생물이 숨을 쉬는 데 꼭 필요한 기체.
② 갈림길: 이러 갈래로 갈려 나간 길.
③ 샛길: 큰길에서 갈라져 나와 난 작은 길.
④ 논설문: 어떤 문제에 대해 자신의 주장을 논리적으로 내세워 읽는 사람을 설득하는 글.
⑤ 국회: 국민의 대표인 국회 의원이 나라의 중요한 일을 의논하고 법을 만드는 국가 기관.

해설 | '샛길'은 ······

낱말 뜻

2 ( ) 안에서 알맞은 낱말을 골라 ○표 하세요.

(1) (연둣, 평창)은 부피를 줄여 작게 하는 것이다.
(2) (비, 율)은/는 두 수를 나눗셈으로 비교하기 위해 기호 :을 사용하여 나타낸 것이다.
(3) (주권, 저작권)은 국민이 한 나라의 주인으로서 나라의 중요한 일을 스스로 결정하는 권리를 뜻한다.

해설 | ······

비슷한말

3 뜻이 비슷한 낱말끼리 짝 지어진 것을 두 가지 고르세요. (③ , ④)

① 평창 – 수축
② 요기 – 천기
③ 공식적 – 비공식적
④ 장애물 – 방해물
⑤ 균형 – 평형

해설 | ③ '균형'과 '평형'은 ······

같거나 비슷한 뜻이 다른 낱말

4 밑줄 친 낱말의 뜻으로 알맞은 것을 보기에서 찾아 기호를 쓰세요.

보기
㉠ 딱 잘라서 어떠하다고 생각하거나 결정하다.
㉡ 모습이나 태도가 흐트러짐 없이 바르고 깨끗하다.

(1) 외출할 때에는 용모를 단정하게 하는 것이 좋다. (㉡)
(2) 다른 사람의 성적이나 생각을 마음대로 단정해서는 안 된다. (㉠)

해설 | (1) ······

뜻을 더해 주는 말

5 밑줄 친 부분의 공통된 뜻은 무엇인가요? (②)

타당성   가능성   창의성

① 능력   ② 성질   ③ 차이
④ 생각   ⑤ 성장

해설 | 주어진 낱말들에서 밑줄 친 '-성'은 '성질'이라는 뜻을 더해 주는 말입니다.

헷갈리는 말

6 빈칸에 들어갈 알맞은 낱말을 찾아 선으로 이으세요.

(1) 정우이는 학교 축제를 열자는 수요의 의견에
□   •   • 제청

(2) 국무총리는 앞으로 정부에서 일할 각 부의 장관 후보자 임명을
□   •   • 제정

해설 | (1) ······

낱말 활용

7~10 ( ) 안에 들어갈 알맞은 낱말을 보기에서 찾아 쓰세요.

보기
밤이   접소   적정성   백반백중

7 (접소)은/는 식품 포장이나 자동차의 에어백을 제어하는 데 이용한다.

해설 | 식품을 포장하거나 자동차의 ······ '접소'입니다.

8 ○○○ 어린은 공중화장실에 어린이용 세면대를 설치하자는 발명을 (밤이)했다.

해설 | 국회 의원이 어린이용 세면대를 설치하자는 ······

9 축구 선수들이 대회의 우승을 결정짓는 승부차기에 도전해 (백반백중) 넣었다.

해설 | 축구 선수들이 대회의 승부차기에서 모두 공을 넣었으므로 ······

10 논설문에서는 혹시 주관적 표현이나 모호한 표현, 단정하는 표현을 사용하지 않았는지 (적정성)(으)로 모두 읽음.

해설 | 주관적 표현이나 모호한 표현, 단정하는 표현을 살피는 것은 모두 표현이 알맞은지를 살피는 것이므로 ······ '적정성'이 들어가야 합니다.

어휘가
문해력
이다

초등 6학년 1학기

3주차 정답과 해설

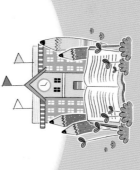

3주차 1회

국어 교과서 어휘

수록 교과서 국어 6-1 ㉮
5. 속담을 활용해요

다음 중 낱말의 뜻을 잘 알고 있는 것에 ✓ 하세요.

□ 속담 □ 협동 □ 수선 □ 업신여기다 □ 베다 □ 허황되다

낱말을 읽고, 부분에 답을 그으면서 낱말 공부를 해 보세요.

속담
俗 풍속 속 + 談 말씀 담
'말[談]'의 대표 뜻은 '말씀'

이것만은 꼭!
뜻 옛날부터 전해 내려오는 지혜가 담긴 쉬운 말.
예 고운 마음 쓰자는 주장으로 글을 쓸 때 '가는 말이 고와야 오는 말이 곱다'라는 속담을 사용했다.

관련 어휘 **관용어**
'관용어'는 오랫동안 습관적으로 자주 쓰이면서 특별한 의미로 굳어진 말이야. '발이 넓다', '머리를 쓰다' 등이 같은 말이지.

속담을 사용하면 자신의 생각을 효과적으로 드러낼 수 있고, 듣는 사람의 흥미를 끌 수 있어.

협동
協 도울 협 + 同 함께 동
'힘을 합함[協]'의 대표 뜻은 '협합하다', 동(同)의 대표 뜻은 '같다'이야.

뜻 서로 마음과 힘을 하나로 합함.
예 친구들과 협동해서 교실을 청소하니 힘들지 않았다.

비슷한말 **단결 협력**
'단결'은 여러 사람이 마음과 힘을 한데 뭉치는 것을 뜻해. 그리고 '협력'은 힘을 합해 서로 돕는 다는 뜻이야.

우리 반이 모두 힘을 합하니 반짝반짝해지는구나.

수선
뜻 낡거나 헌 물건을 고치는 일.
예 소를 도둑맞은 뒤에 빈 외양간의 허물어진 대를 고친다고 수선을 떨어 보아 소용이 없다.

글자는 같지만 뜻이 다른 낱말 **수선**
'수선'은 오래되거나 고장난 것을 다시 쓸 수 있게 고친다는 뜻이겠다.
예 바지가 짧아져서 수선을 맡겼다.

업신여기다
뜻 남을 낮추어 보거나 중요하지 않게 여기다.
예 지렁이도 밟으면 꿈틀한다라는 속담은 순하고 좋은 사람이라도 너무 업신여기면 가만있지 않는다는 뜻이다.

비슷한말 **얕보다, 내려다보다**
'얕보다'는 실제보다 낮추어 하찮게 본다는 뜻이야. 그리고 '내려다보다'는 남을 자기보다 낮추어 본다는 뜻을 가지고 있어.

베다
뜻 어떤 태도나 생각, 행동 등이 버릇이 되어 익숙해지다.
예 세 살 적 버릇이 여든까지 간다는 어릴 때 몸에 밴 버릇은 늙어서도 고치기 힘들다.

헷갈리기 쉬운 말 **베다**
읽고 날카로운 부분이 있는 연장으로 물건을 긋거나 자르는 것을 '베다'라고 해.
예 낫으로 풀을 베다.

허황되다
虛 헛될 허 + 荒 거칠 황 + 되다
'헛될[虛]'의 대표 뜻은 '허황(되다)', '荒(거칠)'의 대표 뜻은 '거칠다'이야.

뜻 헛되고 황당하여 믿을 수가 없다.
예 돌을 파는 장수는 돌을 네 개 판 돈으로 돌을 여덟 개 사는 식으로 하면 며칠 뒤에 돌을 천만 개나 살 수 있다는 허황된 계산을 했다.

관용어 **구름 잡다**
'구름 잡다'는 뚜렷하지 않고 어렴풋하거나 허황된 것을 좇는다는 뜻이야.
예 언니는 곧 부자가 될 것이라며 구름 잡는 소리만 했다.

꼭! 알아야 할 속담

빈칸 채우기

답 '달도 차면 기운다'는 세상의 온갖 것이 한번 성하면 다시 기울어 세력이 약해지기 마련이라는 말이라는 말이라는 말이다.

국어 교과서 어휘

수록 교과서 국어 6-1 ④
6. 내용을 추론해요

다음 중 낱말의 뜻을 잘 알고 있는 것에 ✓하세요.
□단서 □추론 □배경지식 □특징 □촬영 □편집

낱말을 읽고, ___부분에 밑줄을 그으면서 낱말 공부를 해 보세요.

단서
端 처음 단 + 緒 실마리 서
^'단서'의 대표 뜻 풀이야.

뜻 일이 일어난 까닭을 풀 수 있는 시작이 되는 부분.
예 영상 광고의 제목을 이해하려고 광고에 나오는 사람들의 말과 행동에서 단서를 확인했다.

비슷한말 단초 실마리
'단초'와 '실마리'는 일을 해결해 나갈 수 있는 시작이 되는 부분을 뜻해.

추론
推 추측할 추 + 論 논할 론
^'추론'의 대표 뜻 풀이야.

뜻 이미 아는 정보를 근거로 삼아 다른 판단을 이끌어 내는 것.
예 그림 속 나무에 새싹이 돋은 것을 보니 봄에 일어난 일임을 추론할 수 있다.

이것만은 꼭!
추론하면서 글을 읽으면 내용이나 그림을 좀 더 깊고 넓게 이해할 수 있어.

배경지식
背 뒤 배 + 景 경치 경 + 知 알 지 + 識 알 식
^'배경지식'의 대표 뜻 풀이야.

뜻 어떤 것과 관련해 이미 알고 있는 지식.
예 정조 임금에 대한 배경지식이 있어서 수원 화성이 어떻게 만들었는지에 대해 쓴 글을 쉽게 이해할 수 있었다.

정답과 해설 ▶ 35쪽

특징
特 특별할 특 + 徵 정할 징

뜻 특별히 정함.
예 "수원 화성은 1997년에 유네스코 세계 문화유산으로 지정되었다."라는 특징 부분을 통해 수원 화성이 세계적으로 인정받고 있음을 알 수 있다.

반대말 보통특징
'특별하다'는 특별히 다름. 주로 '특별한 ~'로 쓰인단다.

촬영
撮 사진 촬 + 影 그림자 영

뜻 사람, 물건, 경치 같은 것을 사진이나 영화로 찍는 것.
예 영상 광고를 만들기 위해 촬영 시간과 장소를 정하고 우리 반 아이들이 축구하는 장면을 촬영했다.

편집
編 편집할 편 + 輯 모을 집
^'편집'의 대표 뜻 풀이야.

뜻 영화 필름이나 녹음테이프, 문서 등을 모아 하나의 작품으로 완성하는 일.
예 광고의 주제가 잘 나타나도록 촬영한 장면의 순서를 바꾸어 편집했다.

꼭 알아야 할 관용어

표 하기 '입'. 귀가 얇다는 다른 사람이나 물건에 대하여 깊이가 답한다는 뜻입니다.

확인 문제

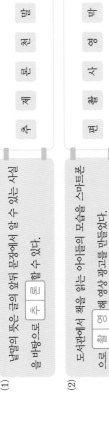

76~77쪽에서 공부한 낱말을 떠올리며 문제를 풀어 보세요.

1 뜻에 알맞은 낱말을 글자판에서 찾아 묶으세요. (낱말은 가로(—), 세로(|), 대각선(\) 방향에 숨어 있어요.)

급	엽	신	관	합	참	선	수
하	창	여	기	여	든	현	숙
성	항	뫼	다	실	가	다	답

❶ 헛되고 황당하여 믿을 수가 없다.
❷ 서로 마음과 힘을 하나로 합함.
❸ 남을 낮추어 보거나 중요하지 않게 여기다.
❹ 옛날부터 전해 내려오는 지혜가 담긴 짧은 말.
❺ 마음을 어지럽게 만드는 시끄러운 말이나 혼란스러운 행동.

해설 | ❶ 헛되고 황당하여 믿을 수가 없다는 낱말은 '허황되다'입니다. ❷ 서로 마음과 힘을 하나로 합하는 것은 '협동'입니다. ❸ 남을 낮추어 보거나 중요하지 않게 여긴다는 낱말은 '업신여기다'입니다. ❹ 옛날부터 전해 내려오는 지혜가 담긴 짧은 말은 '속담'입니다. ❺ 마음을 어지럽게 만드는 시끄러운 말이나 혼란스러운 행동은 '수선'입니다.

2 ( ) 안에서 알맞은 낱말을 골라 ○표 하세요.

(1) 나무꾼은 빨랫줄로 쓸 나무를 (베다 , **베러**) 산에 갔다.
(2) 우리는 거짓말이 입에 (**밴** , 밴) 그 아이의 말을 믿을 수 없었다.
(3) 방학 동안 게으름이 몸에 (**배어** , 베어) 일찍 일어나는 것이 힘들다.

해설 | (1) '빨랫줄로 쓸 나무를 자르기 위해 산에 간 것'이므로 '베다'가 알맞습니다. (2) 거짓말하는 행동이 버릇이 된 것이므로 '배다'를 써야 합니다. (3) 게으른 습관이 몸속처럼 익숙해져 있는 것이므로 '배다'를 써야 합니다.

3 ( ) 안에 들어갈 알맞은 낱말을 보기에서 찾아 쓰세요.

보기 수선 하향 협동

(1) '백지장도 맞들면 낫다'라는 말이 있듯이 친구들이 (협동)해서 책을 정리하니 척 정리가 빨리 끝났다.
(2) 몇백 년 전에 해적이 바다에 떨어뜨린 보물을 찾은 것이라는 등이 (하향)된 곳은 열른 꿈에 설레었다.
(3) '소 잃고 외양간 고친다'고 동물이 죽은 뒤에야 사자가 탈출한 뒤에야 동물원 시설을 점검하겠다며 (수선)을 피웠다.

해설 | (1)의 속담은 아무리 쉬운 일이라도 서로 도와서 하면 훨씬 더 쉽게 '협동'이 들어가야 합니다. (2)는 ~ 시자가 탈출하려고 애쓰는 상황이므로, 빈칸에는 수선이 들어가야 합니다.

78~79쪽에서 공부한 낱말을 떠올리며 문제를 풀어 보세요.

4 뜻에 알맞은 낱말을 보기에서 찾아 쓰세요.

보기 편집 촬영 추론 배경지식

(1) (배경지식): 어떤 것과 관련해 이미 알고 있는 지식.
(2) (촬영): 사람, 물건, 경치 같은 것을 사진이나 영화로 찍는 것.
(3) (추론): 이미 아는 정보를 근거로 삼아 다른 판단을 이끌어 내는 것.
(4) (편집): 영화 필름이나 녹음테이프, 문서 등을 모아 하나의 작품으로 완성하는 일.

해설 | (1) 어떤 것과 관련해 이미 알고 있는 지식을 '배경지식'이라고 합니다. (2) 사람, 물건, 경치 같은 것을 사진이나 영화로 찍는 것을 '촬영'입니다. (3) 이미 아는 정보를 근거로 삼아 다른 판단을 이끌어 내는 것을 '추론'이라고 합니다. (4) 영화 필름이나 녹음테이프, 문서 등을 모아 하나의 작품으로 완성하는 일은 '편집'입니다.

5 밑줄 친 낱말과 뜻이 비슷한 낱말을 두 가지 고르세요. (② , ⑤)

정희구이 얼마나 찾는지에 대한 단서를 찾기 위해 구절의 규모와 관련된 부분을 읽었다.

① 이지 ② 단서 ③ 문제 ④ 이름 ⑤ 실마리

해설 | '단서'는 일이 일어난 까닭을 풀 수 있는 실마리 또는 부분을 뜻합니다. 이와 비슷한 뜻이 낱말은 '단초, 실마리'입니다.

6 빈칸에 들어갈 알맞은 낱말을 글자 카드로 만들어 쓰세요.

(1) 낱말의 뜻은 글이 앞뒤 문장에서 알 수 있는 사실을 바탕으로 [추론] 할 수 있다.

| 주 | 제 | 론 | 진 | 말 |

(2) 도서관에서 책을 읽는 아이들의 모습을 스마트폰으로 [촬영] 으로 해 영상 광고를 만들었다.

| 편 | 활 | 사 | 영 | 막 |

(3) "창덕궁은 경복궁의 동쪽에 있다."라는 문장은 [특정] 부분에서 창덕궁을 동월로 부르 깨라음을 알 수 있다.

| 활 | 리 | 특 | 영 | 정 |

해설 | (1) 글이 앞뒤 문장에서 알 수 있는 사실을 바탕으로 낱말의 뜻을 파악할 수 있는 것이므로, 빈칸에는 '추론'이 들어가야 합니다. (3) '창덕궁은 경복궁의 동쪽에 있다.'라는 부분으로 글에서 특별히 정한 부분이므로, '특정'이 알맞습니다.

3주차

2회

사회 교과서 어휘

수록 교과서 사회 6-1
2. 우리나라의 경제 발전

다음 중 낱말의 뜻을 잘 알고 있는 것에 ✓ 하세요.

☐ 가게 ☐ 합리적 ☐ 소비자 ☐ 공정
☐ 이윤 ☐ 경쟁

한 친구가 노트북을 고르고 있어. 그런데 종류가 너무 많아서 고민이래. 이럴 땐 어떤 제품을 사야 할까? 소비자와 관련 있는 낱말을 알아보자.

우아, 엄청 많다. 어떤 걸 사지?

낱말을 읽고, 부분에 밑줄을 그으면서 낱말 공부를 해 보세요.

가게
家 집 가 + 計 셀 계 + 집 살림살이 개

뜻 가정 살림을 같이하는 생활 공동체.
예 가게는 이윤을 얻은 소득으로 생활에 필요한 물건을 산다.

관련 어휘 소득
'소득'은 일정 기간 동안에 정해진 일을 하고 그 대가로 받는 수입을 뜻해. 기업의 생산 활동에 참여해서 그 생산 활동의 대가로 소득을 얻는 거야.

∘ '계(計)'의 대표 뜻은 '세다'야.

이윤
利 이익 이 + 潤 이득 윤

뜻 물건이나 서비스를 만들어 팔아 얻게 되는 순수한 이익.
예 기업은 상품을 만들어 팔거나 서비스를 제공해 이윤을 얻는다.

관련 어휘 서비스
사람들이 살아가는 데 편리함을 주는 활동을 '서비스'라고 해. 물건을 판매하거나 운반하는 것, 병을 치료하는 것 등이 서비스에 해당해.

∘ '윤(潤)'의 대표 뜻은 '윤택하다'야.

합리적
合 적합할 합 + 理 이치 리 + 的 ~한 상태가 되는 적

뜻 이치에 꼭 들어맞는 것.
예 합리적인 소비란 가장 적은 비용으로 가장 큰 만족을 얻을 수 있는 물건을 사는 것이다.

반대말 비합리적
'비합리적'은 '아님'의 뜻을 더하는 '비'를 붙여 이치에 맞지 않는 것을 뜻해.

이것만은 꼭!
∘ '합(合)'의 대표 뜻은 '합하다', '리(理)'의 대표 뜻은 '다스리다', '적(的)'의 대표 뜻은 '과녁'이야.

소비자
消 사라질 소 + 費 쓸 비 + 者 사람 자

뜻 물건이나 서비스 등을 구입하거나 사용하는 사람.
예 기업도 소비자가 원하는 것을 반영해 다양한 물건을 만든다.

반대말 생산자
'생산자'는 생산 활동을 하는 사람을 뜻해. 근로자나 회사원, 버스 운전기사, 요리사, 의사 등도 모두 생산 활동을 하는 생산자라고 할 수 있어.

∘ '소(消)'의 대표 뜻은 '사라지다'야.

경쟁
競 겨룰 경 + 爭 다툴 쟁

뜻 이기거나 앞서려고 서로 겨루는 것.
예 기업은 더 많은 이윤을 얻기 위해 다른 기업과 경쟁한다.

비슷한말 경합
'경합'은 이익이나 권리가 맞닿는 일을 얻으려고 서로 맞서 겨룸을 뜻하는 말이야.
예 작품상을 놓고 두 팀이 마지막까지 경합을 벌였다.

∘ '경(競)', '쟁(爭)'의 대표 뜻은 '다투다'야.

공정
公 공평할 공 + 正 바를 정

뜻 어느 한쪽으로 치우치지 않고 공평하고 올바름.
예 기업끼리 물건의 가격을 상의해서 올리는 것은 공정하지 못한 행동이다.

반대말 불공정
공평하지 않고 올바르지 않은 것을 '불공정'이라고 해.

∘ '공(公)'의 대표 뜻은 '공평하다'야.

3주차 2회 사회 교과서 어휘

수록 교과서 [사회 6-1] 2. 우리나라의 경제 발전

다음 중 낱말의 뜻을 잘 알고 있는 것에 ✓ 하세요.

□ 경공업 □ 중화학 공업 □ 반도체 □ 정보 통신망 □ 첨단 산업 □ 위성

한강을 끼고 발전한 서울의 모습을 찍은 사진이야. '한강의 기적'이라는 말들어 본 적 있니? 우리나라의 엄청난 경제적 발전을 칭찬하는 말이지. 이런 우리나라의 경제 발전과 관련 있는 낱말을 살펴보자.

낱말을 읽고, [   ] 부분에 맞춤을 그으면서 낱말 공부를 해 보세요.

경공업
輕 가벼울 경 + 工 만들 공 + 業 산업 업
∅ '공'의 대표 뜻은 '장인', '업'의 대표 뜻은 '일'이야.

뜻 식료품, 섬유, 종이 등 비교적 가벼운 물건을 만드는 산업.
예 우리나라는 1960년대에 풍부한 노동력을 바탕으로 경공업을 발전시켰다.
관련 어휘 **노동력**
'노동력'은 노동하는 데 필요한 사람의 힘을 뜻해. 경공업은 손으로 만드는 과정이 많아 노동력이 풍부했던 우리나라에 유리한 산업이었어.

중화학 공업
Tip '중화학 공업'은 '중공업'과 '화학 공업'을 합친 말이에요.
重 무거울 중 + 化 변화 화 + 學 학문 학 + 工 만들 공 + 業 산업 업
∅ '화(化)'의 대표 뜻은 '되다', '학'의 대표 뜻은 '배우다'야.

뜻 철, 배, 자동차 등 무거운 제품이나 플라스틱, 고무 제품, 화학 섬유 제품을 생산하는 산업.
예 우리나라는 1970년대에 철강, 석유 화학, 기계, 조선 산업으로 대표되는 중화학 공업을 키웠다.
관련 어휘 **철강, 석유 화학, 기계, 조선 산업**
• 철강 산업: 철을 만들어 내거나 철을 이용한 제품을 만드는 산업.
• 석유 화학 산업: 석유나 천연가스로 화학 제품을 만드는 산업.
• 기계 산업: 기계를 만드는 산업. / • 조선 산업: 배를 만드는 산업.

반도체
半 반 반 + 導 통할 도 + 體 물질 체
∅ '도(導)'의 대표 뜻은 '인도하다', '체(體)'의 대표 뜻은 '몸'이야.

뜻 여러 상태에 따라 전기가 통하기도 하고 안 통하기도 하는 물질.
예 반도체는 컴퓨터와 가전제품에 꼭 들어가는 부품이다.

이것만은 꼭!

정보 통신망
情 사정 정 + 報 알릴 보 + 通 통할 통 + 信 소식 신 + 網 그물 망
∅ '정(情)'의 대표 뜻은 '뜻', '보'의 대표 뜻은 '갚다', '신(信)'의 대표 뜻은 '믿다'야.

뜻 문자, 음성, 영상 등의 정보를 주고받을 수 있도록 물처럼 연결해 놓은 것.
예 정부와 기업은 정보를 빠르게 주고받으려고 초고속 정보 통신망을 만들었다.
관련 어휘 **초고속 정보 통신망**
다양하고 수많은 정보를 매우 빠르게 주고받을 수 있도록 통신 시설을 연결해 놓은 것을 '초고속 정보 통신망'이라고 해.

첨단 산업
尖 뾰족할 첨 + 端 끝 단 + 産 생산할 산 + 業 산업 업
∅ '산(産)'의 대표 뜻은 '낳다'야.

뜻 매우 높은 기술을 필요로 하는 산업.
예 우리나라는 2000년대 이후 생명 공학, 신소재 산업, 우주 항공, 로봇 산업 등 첨단 산업이 발달하고 있다.
관련 어휘 **신소재 산업**
'신소재 산업'은 지금까지의 재료에는 뒤에 없던 특성을 가진 새로운 소재를 만드는 산업이야. 탄소 섬유나 수소 연료 전지 등을 만드는 일이지.

위성
衛 지킬 위 + 星 모양 성
∅ '성(星)'의 대표 뜻은 '별'이야.

뜻 어떤 사물이 다른 사물과의 관계 속에서 가지는 위치나 상태.
예 우리나라는 의료 서비스 산업 등의 발달로 국제 사회에서 위성이 높아졌다.

▲ 의료 서비스 산업

✎ 84~85쪽에서 공부한 낱말을 떠올리며 문제를 풀어 보세요.

4 낱말의 뜻이 무엇인지 ( ) 안에서 알맞은 낱말을 골라 ○표 하세요.

(1) 조선 산업: (**배**, 화학 제품)을/를 만드는 산업.

(2) 첨단 산업: 매우 (**높은 기술**, 낮은 노동력)을 필요로 하는 산업.

(3) 경공업: 식료품, 섬유, 종이 등 비교적 (**가벼운**, 무거운) 물건을 만드는 산업.

(4) 반도체: 여러 상태에 따라 (공기, **전기**)가 통하기도 하고 안 통하기도 하는 물질.

해설 | (1) 조선 산업은 배를 만드는 산업입니다. (2) '첨단 산업'은 매우 높은 기술을 필요로 하는 산업입니다. (3) '경공업'은 식료품, 섬유, 종이 등 비교적 가벼운 물건을 만드는 산업을 말합니다. (4) '반도체'는 여러 상태에 따라 전기가 통하기도 하고 안 통하기도 하는 물질입니다.

5 다음 낱말을 모두 포함하는 낱말을 골라 ○표 하세요.

(1) 철강 산업   석유 화학 산업   기계 산업   조선 산업

(경공업, 첨단 산업, (중화학 공업))

(2) 생명 공학   신소재 산업   우주 항공   로봇 산업

(경공업, (첨단 산업), 중화학 공업)

해설 | (1) 철, 배, 자동차 같은 철강 제품이나 플라스틱, 고무와 같은 화학 제품을 생산하는 것은 전체에 해당하는 '중화학 공업'입니다. (2) 로봇 산업 등은 높은 기술을 필요로 하는 첨단 산업입니다.

6 빈칸에 들어갈 알맞은 낱말을 완성하세요.

(1) 우리나라는 전국에 초고속 정보 [통][신][망]이 연결되면서 정보 통신 산업이 발전했다.

(2) 우리나라는 1960년대에 옷, 신발, 가발 등과 같은 [경][공][업]의 제품을 만들어 수출했다.

(3) 컴퓨터와 가전제품의 핵심 부품인 [반][도][체]의 판매량은 전 세계적으로 늘어나고 있다.

(4) 우리나라의 문화 관련 상품들이 외국 사람들에게 큰 인기를 끌면서 세계 속에서 우리나라의 국제적 [위][상]도 높아지고 있다.

해설 | (1) 우리나라에서 정보 통신 산업이 발전하는 것은 전국에 초고속 정보 '통신망'이 연결되었기 때문입니다. (2) 옷, 신발, 가발 등의 제품을 만드는 산업은 '경공업'입니다. (3) 컴퓨터와 가전제품의 핵심 부품은 '반도체'입니다. (4) 우리나라의 문화가 외국인들에게 인기를 끌면서 세계 속에서 우리나라의 지위, 즉 위상이 높아졌습니다.

[확인 문제]

✎ 82~83쪽에서 공부한 낱말을 떠올리며 문제를 풀어 보세요.

1 뜻에 알맞은 낱말이 되도록 보기에서 글자를 찾아 쓰세요.

보기   비   이   정   가   소

(1) 가정 살림을 같이하는 생활 공동체. → [가][정] 공동체

(2) 어느 한쪽으로 치우치지 않고 공평하고 올바름. → 공[정]

(3) 물건이나 서비스 등을 구입하거나 사용하는 사람. → [소][비][자]

(4) 물건이나 서비스를 만들어 팔아 얻게 되는 순수한 이익. → [이][윤]

해설 | (1) 가정 살림을 같이하는 생활 공동체는 '가정 공동체'입니다. (2) 어느 한쪽으로 치우치지 않고 공평하고 올바름을 뜻하는 낱말은 '공정'입니다. (3) 물건이나 서비스 등을 구입하거나 사용하는 사람을 '소비자'라고 합니다. (4) 물건이나 서비스를 만들어 팔아 얻게 되는 순수한 이익을 '이윤'이라고 합니다.

2 빈칸에 공통으로 들어갈 낱말은 무엇인가요? (②)

• 개인은 자신의 실력을 쌓아 [   ]에서 앞서려고 한다.

• 기업은 자유로운 [   ]을/를 통해 더 좋은 상품을 개발할 수 있다.

① 감시   ② 경쟁   ③ 생산   ④ 소비   ⑤ 이윤

해설 | 주어진 내용은 개인과 기업이 자유롭게 경제 활동을 해며 경쟁하는 모습입니다. 개인은 자신의 능력과 실력을 높여 경쟁에서 이기려고 노력합니다. 또, 기업은 가격을 낮추거나 더 좋은 서비스를 제공하는 등 자유로운 경쟁을 통해 더 좋은 상품을 개발할 수 있습니다.

3 빈칸에 들어갈 알맞은 낱말을 찾아 선으로 이으세요.

(1) 지구 환경을 지키면서 [   ](으)로 소비하려 는 사람들이 늘어나고 있다.   •   • 이윤

(2) 기업은 물건을 만들기 전에 [   ]이/가 어 떤 물건을 좋아하는지 조사한다.   •   • 소비자

(3) 기업은 더 많은 [   ]을/를 얻기 위해 물 건을 만드는 데 드는 비용을 줄이려고 한다.   •   • 합리적

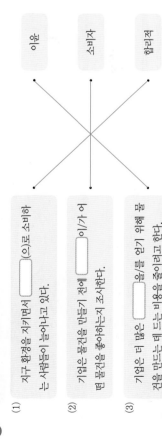

해설 | (1) 지구 환경을 지키면서 하는 소비는 자신이 추구하는 가치를 위한 합리적인 소비입니다. (2) 기업이 물건을 만 들기 전에 물건을 살 사람, 즉 소비자가 좋아할 물건을 조사합니다. (3) 기업이 물건을 만드는 데 드는 비용을 줄이는 것은 보다 많은 이윤을 얻기 위한 것입니다.

3주차 3회 수학 교과서 어휘

수록 교과서 수학 6-1
4. 비와 비율

다음 중 낱말의 뜻을 잘 알고 있는 것에 ✔하세요.

□ 백분율 □ 할인율 □ 득표율 □ 출고량 □ 잔여 □ 성공률

✏ 낱말을 읽고, ▨ 부분에 알맞은 말을 그으면서 낱말 공부를 해 보세요.

이것만은 꼭!

$$\frac{85}{100} = 85\%$$

▲ 백분율 표시 방법

백분율
百 일백 백 + 分 나눌 분 + 率 비율 률

뜻 기준량을 100으로 할 때의 비율.
기호 %(퍼센트)를 사용하여 나타냄.
예 기준량이 다른 두 비율을 비교할 때 기준량을 똑같이 100으로 하는 백분율을 이용하면 쉽게 비교할 수 있다.

할인율
割 나눌 할 + 引 당길 인 + 率 비율 률

뜻 정해진 값보다 싸게 깎아 주는 비율.
예 1000원짜리 모자를 500원에 팔면 $\frac{500}{1000} \times 100$이므로 할인율은 50%이다.

맞춤법 주의할 말 **-율 / -률**
'율'과 '률'은 비율의 뜻을 더하는 말이야. '율'은 앞 글말이 모음이나 'ㄴ' 받침인
로 끝날 때 붙이고, '률'은 앞 글말이 'ㄴ' 받침 외의 받침으로 끝날 때 붙이지.
예 득표율, 할인율 / 출생률, 입학률

득표율
得 얻을 득 + 票 표 표 + 率 비율 률

뜻 전체 투표수에 대한 해당 후보가 표를 얻은 비율.
예 500명이 참여한 전교 회장 선거에서 200표를 얻은 후보의 득표율은 $\frac{200}{500} \times 1000$이므로 40%이다.

관련 어휘 **무효표**
무효표는 효력을 잃은 표를 말해. 전체 투표율에서 각 후보가 득표율의 합을 빼면 무효표의 비율을 구할 수 있지.

출고량
出 날 출 + 庫 창고 고 + 量 헤아릴 량

뜻 창고에서 꺼낸 물건의 양.
예 ○○전자의 선풍기 출고량은 40만 대이다.

반대말 **입고량**
'입고량'은 창고에 들어온 물건의 양을 뜻해.
예 이번 달 새 책의 입고량은 1500권이다.

('률'의 대표 뜻은 '다다', '량'의 대표 뜻은 '헤아리다'이야.)

잔여
殘 남을 잔 + 餘 남을 여

뜻 아직 남아 있음.
예 쓰레기 매립장의 잔여 사용 연수는 약 15년이라고 한다.

비슷한말 **여분, 나머지**
'여분'과 '나머지'는 어떤 양을 채우고 남은 부분을 말해.
예 여분이 식량까지 먹어 치웠다. / 학용품을 사고 나서 나머지 용돈을 모두 저금했다.

성공률
成 이룰 성 + 功 공 일 공 + 率 비율 률

뜻 어떤 일을 이룰 수 있는 비율.
예 농구공을 30번 던져서 21번을 골대에 넣었다면 성공률은 $\frac{21}{30} \times 1000$이므로 70%이다.

반대말 **실패율**
'실패율'은 일을 잘못해 그르칠 수 있는 비율을 뜻해.
예 농구공을 던져 골대에 넣지 못한 실패율은 50퍼센트이다.

('공(功)'의 대표 뜻은 '공로'이야.)

통계 統(합칠 통) + 計(셈할 계)

뜻 어떤 일이 일어나는 수를 모두 합해 계산한 수치.

예 전국의 초등학생 수 통계를 활용하면 찾으려고 하는 특정 지역의 초등학생 수를 알아볼 수 있다.

'통(統)'의 대표 뜻은 '거느리다', '계(計)'의 대표 뜻은 '세다'야.

권역 圈(범위 권) + 域(구역 역)

뜻 특별히 정한 범위 안의 지역.

예 우리나라 6개의 권역 중 초등학생 수가 가장 적은 권역은 제주이다.

관련 어휘 **대권역과 소권역**
'대권역'은 어떤 지역을 크게 나누어 묶은 권역을 뜻해. 반면 어떤 지역을 작게 나누어 묶은 권역을 소권역이라고 하지.

'권(圈)'의 대표 뜻은 '우리', '역(域)'의 대표 뜻은 '지경'이야.

'수도권'은 수도권, 즉 수도인 서울과 서울 근처의 지역을 뜻하는 말이야.

어림값

뜻 대강 짐작으로 헤아려 보는 수치.

예 ○○ 권역의 초등학교 수는 351개로, 섬의 지리에서 반올림한 어림값은 400개이다.

비슷한말 **어림수**
'어림값'는 대강 짐작으로 헤아려 보는 수치를 뜻해.

기타 其(그 기) + 他(다를 타)

뜻 그 밖의 다른 것.

예 자료의 종류가 많아 표에 모두 넣기 어려우면 자료의 수가 적은 자료를 기타 항목에 넣는다.

비슷한말 **여타**
'여타'는 '기타'와 마찬가지로 그 밖의 다른 것을 뜻해.

예 지구 온난화가 친환경 산업뿐 아니라 여타 산업에도 영향을 주고 있다.

3주차 3회

수학 교과서 어휘

다음 중 낱말의 뜻을 잘 알고 있는 것에 ✓ 하세요.

□ 그림그래프　□ 띠그래프　□ 통계　□ 권역　□ 어림값　□ 기타

수록 교과서 **수학 6-1**
5. 여러 가지 그래프

월별 요금 안내

부가 서비스 20% / 기본 10% / 통화 30% / 데이터(아이템) 40%

어떡해, 휴대 전화 요금이 많이 나왔어.

이걸 보니 알겠다. 게임 좀 그만해.

한 친구가 휴대 전화 요금이 많이 나와서 걱정하고 있네. 미그래프를 보니 친구가 왜 게임을 그만하겠다고 맘했는지 알겠지? 여러 가지 그래프를 공부할 때 앞에 둘 날부터 공부해 보자.

🖊 낱말을 읽고, ▨ 부분에 밑줄을 그으면서 낱말 공부를 해 보세요.

그림그래프

뜻 수나 양을 그림으로 나타낸 그래프.

예 학교 도서관을 이용한 학생 수를 그림그래프로 나타냈다.

요일	학생 수
월요일	
화요일	
수요일	
목요일	
금요일	

10명 1명

▲ 학교 도서관 이용 학생 수

띠그래프

뜻 전체에 대한 각 부분의 비율을 띠 모양에 나타낸 그래프.

예 자료를 띠그래프로 나타내면 전체에 대한 각 부분의 비율을 한눈에 비교하기 쉽다.

이것만은 꼭!

0 10 20 30 40 50 60 70 80 90 100(%)

| 봄 (36%) | 여름 (28%) | 가을 (16%) | 겨울 (20%) |

▲ 우리 반 친구들이 좋아하는 계절

확인 문제

✎ 88~89쪽에서 공부한 낱말을 떠올리며 문제를 풀어 보세요.

1 낱말의 뜻을 보기에서 찾아 사다리를 타고 내려간 곳에 기호를 쓰세요.

보기
㉠ 아직 남아 있음. - 잔여
㉡ 창고에나 가변 물건의 양. - 출고량
㉢ 기준량을 100으로 할 때의 비율. - 백분율
㉣ 정해진 값보다 싸게 깎아 주는 비율. - 할인율

잔여	백분율	출고량	할인율

㉡	㉢	㉣	㉠

해설 | '잔여'는 이직 남아 있음을 뜻하는 낱말이고, '백분율'은 기준량을 100으로 할 때의 비율입니다. '출고량'은 창고에서 꺼낸 물건의 양이고, '할인율'은 정해진 값보다 싸게 깎아 주는 비율입니다. 출고량은 창고에서 서 꺼낸 물건의 양이고, '할인율'은 정해진 값보다 싸게 깎아 주는 비율입니다.

2 밑줄 친 '-율'과 '-률'이 잘못 쓰인 낱말에 모두 ✕표 하세요.

방아용   임하율   출신률   참석율   출생률

해설 | '출신률'은 앞 낱말에 ㄴ 받침이 있으므로, '출신율'이라고 써야 합니다. '참석율'은 앞 낱말에 ㄴ 받침이나 모음이 아니므로 '참석률'이라고 써야 합니다.

3 ( ) 안에서 알맞은 낱말을 골라 ○표 하세요.

(1) 축구공을 10번 차서 8번 골을 넣을 수 있었다면 (성공률, 실패율)은 80%이다.
(2) 투표에서 무효표의 비율은 100에서 모든 후보의 (판매율, 득표율)을 나타낼 수 있다.
(3) 상품이 언제 가격에 대해 얼마를 깎아 주는지 (판매율, 할인율)(으)로 나타낼 수 있다.
(4) 우리 팀은 총 10개 경기 중에서 6개의 경기를 졌기 때문에 (잔여, 전체) 경기의 수는 4개이다.

해설 | (1) 골을 넣은 비율이므로, '성공률'이 알맞습니다. (3) 정해진 값보다 상품을 싸게 깎아 주는 비율을 구할 수 있으므로, '할인율'이 알맞습니다. (4) 4개는 남은 경기의 수이므로 '잔여'가 알맞습니다.

✎ 90~91쪽에서 공부한 낱말을 떠올리며 문제를 풀어 보세요.

4 뜻에 알맞은 낱말을 완성하세요.

(1) 기 타 — 그 밖의 다른 것.

(2) 어 림 값 — 대강 짐작으로 헤아려 보는 수치.

(3) 통 계 — 어떤 일이 일어나는 수를 모두 함께 계산한 수치.

해설 | (1) 그 밖의 다른 것을 뜻하는 말은 '기타'입니다. (2) 대강 짐작으로 헤아려 보는 수치가 의미하는 것은 '어림값'입니다. (3) 어떤 일이 생기거나 일어나는 수를 모두 함께 계산한 수치는 '통계'입니다.

5 다음 그림은 무엇에 해당하는지 알맞은 낱말에 ○표 하세요.

(1)

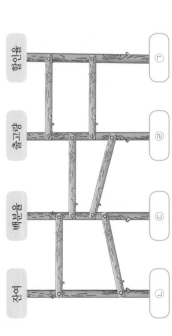

학교 도서관의 이용 학생 수

(띠그래프, 그림그래프)

(2)

우리 반 친구들이 좋아하는 계절			
봄 (36%)	여름 (28%)	가을 (16%)	겨울 (20%)

0 10 20 30 40 50 60 70 80 90 100 (%)

(띠그래프, 그림그래프)

해설 | (1) 학교 도서관을 이용한 학생 수를 학생 모양의 그림으로 나타낸 '그림그래프'입니다. (2) 우리 반 친구들이 좋아하는 계절을 한눈에 알아볼 수 있게 표현한 '띠그래프'입니다.

6 ( ) 안에 들어갈 알맞은 낱말을 보기에서 찾아 쓰세요.

보기
기타   전역   권역   띠그래프

(1) 교육부는 서울, 경기, 강원 등 8개의 (권역)을 나누어 전국의 학교 급식 현황을 조사했다.
(2) 전체 용도에 대한 쓰임별 사용 용도의 비율을 (띠그래프)(으)로 나타내면 한눈에 알아보기 쉽다.
(3) 친구들이 도서관에서 빌려 읽어 종류를 표로 나타낼 때 과학, 문화, 역사, 수학, 언어를 제외한 나머지는 모두 (기타)에 넣었다.

해설 | (1) 서울, 경기, 강원처럼 특정한 경계 안의 지역을 '권역'이라고 합니다. (2) 전체에 대한 각 부분의 비율을 비교하기 쉬운 것은 '띠그래프'입니다. (3) 자료의 종류가 많을 때에는 수가 적은 자료를 기타에 넣어 정리할 수 있습니다.

과학 교과서 어휘

수록 교과서 과학 6-1
4. 식물의 구조와 기능

다음 중 낱말의 뜻을 잘 알고 있는 것에 ✓ 하세요.

☐ 세포 ☐ 표피 세포 ☐ 지지 ☐ 저장 ☐ 굵은줄기 ☐ 단면

공원에서 자주 만나는 나무와 풀을 찍은 사진이야. 이런 식물은 무엇으로 이루어져 있는지, 각 부분은 무슨 일을 하는지 알고 있니? 식물의 구조와 기능을 공부할 때 나오는 낱말을 함께 공부해 보자.

낱말을 읽고, 부분에 밑줄을 그으면서 낱말 공부를 해 보세요.

세포

細 작을 세 + 胞 세포 포
↳'세포(細胞)'의 대표 뜻은 '기름다'이다.

뜻 식물이나 동물의 조직을 이루는 가장 작은 단위.

예 식물 세포는 세포벽, 세포막, 핵으로 이루어져 있다.

이것만은 꼭!

관련 어휘 **세포벽, 세포막, 핵**
· 세포벽: 세포의 가장 바깥쪽에 있는 튼튼한 막.
· 세포막: 세포를 둘러싸고 있는 얇은 막.
· 핵: 세포 가운데에 있는 둥근 알갱이.

핵 세포벽 세포막

▲ 식물 세포

표피 세포

表 겉 표 + 皮 껍질 피 + 細 작을 세 + 胞 세포 포
↳'피(皮)'의 대표 뜻은 '가죽'이다.

뜻 생물체의 몸을 덮고 있는 겉껍질을 이루는 세포.

예 양파 비늘잎 안쪽의 얇은 표피 세포의 표본을 만들어 관찰할 수 있다.

식물의 표피는 나무 껍질이나 줄기처럼 가장 바깥쪽을 덮고 있는 부분이야.

지지

支 지탱할 지 + 持 버틸 지
↳'지(持)'의 대표 뜻은 '가지다'이다.

뜻 어떤 것을 버텨서 버티는 것.

예 식물의 뿌리는 땅속에서 뻗어 나가 식물이 강한 바람에도 쓰러지지 않게 지지한다.

비슷한말 **지탱**
'지탱'은 "어떤 것을 오래 버티거나 유지함."을 뜻해.

저장

貯 쌓을 저 + 藏 감출 장
↳'장(藏)'의 대표 뜻은 '감추다'이다.

뜻 물건이나 물건을 어느 곳에 넣어 두는 것.

예 감자는 줄기에 양분을 저장한다.

비슷한말 **갈무리**
'갈무리'는 '무엇을 잘 정리하여 보관한다는 뜻이야.
예 다람쥐는 겨울잠을 자기 전 필요한 먹이를 갈무리하려고 바쁘게 움직인다.

굵은줄기

뜻 땅 위에 굵게 서서 자라는 줄기.

예 느티나무는 굵고 모양의 굵은줄기를 가지고 있다.

관련 어휘 **감는줄기, 기는줄기**
· 감는줄기: 다른 물체를 감는 줄기.
· 기는줄기: 땅 위를 기는 줄기.

감는줄기 기는줄기

▲ 굵은줄기

단면

斷 끊을 단 + 面 표면 면
↳'면(面)'의 대표 뜻은 '낯(얼굴)'이다.

뜻 물체를 자르거나 베어 낸 면.

예 백합 줄기를 가로와 세로로 잘라 낸 단면에 서 물이 이동하는 모습을 관찰했다.

▲ 백합 줄기의 가로와 세로 단면

과학 교과서 어휘

수록 교과서 과학 6-1
4. 식물의 구조와 기능

다음 중 낱말의 뜻을 잘 알고 있는 것에 ✔ 하세요.

□ 광합성 □ 기공 □ 증산 작용 □ 암술 □ 꽃가루받이 □ 개량

나뭇잎이 온통 햇빛으로 샤워하고 있네. 또, 꽃 위에 벌이 앉아서 꿀을 모으고 있어. 잎과 꽃에서는 무슨 일들이 벌어지고 있는 걸까? 가까이 있는 잎과 꽃이 하는 일과 관련 있는 낱말을 공부해 보자.

낱말을 읽고, ☐부분에 말풍선을 그으면서 낱말 공부를 해 보세요.

이것만은 꼭!

광합성

光 빛 광 + 合 합할 합 + 成 이룰 성

뜻 식물이 빛과 이산화 탄소, 뿌리에서 흡수한 물을 이용해 스스로 양분을 만드는 것.
예 식물의 잎은 광합성을 해서 녹말과 같은 양분을 만든다.

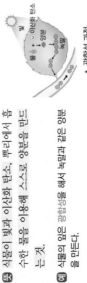

▲ 광합성 과정

기공

氣 숨 기 + 孔 구멍 공

뜻 식물의 잎에 있는 숨구멍.
예 식물의 잎 표면에 있는 기공은 아주 작아서 우리 눈에는 보이지 않는다.

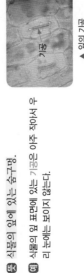

▲ 잎의 기공

'기(氣)'의 대표 뜻은 '기운'이다.

정답과 해설 ▶ 44쪽

증산 작용

蒸 찔 증 + 散 흩을 산 + 用 쓸 용

뜻 잎 안에 다다른 물이 기공을 통해 식물 밖으로 빠져나가는 것.
예 식물은 잎에서 식물 밖으로 물을 내보내는 증산 작용을 하면서 주변의 열을 빼앗아 온도를 조절한다.

증산 작용의 잎에 그 어름에 증산 작용이 잘 일어나겠어!

증산 작용은 햇빛이 강할 때, 온도가 높을 때, 습도가 낮을 때, 바람이 불 때, 식물 안에 수분이 많을 때 잘 일어나.

'작(作)'의 대표 뜻은 '짓다', '만들다'이고, '용(用)'의 대표 뜻은 '쓰다'이다.

암술

뜻 꽃에서 수술의 꽃가루를 받아 씨를 맺는 기관.
예 식물이 씨는 암술 안에서 만들어진다.

꽃잎
꽃받침
암술
수술

▲ 사과꽃의 구조

관련 어휘 수술, 꽃잎, 꽃받침
· 수술: 꽃가루를 만드는 기관.
· 꽃잎: 꽃술을 이루고 있는 하나하나의 잎.
· 꽃받침: 꽃잎을 받쳐 주는 부분.

꽃가루받이

뜻 수술에서 만들어진 꽃가루가 암술로 옮겨지는 것. '수분'이라고도 함.
예 식물은 바람이나 물, 곤충의 도움으로 꽃가루받이가 이루어진다.

개량

改 고칠 개 + 良 좋을 량

뜻 나쁜 점을 고쳐 더 좋게 함.
예 씨가 많은 수박을 개량해 씨가 없는 수박을 만들었다.

관련 어휘 개선
· 개선: 부족한 점, 잘못된 점, 나쁜 점 등을 고쳐서 더 좋아지게 한다는 뜻이다. '개량'은 눈에 보이는 도구, 기계, 품종 등을 좋게 만들 때 쓰고, '개선'은 눈에 보이지 않는 환경이나 제도, 근로 조건 등을 좋게 만들 때 쓰인다.

'량(良)'의 대표 뜻은 '좋다'이다.

확인 문제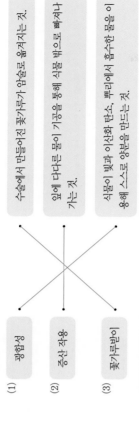

✎ 94~95쪽에서 공부한 낱말을 떠올리며 문제를 풀어 보세요.

1 낱말의 뜻이 알맞지 않은 것을 두 가지 고르세요. (① , ④)

① 지장: 어떤 것을 떠받쳐 버티는 것.
② 단면: 물체를 자르거나 베어 낸 면.
③ 곧은줄기: 땅 위에 곧게 서서 자라는 줄기.
④ 표피 세포: 세로 가운데에 있는 둥근 알갱이.
⑤ 세포: 식물이나 동물의 조직을 이루는 가장 작은 단위.

해설 | ① '지장'은 떠올리거나 물건을 아는 곳에 넣어 두는 것을 뜻하는 낱말은 어떤 것을 떠받쳐 버티는 것을 뜻하는 낱말은 '지지', '지탱'입니다. ④ '표피 세포'는 생물체의 몸을 이루는 경험체를 이루는 세포를 이루는 세포 가운데에 있는 둥근 알갱이를 뜻하는 낱말은 '핵'입니다.

2 밑줄 친 낱말과 바꾸어 쓸 수 있는 낱말은 무엇인가요? (④)

옥수수 줄기의 마디에서 뿌리가 나와 옥수수가 쓰러지지 않게 지지해 준대.

① 발생해 ② 정착해 ③ 이동해
④ 지탱해 ⑤ 흡수해

해설 | '지지'는 어떤 것을 떠받쳐 버티는 것을 뜻합니다. '지지'와 바꾸어 쓸 수 없는 비슷한 낱말에는 어떤 것을 오래 버티거나 유지한다는 뜻의 '지탱'이 있습니다.

3 밑줄 친 낱말의 쓰임이 알맞으면 ○표, 알맞지 않으면 ✕표로 가서 몇 번으로 나오는지 쓰세요.

시작 →
- 땅속을 굵고 단단하게 나는 뿌리에 양분을 저장한다. ✕ → 감자의 줄기는 양분을 저장하는 역할도 한다. ○ → ❶
- 세포는 생물을 이루는 가장 작은 조직이라서 맨눈으로 볼 수 없다. → 식물의 줄기를 가로와 세로로 자른 단면을 관찰하면 물이 이동 과정을 알 수 있다. ○ → ❸
- → ❷ → ❹ → ❺

해설 | 첫 번째 문제에서는 지지가 아니라 '저장'이 들어가야 합니다.

---

4 낱말과 그 뜻을 알맞게 선으로 이으세요.

(1) 광합성
(2) 증산 작용
(3) 꽃가루받이

- 수술에서 만들어진 꽃가루가 암술로 옮겨지는 것.
- 잎에 다다른 물이 기공을 통해 식물 밖으로 빠져나가는 것.
- 식물이 빛과 이산화 탄소, 뿌리에서 흡수한 물을 이용해 스스로 양분을 만드는 것.

해설 | (1) 광합성은 녹색 식물이 스스로 양분을 만드는 것입니다. (2) 증산 작용은 잎에 다다른 물이 기공을 통해 식물 밖으로 빠져나가는 것입니다. (3) 꽃가루받이는 수술에서 만들어진 꽃가루가 암술로 옮겨지는 것입니다.

5 다음 낱말의 뜻과 관련 없는 낱말에 ✕표 하세요.

(1)	기공	잎	구멍	양분✕
(2)	암술	꽃	빛✕	씨

해설 | (1) 기공은 잎에 있는 숨구멍으로 물을 내보내는 기관입니다.
(2) 암술은 꽃 한가운데에 있어 수술의 꽃가루를 받아 씨를 맺는 기관입니다.

6 빈칸에 알맞은 낱말을 보기에서 찾아 사다리를 타고 내려간 곳에 기호를 쓰세요.

보기: ㉠ 개량 ㉡ 광합성 ㉢ 암술 ㉣ 을름 ㉤ 꽃가루받이

- 암술은 □을/를 가져 씨를 만든다. —꽃가루받이
- 잎에 다다른 물이 일부는 양분을 □에 쓰인다. —광합성
- 씨 종자를 □하자. —개량
- 잎에 다다른 물이 일부는 양분을 만드는 □을 만든다.
- 설 수확량이 늘었다. —개량

해설 | 암술은 수술에서 만든 꽃가루를 받는 꽃가루받이를 거쳐 씨를 만들고, 잎에 다다른 물이 일부는 광합성을 하여 식물을 키우는 것입니다. '양분'은 잎이 광합성을 하여 만들어 내는 것입니다. '양분'은 꽃가루받이를 받아 씨를 맺는 기관입니다. '빛'은 광합성을 할 때 필요한 요소입니다. 또, 두 번째 빈칸에 양분이 들어가므로 '양분'은 광합성을 하여 만들어 내는 것입니다. 벼 종자를 고쳐 설 수확량이 늘었으므로, 세 번째 빈칸에는 '개량'이 들어가야 합니다.

초등 6학년 1학기 99

3주차 5회

한자 어휘
經 (경)이 들어간 낱말

'經(경)'이 들어간 낱말을 읽고, 부분에 뜻풀이를 그으면서 낱말 공부를 해 보세요.

지날 경 經

'경(經)'은 실과 베틀을 함께 표현한 글자야. 옷감을 짜는 베틀 사이로 실이 지나는 것에서 '지나다'라는 뜻을 갖게 되었어. 실로 옷감을 짜는 일처럼 일을 해 나간다는 의미에서 '다스리다'라는 뜻도 가지고 있어. '책(경서)'이라는 뜻도 쓰여.

우이독경
經영
經험
經유

지나다 經

경유 經 지날 경 + 由 말미암을 유
('유(由)'의 대표 뜻은 말미암다이다.)
뜻 어떤 곳을 거쳐 지나가는 것.
예 이 비행기는 일본을 경유해서 미국으로 간다.
글자는 같지만 뜻이 다른 낱말 | 경유
'경유'는 석유 원유를 가공할 때 등유 다음에 나오는 기름을 뜻하는 말이야.
예 아버지의 차는 경유 자동차이다.

경험 經 지날 경 + 驗 경험할 험
('험(驗)'의 대표 뜻은 경험하다이다.)
뜻 자신이 실제로 해 보거나 어떤 일을 겪음.
예 여행을 통해 많은 경험을 할 수 있다.
비슷한말 | 체험
'체험'은 자신이 어떤 일을 몸소 겪는 것을 뜻해.

다스리다·책 經

경영 經 다스릴 경 + 營 경영할 영
뜻 회사, 상점, 공장 등을 꾸려 나가는 것.
예 할아버지는 작은 양말 공장을 경영하셨다.
비슷한말 | 운영
'운영'은 조직이나 기구, 사업체 등을 맡아서 이끌어 나가는 것을 뜻해.

우이독경 牛 소 우 + 耳 귀 이 + 讀 읽을 독 + 經 책 경
뜻 아무리 가르치고 일러 주어도 알아듣지 못함.
예 우이독경이라더니, 그 친구는 아무리 설명해도 이해하지 못했다.
관련 어휘 | 마이동풍
'마이동풍'은 다른 사람의 의견이나 충고를 제대로 듣지 않고 넘겨 버리는 것을 뜻해.

3주차 5회

한자 어휘
目 (목)이 들어간 낱말

'目(목)'이 들어간 낱말을 읽고, 부분에 뜻풀이를 그으면서 낱말 공부를 해 보세요.

눈 목 目

'목(目)'은 눈과 눈동자의 모습을 세로로 표현한 글자야. 글자를 가로로 돌려 보면 정말 사람의 눈 같은 모양이지? 눈을 표현한 글자라서 '눈'이나 '보다', '안목'이라는 뜻을 가지고 있어.

괄목상대
目격
目표
안目

보다·안목 目

목표 目 눈 목 + 標 나무의 끝 표
('표(標)'의 대표 뜻은 표이다.)
뜻 이루려고 마음속에 품은 것.
예 우리 팀은 결승에 연습때 올림픽에서 우승하는 것을 목표로 하고 있다.

안목 眼 눈 안 + 目 안목 목
뜻 물건이나 사람의 됨됨이를 잘 헤아리는 능력.
예 넓은 안목으로 봤을 때 이 화가의 재능은 매우 뛰어나다.
비슷한말 | 식견
'식견'은 학식과 견문이라는 뜻으로, 사물을 헤아리는 능력을 말해.

눈 目

괄목상대 刮 비빌 괄 + 目 눈 목 + 相 서로 상 + 對 대할 대
('괄(刮)'의 대표 뜻은 긁다이다.)
뜻 상대방의 능력이나 성과가 놀랄 만큼 매우 좋아짐.
예 동생은 이번 시험에서 무려 50점을 올려 괄목상대한 모습을 보였다.

목격 目 눈 목 + 擊 칠 격
('격(擊)'의 대표 뜻은 치다이다.)
뜻 어떤 일이나 일이 벌어진 현장을 눈으로 직접 보는 것.
예 나는 어젯밤 사거리에서 일어난 교통사고를 목격했다.
비슷한말 | 목도
'목도'는 눈으로 직접 보는 뜻이야.

📎 101쪽에서 공부한 낱말을 떠올리며 문제를 풀어 보세요.

4 첫소리와 뜻을 보고 ( ) 안에 알맞은 낱말을 쓰세요.

(1) [ㄱ ㅇ] 어떤 곳을 거쳐 지나가는 것. → (경유)

(2) [ㄱ ㅇ] 화사, 상점, 공장 등을 꾸려 나가는 것. → (경영)

해설 | (1) 어떤 곳을 거쳐 지나가는 것은 '경유'입니다. (2) 화사, 상점, 공장 등을 꾸려 나가는 것을 '경영'이라고 합니다.

5 밑줄 친 낱말과 비슷한말에 ○표 하세요.

경험 경영 시험 위험 체험

해설 | 자신이 실제로 해 보거나 어떤 일을 겪는 것을 뜻하는 '경험'과 비슷한 뜻이 낱말은 '체험'입니다. '체험'은 자신이 어떤 일을 몸소 겪는 것을 뜻합니다.

6 빈칸에 들어갈 알맞은 낱말을 글자 카드로 만들어 쓰세요.

(1) 학교에서 배운 수학 언어로 봉사하는 값진 [경 험]을 했다.

글자: 과 이 험 경

(2) 여러 번 가르쳐 줬는데 아직도 모른다니 정말 [독 이]이네.

글자: 우 독 이 경

(3) 여행 전문가는 해외여행을 할 때 여러 나라의 공항을 [경 유]하는 비용을 아낄 수 있다고 조언했다.

글자: 유 경 정 독

해설 | (1) 수학 언어로 봉사했던 일을 겪었으므로, '경험'이 알맞습니다. (2) 여러 번 가르쳐 줬는데도 알아듣지 못한다는 상황이므로 '우둥경이'이 알맞습니다. (3) 여러 나라의 공항을 가져 지나가는 것이므로, 경유가 어울립니다.

📘 확인 문제

📎 100쪽에서 공부한 낱말을 떠올리며 문제를 풀어 보세요.

1 뜻에 알맞은 낱말을 빈칸에 쓰세요.

(1)
➋안	상	대
➊광	목	표

가로 열쇠 ➊ 상대방의 능력이나 성과가 높을 만큼 매우 좋아짐.
세로 열쇠 ➋ 물건이나 사람의 됨됨이를 잘 헤아리는 능력.

(2)
➊목	격
표	

가로 열쇠 ➊ 어떤 일이나 일이 벌어진 현장을 눈으로 직접 보는 것.
세로 열쇠 ➊ 이루려고 마음속에 품은 것.

해설 | (1) 상대방의 능력이나 성과가 높을 만큼 매우 좋아졌다는 뜻의 낱말은 '광목상대'입니다. 또, 물건이나 사람의 됨됨이를 잘 헤아리는 능력을 '안목'이라고 합니다. (2) 어떤 일이나 일이 벌어진 현장을 눈으로 직접 보는 것을 '목격'이라 하고, 이루려고 마음속에 품은 것을 '목표'라고 합니다.

2 밑줄 친 낱말을 알맞게 사용하지 못한 친구에게 X표 하세요.

(1)

(2)

(3)
(X)

해설 | '광목상대'는 상대방의 능력이나 성과가 높을 만큼 매우 좋아졌다는 뜻이므로, (3)의 상황에는 어울리지 않습니다.

3 ( ) 안에 들어갈 알맞은 낱말을 보기 에서 찾아 쓰세요.

보기
목적 목표 안목 광목상대

(1) 나는 매일 체음 5쪽씩 있겠다는 (목표)을/를 세웠다.

(2) 형이 태권도 실력이 (광목상대)한 것은 피나는 연습의 결과이다.

(3) 지나다가 붙잡은 (목격)한 사람이 소방서에 신고를 했다.

(4) 어머니는 물건을 보는 (안목)이/가 뛰어나셔서 예쁜 웃을 잘 고르신다.

3주차 어휘력 테스트

3주차 1회~5회에서 공부한 낱말을 떠올리며 문제를 풀어 보세요.

[낱말 뜻]

1. 뜻에 알맞은 낱말을 보기에서 찾아 쓰세요.

보기: 추론   세포   반도체   백분율

(1) (백분율): 기준량을 100으로 할 때의 비율.
(2) (세포): 생물이나 동물의 조직을 이루는 가장 작은 단위.
(3) (추론): 이미 아는 정보를 근거로 삼아 다른 판단을 이끌어 내는 것.
(4) (반도체): 여러 상태에 따라 전기가 통하기도 하고 안 통하기도 하는 물질.

해설 | (1) 기준량을 100으로 할 때의 비율을 '백분율'이라고 합니다. (2) 사람이나 동물의 조직을 이루는 가장 작은 단위는 '세포'입니다. (3) 이미 아는 정보를 근거로 삼아 다른 판단을 이끌어 내는 것을 뜻하는 낱말은 '추론'입니다. (4) 여러 상태에 따라 전기가 통하기도 하고 안 통하기도 하는 물질은 '반도체'입니다.

[비슷한말]

2. 뜻이 비슷한 낱말끼리 짝 지어지지 않은 것은 무엇인가요? (⑤)

① 지시 – 지팡
② 정점 – 체험
③ 단서 – 실마리
④ 어림값 – 어림자
⑤ 입고량 – 출고량

해설 | '입고량'과 '출고량'은 서로 반대되는 뜻의 낱말입니다. ①~④는 비슷한 뜻을 가진 낱말의 예입니다.

[뜻을 더해 주는 말]

3. 밑줄 친 '-율'과 '-률'이 잘못 쓰인 낱말에 모두 X표 하세요.

할인율   출신율(X)   함인율(X)   작용율(X)   성공률   득표율

해설 | '할인율'은 앞 낱말에 ㄴ 받침이 있으므로, '할인율'로 고쳐야 합니다. 또, '작용율'은 앞 낱말에 ㄴ, 받침도 없고 모음으로 끝나지 않았으므로, '작용률'로 써야 합니다.

[반대말]

4. 다음 낱말과 반대되는 뜻의 낱말을 쓰세요.

공정 ↔ 불공정

공정: 공평하고 올바름. / 어느 한쪽으로 치우치지 않고 공평하고 올바름.

공평하지 않고 올바르지 않은 것.

해설 | '공정'의 반대되는 뜻을 가진 낱말은 앞에 '~하지 않다는 뜻의 '불'을 붙여서 만듭니다.

[속담]

5. 다음 속담이 쓰일 수 있는 상황으로 알맞은 것에 ○표 하세요.

백지장도 맞들면 낫다

(1) 지우개가 보이지 않아 찾았는데, 한참 뒤에 원래 자리인 책상 위에서 찾았다. ( )
(2) 집에서 혼자 책상을 옮기고 있었는데, 형이 와서 도와주니 쉽게 끝낼 수 있었다. (○)
(3) 나와는 달리 동생이 줄넘기를 몇 개씩이나 맞하는 모습을 보니 한심하게 느껴졌다. ( )

해설 | '백지장도 맞들면 낫다'는 쉬운 일이라도 협력하면 훨씬 쉽다는 뜻의 속담입니다.

[한자 성어]

6~7 빈칸에 들어갈 알맞은 한자 성어를 글자 카드로 만들어 쓰세요.

글자 카드: 골   목   성   대   할   점   상

6. 추천국이던 나라는 놀라운 경제 발전으로 [골 목 대 상] 했다.

7. 용돈을 모두 써 버리면 안 된다고 내가 아무리 말려도 [우 이 독 경] 이야.

[낱말 활용]

8~10 ( ) 안에 들어갈 알맞은 낱말을 보기에서 찾아 쓰세요.

보기: 경쟁   광합성   배경지식   성공률   득표율

8. 잎에서 빛과 이산화 탄소, 물을 이용해 양분을 만들어 내는 일을 (광합성)이라고 한다.

9. 기업은 상품을 많이 팔기 위해 더 싸고 품질이 좋은 상품을 만드는 것은 다른 기업과의 (경쟁)한다.

10. 「역사를 바꾼 바이러스」라는 글을 읽을 때 이미 천연두나 독감을 (배경지식)으로 알고 있어서 쉽게 이해할 수 있었다.

어휘가
문해력
이다

초등 6학년 1학기

4주차 정답과 해설

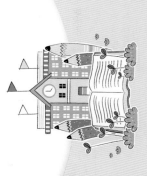

4주차 1회

국어 교과서 어휘

수록 교과서 국어 6-1 ㉯
7. 우리말을 가꾸어요

낱말을 읽고, 부분에 말풍을 그으면서 낱말 공부를 해 보세요.

다음 중 낱말의 뜻을 잘 알고 있는 것에 ✓하세요.
□ 언어생활 □ 실태 □ 비속어 □ 지속 □ 사례집 □ 다듬다

언어생활
言 말씀 언 + 語 말씀 어 + 生 날 생 + 活 살 활
'생(生)'의 대표 뜻은 '나다'. '활(活)'의 대표 뜻은 '살다'.

이것만은 꼭!
뜻 말하기, 듣기, 읽기, 쓰기 처럼 언어를 쓰는 생활.
예 언어생활 자기 점검표를 통해 나의 평소 언어 습관을 돌아볼 수 있다.

실태
實 열매 실 + 態 모양 태
'실(實)'의 대표 뜻은 '열매'.

뜻 어떤 것이나 일의 실제 형편.
예 모둠 친구들과 모여 우리말 사용 실태를 조사해 보았다.

비슷한말 실정
'실정'은 실제 사정이나 형편을 뜻해.
예 우리나라의 실정에 맞는 교육 정책이 필요하다.

비속어
卑 낮을 비 + 俗 저속할 속 + 語 말씀 어
'속(俗)'의 대표 뜻은 '풍속'.

Tip '저속하다'는 품위가 낮고 속되다는 뜻이에요.

뜻 격이 낮고 점잖지 못한 말. 비속어는 비어와 속어를 합쳐서 부르는 말임. '비어'는 대상을 낮추거나 낮잡는 뜻으로 이르는 말, '속어'는 세상에 널리 통하는 점잖지 못한 말을 뜻함.
예 승희는 기분 비속어를 써서 논설문을 찌푸리게 한다.

관련 어휘 줄임 말
'줄임 말'은 낱말의 일부분을 줄여서 만든 말로, '시강(시선 강탈)', '무물(무엇이든 물어보세요)' 등이 많이 있어.

언어생활에서 비속어나 줄임 말을 자주 쓰면 어른들이나 줄임 말을 알지 못하는 사람들과 의사소통하기 어려워질 수 있어.

지속
持 가질 지 + 續 이을 속
'지(持)'의 대표 뜻은 '가지다'.

뜻 어떤 상태가 끊어지지 않고 계속 이어지는 것.
예 외국어를 우리말처럼 사용하는 일이 지속된다면 우리말은 점점 사라질 것이다.

관용어 꼬리에 꼬리를 물다
'지속'과 비슷한 뜻의 말로 '꼬리에 꼬리를 물다'라는 말이 있어. 이 말은 계속 이어진다는 뜻이야.
예 소문이 꼬리에 꼬리를 물고 사방으로 퍼졌다.

사례집
事 일 사 + 例 보기 례 + 集 모을 집
'집(集)'의 대표 뜻은 '모으다'.

뜻 전에 실제로 일어난 예를 모아 엮은 책.
예 채원이는 언니와 함께 올바른 우리말을 모은 사례집을 만들었다.

Tip '사례'는 보기로 드는 실제 일을 뜻해요.

뜻을 더해 주는 말 -집
'사례집'에서 '집'은 '모아 엮은 책'이라는 뜻을 더해 주는 말이야.
예 소설집, 시집, 단편집

다듬다
뜻 글이나 예술 작품 같은 것을 매만져 쓸모 있게 고치다.
예 '이모티콘'이라는 말을 다듬은 말은 '그림말'이다.

여러 가지 뜻을 가진 말 다듬다
'다듬다'는 쓸모없는 부분을 떼거나 깎아서 쓸모 있게 만들다, 맵시가 나도록 고르 상태로 손질하다, 거칠거나 울퉁불퉁한 면을 고르고 곱게 만들다 등의 뜻이 있어.

웃음이 빵! 금강산도 식후경

빈칸 채우기

금강산도 식후경 : 아무리 좋은 일이라도 배가 고파서는 아무 일도 할 수 없다는 뜻입니다.

국어 교과서 어휘

수록 교과서 국어 6-1 ④
8. 인물의 삶을 찾아서 ~
9. 마음을 나누는 글을 써요

다음 중 낱말의 뜻을 잘 알고 있는 것에 ✓ 하세요.

□ 글의 주제 □ 시조 □ 가치 □ 추구 □ 나누다 □ 문자 메시지

✏ 낱말을 읽고, 부분에 밑줄을 그으면서 낱말 공부를 해 보세요.

글의 주제
글의 + 主 주인 주 + 題 제목 제

뜻 글쓴이가 말하고자 하는 생각.
예 전래 동화 「금도끼」에서 글의 주제는 착한 일을 하면 복을 받고 나쁜 일을 하면 벌을 받는다는 것이다.

이것만은 꼭!
글의 제목, 중요한 낱말, 중심 문장을 살펴보면 글의 주제를 파악할 수 있어.

시조
時 때 시 + 調 가락 조
「調(조)」의 대표 뜻은 '고르다'야.

뜻 고려 말부터 발달해 온, 초장, 중장, 종장의 형태를 가진 우리 고유의 시.
예 정몽주는 「단심가」라는 시조를 지어 이방원에게 자신의 마음을 표현했다.

초장	이 몸이 죽고 죽어 일백 번 고쳐 죽어
중장	백골이 진토 되어 넋이라도 있고 없고
종장	임 향한 일편단심이야 가실 줄이 있으랴

▲ 시조 「단심가」의 초장, 중장, 종장

가치
價 값 가 + 値 가치 있을 치
「가(價)」의 대표 뜻은 '값'이야.

뜻 인간이 인고 삶을 하거나 목표로 삼는 정의, 행복, 책임 등의 통틀어 이르는 말.
예 작은 수의 배와 군사를 가졌지만 포기하지 않았던 이순신의 가치는 고난음을 극복하려는 의지이다.

관련 어휘 가치관
'가치관'은 '가치'에 대한 생각이야. '가치관'에서 '관'은 이견이나 생각을 뜻하는 말이란다. 그래서 '가치관'은 사람이 어떤 행동이나 일을 선택하고 실천하는 데 바탕이 되는 생각을 말해.

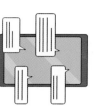

추구
追 따를 추 + 求 구할 구

뜻 목적을 이룰 때까지 뒤쫓아 구함.
예 이순신은 이들의 죽음이라는 힘든 상황을 겪으면서도 무너지지 않고 용기와 자신감을 추구했다.

나누다

뜻 남과 생각이나 느낌을 함께하다.
예 교통 정리를 해 주시는 경찰관 아저씨께 고마운 마음을 나누려고 누리집에 글을 쓴 적이 있다.

여러 가지 뜻을 가진 낱말 나누다
'나누다'는 하나를 여럿으로 가르거나 조개다, 이야기나 인사를 주고받다, 같은 핏줄을 타고나다 등의 여러 가지 뜻이 있어.

문자 메시지
文 글자 문 + 字 글자 자 + 메시지
「文(문)」의 대표 뜻은 '글월'이야.

뜻 휴대 전화에서, 글자판을 이용해 문자로 된 내용을 상대에게 전달하는 글.
예 친구와 다툰 후 미안한 마음을 전하려고 문자 메시지를 보냈다.

꼭! 알아야 할 관용어

표하기 '(다리, 머리)에 쥐가 나다'는 싫고 두려운 상황에서 하고 싶은 마음이나 생각이 없어진다는 뜻입니다.

정답과 해설 ▶ 51쪽

확인 문제

108~109쪽에서 공부한 낱말을 떠올리며 문제를 풀어 보세요.

1 뜻에 알맞은 낱말을 글자판에서 찾아 묶으세요. (낱말은 가로(一), 세로(1), 대각선(\) 방향에 숨어 있어요.)

다	조	태	실	태	어
사	비	행	사	어	지
례	루	수	속	속	속
집	어	어	어	생	진
적	인	인	화	어	할

❶ 거칠고 점잖지 못한 말.
❷ 어떤 곳이나 일의 실제 형편.
❸ 전에 상점 간판에 사용된 외국어의 ○○을 읽어보았다.
❹ 전에 실제로 있어난 예를 모아 엮은 책. 예 예쁜 우리말 이름 ○○○.
❺ 어떤 상태가 끊어지지 않고 계속 이어지는 것.
❻ 말하기, 듣기, 읽기, 쓰기처럼 언어를 쓰는 생활.

해설 ❶ 거칠고 점잖지 못한 말은 '비속어'입니다. ❷ 어떤 곳이나 일의 실제 형편을 뜻하는 낱말은 '실태'입니다. ❸ 전에 실제로 일어난 예를 모아 엮은 책은 '사례집'이라고 합니다. ❹ 어떤 상태가 끊어지지 않고 이어지는 것을 '지속'이라고 합니다. ❺ 말하기, 듣기, 읽기, 쓰기처럼 언어를 쓰는 생활은 '언어생활'입니다.

2 밑줄 친 낱말의 뜻으로 알맞은 것을 찾아 선으로 이으세요.

(1) 외국어는 우리말로 잘 다듬어 써야 한다. • • 맵시가 나도록 고운 상태로 손질하다.

(2) 누나가 손톱에 빨간 손톱을 다 듬어 주셨다. • • 글이나 예술 작품 같은 것을 짜임새 있게 고치다.

해설 (1) 외국어를 우리말로 고쳐야 한다는 뜻입니다. (2) 누나가 손톱을 고운 상태로 손질해 준 것입니다.

3 ( ) 안에 들어갈 알맞은 낱말을 보기 에서 찾아 쓰세요.

보기
지속	실태	사례집	비속어

(1) (비속어)을/를 사용하면 우리말을 파괴할 수 있으므로 주의해야 한다.
(2) 부정적인 말을 (지속)에서 사용하면 생각도 부정적으로 바뀔 수 있다.
(3) 청소년의 우리말 사용 (실태)을/를 보면 욕설을 많이 사용한다는 문제가 있다.
(4) 우리말을 잘못 쓴 예들을 조사해 올바른 우리말로 고친 (사례집)을/를 만들어 보자.

해설 (1) 우리말을 파괴할 수 있는 것은 비속어나 욕설의 사용이므로, '비속어'가 알맞습니다. (2) 부정적인 말을 계속해서 사용한다는 뜻이므로, '지속'이 들어가야 합니다. (3) 청소년들이 우리말을 실제 사용하는 상태이므로, '실태'가 알맞습니다. (4) 우리말을 잘못 사용한 예를 올바르게 고쳐서 모은 책은 '사례집'입니다.

110~111쪽에서 공부한 낱말을 떠올리며 문제를 풀어 보세요.

4 낱말의 뜻이 알맞지 않은 것은 무엇인가요? (⑤)

① 추구: 목적을 이룰 때까지 뒤좇아 구함.
② 글의 주제: 글쓴이가 말하고자 하는 생각.
③ 시조: 고려 말부터 발달한 운, 초장, 중장, 종장의 형태를 가진 우리 고유의 시.
④ 문자 메시지: 휴대 전화에서, 글자판을 이용해 문자로 된 내용을 상대에게 전달하는 글.
⑤ 나누다: 인간이 인끄 살아 하거나 목표로 삼는 정의, 행복, 책임 등을 통틀어 이르는 말.

해설 '나누다'는 "남과 생각이나 느낌을 함께하다."라는 뜻입니다. 인간이 인끄 살아 하거나 목표로 삼는 정의, 행복, 책임 등을 통틀어 이르는 말은 '가치'입니다.

5 밑줄 친 낱말의 뜻을 보기 에서 찾아 기호를 쓰세요.

보기
㉠ 이야기나 인사를 주고받다.   ㉡ 같은 짓을 타고나다.
㉢ 남과 생각이나 느낌을 함께하다.   ㉣ 하나를 여럿으로 가르거나 쪼개다.

(1) 어머니는 사과를 반으로 나누어 누이에게 주셨다. (㉣)
(2) 승원이는 유치원 때부터 십 년 넘게 우정을 나눈 친구이다. (㉢)
(3) 서준이는 부모님과 가족 여행을 다녀왔던 이야기를 친구들과 나누고 있다. (㉠)

해설 (1) 사과를 둘로 쪼갰다는 ㉣의 뜻으로 쓰였습니다. (2) 친구 사이에 정을 나누었다는 ㉢의 뜻으로 쓰였습니다. (3) 친구들과 이야기를 했다는 ㉠의 뜻으로 쓰였습니다.

해설 (1) '단심가'는 정몽주가 자신의 충성스러운 마음을 표현한 시조입니다. (2) 나무 심기를 꾸준히 실천하신 모습에 서 할아버지가 모두의 이익과 행복을 추구하신다는 것을 알 수 있습니다. (3) 이순신이 한 말에서 고려를 헤쳐 나가는 용기라는 '가치'를 짐작할 수 있습니다.

6 빈칸에 들어갈 알맞은 낱말을 보기 에서 찾아 쓰세요.

보기
추	가	시	치	조	구

(1) 정몽주는 '단심가'라는 [시 조]로 고려를 지키려는 마음을 이방원에게 전했다.
(2) 나무 심기를 꾸준히 실천하신 할아버지는 모두의 이익과 행복을 [추 구]하시는 분이다.
(3) "죽으려 하면 살고, 살려 하면 죽는다."라는 말에 나타난 이순신이 [가 치]는 고난을 헤 쳐 나가는 용기이다.

사회 교과서 어휘

정답과 해설 ▶ 53쪽

수록 교과서 │ 사회 6-1
2. 우리나라의 경제 발전

다음 중 낱말의 뜻을 잘 알고 있는 것에 ✓ 하세요.

☐ 고속 철도 ☐ 외환 ☐ 격차 ☐ 노사 갈등 ☐ 친환경
☐ 한류

경제 성장 과정에서의 문제점

우리나라의 경제는 짧은 시기에 놀랄 만큼 성장했지만 문제점도 함께 생겨났지. 그래서 정부와 기업, 국민이 힘을 합쳐 이를 해결하려고 노력하고 있어. 이 내용과 관련이 있는 낱말을 공부해 볼까?

낱말을 읽고, ▨ 부분에 덧붙은 그으면서 낱말 공부를 해 보세요.

고속 철도

Tip '고속 철도'는 줄임 말로 '고속철'이라고도 해요.

高 높을 고 + 速 빠를 속 +
鐵 쇠 철 + 道 길 도
'고(高)'의 대표 뜻은 '높다'야.

뜻 열차를 시속 200킬로미터 이상 아주 빠르게 몰 수 있는 철도.
예 우리나라는 2000년대에 고속 철도를 개통해 전국이 하루 생활권이 되었다.

▲ 고속 철도

한류

韓 한국 한 + 流 흐를 류
'유(流)'의 대표 뜻은 '흐르다'야.

뜻 우리나라의 영화, 드라마, 대중가요 등 우리 문화가 전 세계로 퍼지는 현상.
예 우리나라의 방송 산업이 발달하면서 전 세계 사람들이 한류를 즐기고 있다.

하류가 유행하게 된 것은 대중 매체 산업이 발달하면서 우수한 콘텐츠들이 많이 만들어졌기 때문이야!

외환

外 바깥 외 + 煥 바꿀 환
'외(外)'의 대표 뜻은 '바깥'이야.

뜻 다른 나라와 거래할 때 쓰는 돈이나 그 밖의 수단.
예 우리나라는 다른 나라에서 빌린 돈을 갚지 못해 1997년에 외환 위기를 맞았다.

관련 어휘 외환 위기
'외환 위기'는 1997년 우리나라가 다른 나라에서 빌린 돈을 갚지 못해 겪은 경제 위기를 말해. 금 모으기 운동 등으로 국민과 기업, 정부가 힘을 합쳐 이겨 냈어.

격차

隔 차이 격 + 差 다를 차
'격(隔)'의 대표 뜻은 '차이'가 또 다...

뜻 서로 차이가 벌어진 정도.
예 경제 성장으로 나라의 살림은 나아졌지만 잘사는 사람과 가난한 사람 사이의 소득 격차는 더욱 커졌다.

관용어 하늘과 땅
'하늘과 땅은 둘 사이에 큰 차이나 거리가 있음을 비유적으로 이르는 말이다.
예 두 사람의 실력은 하늘과 땅 차이다.

이것만은 꼭!

노사 갈등

勞 일할 로 + 使 부릴 사 +
葛 칡 갈 + 藤 등나무 등

Tip 갈등은 마음이나 의견 이 맞지 않아 서로 부딪치는 것이에요.

뜻 근로자와 기업가 사이에 임금이나 근로 환경에 대한 의견이 맞지 않아 부딪치고 맞서는 것.
예 경영자는 적은 비용으로 많은 이윤을 얻으려 하고, 근로자는 좋은 근무 환경과 높은 임금을 원하기 때문에 노사 갈등이 일어난다.

친환경

親 친할 친 + 環 둘레 환 +
境 지경 경
'환(環)'의 대표 뜻은 '고리'야.

Tip '친환경'은 '환경과 친하다'는 뜻이에요.
주로 '친환경 ~'의 형태로 쓰여요.

뜻 자연환경을 더럽히지 않고 있는 그대로의 자연과 잘 어울리는 일.
예 정부는 환경 오염 문제를 해결하려고 친환경 자동차를 개발하도록 지원한다.

노사 갈등이 심해지면 기업의 이윤이 줄어들고 근로자 들은 임금을 받지 못하거나 일자리를 잃을 수도 있어.

▲ 친환경 자동차인 전기 자동차

사회 교과서 어휘

수록 교과서 사회 6-1
2. 우리나라의 경제 발전

다음 중 낱말의 뜻을 잘 알고 있는 것에 ✓ 하세요.

□ 무역 □ 수출 □ 생산지 □ 체결 □ 관세 □ 협상

컨테이너가 엄청 많잖아? 다른 나라에 수출하려고 큰 배에 물건을 싣는 모습이야. 우리나라는 세계 여러 나라와 다양한 경제 교류를 하고 있어. 경제 교류와 관련 있는 낱말들을 함께 살펴보자.

낱말을 읽고, 부분에 맞춤을 그으면서 낱말 공부를 해 보세요.

무역
貿 무역할 무 + 易 무역할 역
〈'역(易)'의 대표 뜻은 '바꾸다'야.

뜻 나라와 나라 사이에 물건과 서비스를 사고파는 것.
예 각 나라마다 자연의 나라에서 잘 생산할 수 있는 물건을 만들어 서로 바꾸면서 무역이 생겨났다.

이것만은 꼭!

수출
輸 실어낼 수 + 出 나갈 출
〈'수(輸)'의 대표 뜻은 '보내다', '출(出)'의 대표 뜻은 '나가다'야.

뜻 다른 나라에 물건을 파는 것.
예 우리나라는 발전된 기술로 반도체와 석유 제품을 수출한다.
반대말 수입
'수입은 다른 나라에서 물건을 사 오는 것을 뜻해.

▲ 무역의 예
○○ 나라 → △△ 나라
열대 과일, 원유, 목재, 천연고무
배, 반도체, 자동차

생산지
生 만들 생 + 産 생산할 산 + 地 땅 지
〈'생(生)'의 대표 뜻은 '나다', 산(産)의 대표 뜻은 '낳다', 지(地)의 대표 뜻은 '땅'이야.

뜻 어떤 물품을 만들어 내는 곳.
예 옷이나 신발 등의 생산지는 주로 베트남, 중국 등의 나라들이다.
관련 어휘 원산지
'원산지는 어떤 물건의 재료를 생산하는 곳이야. '생산지는 이 원산지에서 들여온 재료로 물건을 만드는 곳이지.

체결
締 맺을 체 + 結 맺을 결

뜻 조약이나 계약 같은 것을 맺는 것.
예 우리나라는 다른 나라와의 무역을 편리하게 하려고 여러 나라와 자유 무역 협정을 체결했다.
관련 어휘 자유 무역 협정
자유 무역 협정은 나라 간 물건이나 서비스 등의 자유로운 이동을 위해 세금, 법과 제도 등의 문제를 줄이거나 없애기로 한 약속이야.

관세
關 세관 관 + 稅 세금 세
〈'관(關)'의 대표 뜻은 '관계하다'야.

뜻 다른 나라에서 수입하는 물건에 매기는 세금.
예 미국, 중국 등 다른 나라에서 파는 물건에 관세를 내야 한다.

높은 관세를 매기면 수입 물건의 가격 그만큼 비싸져.

협상
協 화합할 협 + 商 헤아릴 상
〈'상(商)'의 대표 뜻은 '장사'야.

뜻 어떤 문제를 두고 생각이 다른 사람이나 단체가 함께 의논함.
예 무역 때문에 일어나는 문제는 세계 여러 나라가 함께 협상해서 풀어 나가야 한다.
비슷한말 협의
'협의는 여러 사람이 모여 서로 의논하는 것을 뜻해. 노사 간 협의 끝에 근무 환경 개선안을 결정했다.

확인 문제

114~115쪽에서 공부한 낱말을 떠올리며 문제를 풀어 보세요.

1 뜻에 알맞은 낱말이 되도록 보기에서 글자를 찾아 쓰세요. (같은 카드를 두 번 쓸 수 있어요.)

보기

정	외	친
적	속	환
철	고	도
	차	

(1) 서로 차이가 벌어진 정도. → [격][차]

(2) 다른 나라와 거래할 때 쓰는 돈이나 그 밖의 수단. → [외][환]

(3) 열차를 시속 200킬로미터 이상 아주 빠르게 볼 수 있는 철도.
→ [고][속][철][도]

(4) 자연환경을 더럽히지 않고 있는 그대로의 자연과 잘 어울려 사는
[친] → [친][환][경]

해설 | (1) 서로 차이가 벌어진 정도를 '격차'라고 합니다. (2) 다른 나라와 거래할 때 쓰는 돈이나 그 밖의 수단을 '외환'이라고 합니다. (3) 열차를 시속 200킬로미터 이상 아주 빠르게 볼 수 있는 철도는 '고속 철도'입니다. (4) 자연환경을 더럽히지 않고 있는 그대로의 자연과 잘 어울려 사는 일을 친환경이라고 합니다.

2 낱말의 뜻은 무엇인지 ( )안에서 알맞은 낱말을 골라 ○표 하세요.

(1) 한류: 우리나라의 영화, 드라마, 대중가요 등 우리 (문화 · 과학 기술)이/가 전 세계로 퍼지는 현상.

(2) 노사 갈등: (소비자 · 근로자)와 기업가 사이에 임금이나 근로 환경에 대한 의견이 맞지 않아 부딪치고 맞서는 것.

해설 | (1) '한류'는 우리나라의 영화, 드라마, 대중가요 등 우리 문화가 전 세계로 퍼지는 현상입니다. (2) '노사 갈등'은 근로자와 기업가 사이에 임금이나 근로 환경에 대한 의견이 맞지 않아 부딪치고 맞서는 것입니다.

3 ( )안에 들어갈 알맞은 낱말을 보기에서 찾아 쓰세요.

보기
외환   격차   노사 갈등

(1) 경제 성장은 잘사는 사람과 그렇지 못한 사람 사이에 (격차)을/를 만들었다.

(2) (외환) 위기로 실업자가 늘어났지만 온 국민이 금 모으기 운동 등을 벌여 극복했다.

(3) 경영자는 적은 비용으로 많은 이윤을 얻으려 하고 근로자는 좋은 근무 환경과 높은 임금을 원하기 때문에 (노사 갈등)이/가 생겨난다.

해설 | (1) 잘사는 사람과 그렇지 못한 사람 사이에 큰 차이를 만들었다는 뜻이므로, 빈칸에는 '격차'가 알맞습니다. (2) 우리나라가 외환 위기를 겪었을 때 국민들이 금 모으기 운동 등을 벌여 외환 위기를 극복했습니다. (3) 경영자와 근로자가 함께 머리를 맞대고 이견해야 하므로, '노사 갈등'이 빈칸에 알맞습니다.

116~117쪽에서 공부한 낱말을 떠올리며 문제를 풀어 보세요.

4 뜻에 알맞은 낱말을 빈칸에 쓰세요.

(1)
가로 열쇠 ❶ 다른 나라에 물건을 파는 것.
세로 열쇠 ❶ 우리나라는 반도체를 해외에 ○○한다.
예 다른 나라에서 물건을 사 오는 것.

❶수	출	
입		

(2)
가로 열쇠 ❶ 어떤 물품을 만들어 내는 것.
세로 열쇠 ❶ 어떤 물건의 재료를 생산하는 것.
❷ 수입한 농산물에는 반드시 ○○○ 표시를 해야 한다.

	❷원	
❶생	산	지
	지	

해설 | (1) 다른 나라에 물건을 파는 것을 '수출'이라 하고, 다른 나라에서 물건을 사 오는 것을 '수입'이라고 합니다. (2) 어떤 물품을 만들어 내는 것은 '생산지'이므로, 어떤 물건의 재료를 생산하는 것은 '원산지'입니다.

5 낱말과 그 뜻을 알맞게 선으로 이으세요.

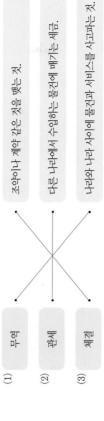

(1) 무역 — 조약이나 계약 같은 것을 맺는 것.

(2) 관세 — 다른 나라에서 수입하는 물건에 매기는 세금.

(3) 체결 — 나라와 나라 사이에 물건과 서비스를 사고파는 것.

해설 | (1) 무역은 나라와 나라 사이에 물건과 서비스를 사고파는 것을 뜻합니다. (2) 관세는 다른 나라에서 수입하는 물건에 매기는 세금입니다. (3) 체결은 조약이나 계약 같은 것을 맺는 것을 뜻합니다.

6 밑줄 친 낱말의 쓰임이 알맞으면 ○표, 알맞지 않으면 ✕표 하세요.

(1) 우리나라는 반드시 자동차를 만드는 원산지이다. (✕)

(2) 한국은 무역과 계약을 체결해 의료 기술을 수출하려고 한다. (○)

(3) 우리나라의 상품에 높은 관세를 매기면 가격이 비싸져서 다른 제품들과 경쟁할 때 불리하다. ( )

(4) 다른 나라와의 무역 문제를 해결하려면 세계 여러 나라가 함께 수출하고 맞춰야 한다. (✕)

해설 | (1) '원산지'는 어떤 물건의 재료를 생산하는 곳이므로, '생산지'로 바꾸어야 합니다. (4) 다른 나라와의 무역 해결하려면 세계 여러 나라가 함께 머리를 맞대고 이논해야 하므로, '수출'을 '협상'으로 바꾸어야 바꾸어야 합니다.

4주차 3회

수학 교과서 어휘

다음 중 낱말의 뜻을 잘 알고 있는 것에 ✓ 하세요.

□ 원그래프　□ 해석　□ 분야　□ 차지하다　□ 성분　□ 항목

수록 교과서 [수학 6-1] 5. 여러 가지 그래프

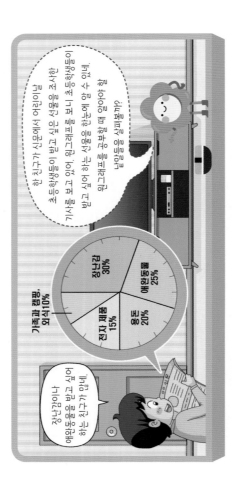

가족과 캠핑, 외식10%
정답권 30%
애완동물 25%
용돈 20%
전자 제품 15%

낱말을 읽고, 부분에 맞춤을 그으면서 낱말 공부를 해 보세요.

이것만은 꼭!

원그래프　圓둥글 원 + 그래프

- **뜻** 전체에 대한 각 부분의 비율을 원 모양에 나타낸 그래프.
- **예** 우리 반 친구들이 좋아하는 간식의 비율을 원그래프로 나타낼 수 있다.

▲ 우리 반 친구들이 좋아하는 간식

해석　解풀 해 + 釋설명할 석

- **뜻** 문장이나 사물 등으로 표현된 내용을 이해하고 설명함.
- **예** 선생님께 들으면 기본 좋은 말을 조사한 원그래프를 해석하면 "나를 만드다."라는 말이 가장 많다는 것을 알 수 있다.

ⓐ '석(釋)'의 대표 뜻은 '풀다'야.

분야　分나눌 분 + 野들 야

- **뜻** 여러 갈래로 나누어진 범위나 부분.
- **예** 이 자료는 생활 편의, 안전·방범, 환경 보호, 문화 행사 분야의 지원 봉사자 수를 조사한 그래프이다.
- **비슷한말** 부문, 영역
  - 부문은 어떤 기준으로 나눈 테두리나 갈래를 말해. 또 영역은 활동, 기능, 효과, 관심 등이 미치는 범위를 뜻하는 말이야.

ⓐ '야(野)'의 대표 뜻은 '들'이야.

차지하다

- **뜻** 비율, 비중 등을 이룬다.
- **예** 몸무게에서 지방이 차지하는 비율을 체지방 비율이라고 한다.
- **관련 어휘** 독차지하다
  - '독차지하다'는 혼자서 다 가진다는 뜻이야.
  - **예** 앞으로 자동차 시장은 전기차가 독차지할 것이다.

성분　成이룰 성 + 分나눌 분

- **뜻** 물체를 이루는 바탕이 되는 각각의 기본적 요소나 물질.
- **예** 초미세 먼지의 성분을 자세히 조사하면 자동차에서 나온 질산염과 황산염이 가장 많다.
- **관련 어휘** 주성분
  - 주성분은 어떤 물질의 주된 성분을 말해.
  - **예** 감자의 주성분은 녹말이다.

ⓐ '분(分)'의 대표 뜻은 '나누다'야.

항목　項항목 항 + 目항목 목

- **뜻** 법률이나 규정 등의 내용을 하나하나 나누어 놓은 것.
- **예** 우리 반 친구들이 조사하고 싶은 문화재별 학생 수를 나타낸 표를 보고 각 항목에 대한 백분율을 구했다.
- **비슷한말** 조목
  - 조목은 법률이나 규정 등의 각각의 부분을 말해.
  - **예** 이 법률은 두 가지 조목으로 되어 있다.

ⓐ '목(目)'의 대표 뜻은 '항목'이야.

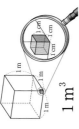

수학 교과서 어휘

수록 교과서 수학 6-1
6. 직육면체의 부피와 겉넓이

다음 중 낱말의 뜻을 잘 알고 있는 것에 ☑ 하세요.

☐ 부피 ☐ 1 세제곱센티미터 ☐ 겉넓이 ☐ 성질 ☐ 간편하다 ☐ 1 세제곱미터

빵집 아저씨가 빵을 담을 상자를 두고 고민하고 계시네. 다양한 상자들의 부피는 어떻게 비교하는지 낱말을 공부해 보자.

어떤 상자에 담아야 빵을 가장 많이 담을 수 있을까?

✏️ 낱말을 읽고, 　 부분에 알맞은 낱말을 그려면서 낱말 공부를 해 보세요.

이것만은 꼭!

부피

Tip 부피를 '체적'이라고도 해요.

뜻 어떤 물건이 공간에서 차지하는 크기.

예 두 개의 상자 속 물건 모양과 크기가 같은 물건으로 채운 상자의 부피를 비교할 수 있다.

관련 어휘 들이

부피와 들이는 비슷하면서도 달라. '부피'는 어떤 물건이 공간에서 차지하는 크기이고, '들이'는 물병이나 컵 같은 그릇 안쪽의 부피야. 쉽게 말해서 그릇 안에 들어갈 수 있는 최대 양은 '들이'이고, 그릇 그 자체의 크기는 '부피'란다.

1 세제곱센티미터

뜻 한 모서리의 길이가 1 cm인 정육면체의 부피.

예 부피가 1 세제곱센티미터인 쌓기나무 4개로 만든 직육면체의 부피는 4 cm³이다.

1 cm^3

1 세제곱미터

정답과 해설 ▶ 57쪽

뜻 한 모서리의 길이가 1 m인 정육면체의 부피.

예 부피가 1 세제곱미터인 정육면체의 한 모서리에는 1 세제곱센티미터인 쌓기나무를 100개 붙일 수 있다.

1 m^3

겉넓이

뜻 물체 겉면의 넓이.

예 직육면체의 겉넓이는 여섯 면의 넓이를 합한 것이다.

Tip '겉넓이'는 '겉면적' 또는 '표면적'이라고도 해요.

▲ 직육면체의 겉넓이 = ㉠~㉭ 넓이의 합

직육면체의 겉넓이는 두 면씩 네 엮면의 넓이를 더한 것이라고 표현할 수도 있어.

성질

뜻 사물이나 현상이 가지고 있는 고유의 특징.

예 직육면체의 성질은 합동인 면이 3쌍이라는 것과 꼭짓점이 8개라는 것, 어느 면도 다른 4개의 면과 수직이라는 것이다.

비슷한말 특성

특성은 '일정한 사물에만 있는 보통과 매우 차이가 나게 다른 성질'을 말해.

性 성질 성 + 質 바탕 질
'성(性)'의 대표 뜻은 '성품'이야.

간편하다

뜻 쓰기에 편리하고 쉽다.

예 직육면체의 부피를 구하기 위해 쌓기나무 수를 세는 가장 간편한 방법은 가로, 세로, 높이에 있는 쌓기나무의 수를 곱하는 것이다.

비슷한말 편리하다

'편리하다'는 이용하기 쉽고 편리한다는 뜻이야.

예 스마트폰에서 가장 편리한 기능은 음성으로 문자를 보내는 것이다.

簡 간략할 간 + 便 편할 편 + 하다

확인 문제

120~121쪽에서 공부한 낱말을 떠올리며 문제를 풀어 보세요.

1 뜻에 알맞은 낱말을 글자판에서 찾아 묶어 보세요.

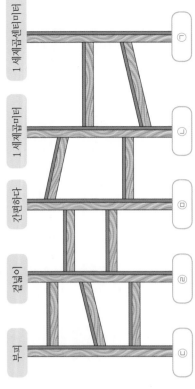

❶ 비율, 비중 등을 이룬다.
❷ 여러 갈래로 나누어진 범위나 부분.
❸ 문장이나 사물 등등으로 표현된 내용을 이해하고 설명한. 예 그래프를 ○○하다.
❹ 물질을 이루는 바탕이 되는 각각의 기본적 요소나 물질. 예 농약 ○○.
❺ 전체에 대한 각 부분의 비율을 원 모양에 나타낸 그래프.

해설 | ❶ 비율, 비중 등을 이룬다는 뜻을 가진 낱말은 뜻이 비슷한 낱말로 '차지하다'입니다. ❷ 여러 갈래로 나누어진 범위나 부분을 뜻하는 낱말은 '부문'입니다. ❸ 문장이나 사물 등등으로 표현된 내용을 이해하고 설명하는 것을 '해석'이라고 해설하기도 합니다. ❹ 물질을 이루는 바탕이 되는 각각의 기본적 요소나 물질을 '성분'이라고 합니다. ❺ 전체에 대한 각 부분의 비율을 원 모양에 나타낸 그래프는 '원그래프'입니다.

2 밑줄 친 낱말과 뜻이 비슷한 낱말을 골라 ○표 하세요.

(1) 자료에서 생활 편의 분야의 자원 봉사자 수는 2012년에 비해 8 퍼센트 줄어들었다.
(기준, **부문**, 성분)

(2) 원그래프는 표에서 각 항목이 차지하는 백분율의 크기만큼 원을 나누어 나타낸다.
(주목, 김부, **조목**)

해설 | (1) 분야는 여러 갈래로 나누어진 범위나 부분으로, '부문' 영역과 비슷한 뜻이 남았습니다. (2) 항목은 낱말입니다.

3 ( )안에 들어갈 알맞은 낱말을 보기에서 찾아 쓰세요.

보기 | 성분   차지   해석   원그래프

(1) 책상이 너무 커서 내 방의 자리를 대부분 (차지)하고 있다.
(2) 과일은 베이킹 소다를 물에 풀어 씻어 농약 (성분)을/를 없앤다.
(3) 종류별 쓰레기 발생량을 (원그래프)(으)로 나타내면 전체에 대한 각 부분의 비율을 한눈에 알아볼 수 있다.
(4) 초등학생이 고민거리를 조사한 원그래프 (해석)하면 외모에 대한 고민이 가장 많다는 사실을 알 수 있다.

해설 | (1) 방의 자리를 대부분 차지가 알맞습니다. (3) 전체에 대한 각 부분의 비율을 한눈에 알아보기에 좋은 것은 원그래프입니다. (4) 원그래프를 보고 해석한 내용이 나타나 있으므로, 반칸에는 해석이 알맞습니다.

122~123쪽에서 공부한 낱말을 떠올리며 문제를 풀어 보세요.

4 낱말의 뜻을 보기에서 찾아 사다리를 타고 내려간 곳에 기호를 쓰세요.

보기 |
㉠ 물체 겉면의 넓이. - 겉넓이
㉡ 쓰기에 편하고 쉽다. - 간편하다
㉢ 어떤 물건이 공간에서 차지하는 크기. - 부피
㉣ 한 모서리의 길이가 1 m인 정육면체의 부피. - 1 세제곱미터
㉤ 한 모서리의 길이가 1 cm인 정육면체의 부피. - 1 세제곱센티미터

부피	겉넓이	간편하다	1 세제곱미터	1 세제곱센티미터
㉢	㉠	㉡	㉣	㉤

해설 | '부피는 어떤 물건이 공간에서 차지하는 크기입니다. '겉넓이는 물체 겉면의 넓이를 뜻합니다. '간편하다는 쓰기에 편하고 쉽다는 뜻입니다. '1 세제곱미터는 한 모서리의 길이가 1 m인 정육면체의 부피입니다. '1 세제곱센티미터는 한 모서리의 길이가 1 cm인 정육면체의 부피입니다.

5 ( )안에서 알맞은 낱말을 골라 ○표 하세요.

직육면체의 (부피, **겉넓이**)는 한 꼭짓점에서 만나는 세 면 ㉠, ㉡, ㉢의 넓이를 구하여 그 값을 2배 하면 된다.

해설 | 그림처럼 마주 보는 면의 넓이가 같아는 직육면체의 성질, (㉠=㉥, ㉡=㉣, ㉢=㉤)을 이용하여 직육면체의 겉넓이를 구할 수 있습니다.

6 밑줄 친 낱말의 쓰임이 알맞으면 ○표, 알맞지 않으면 ×표 하세요.

(1) 쌓기나무의 개수를 이용하여 두 직육면체의 부피를 구할 수 있다. (○)
(2) 교실이나 전체이처럼 큰 물건의 부피를 나타내는 단위는 세제곱센티미터를 사용한다. (×)
(3) 정육면체는 여섯 면의 넓이가 모두 같으므로, 한 면의 넓이를 6배 하면 겉넓이를 구할 수 있다. (○)

해설 | 큰 물건의 부피를 나타내는 단위는 '세제곱미터'입니다. '세제곱센티미터는 작은 물건의 부피를 나타낼 때 사용합니다.

과학 교과서 어휘

수록 교과서 과학 6-1
5. 빛과 렌즈

다음 중 낱말의 뜻을 잘 읽고 알고 있는 것에 ✓ 하세요.

□ 프리즘　□ 빛의 굴절　□ 경계　□ 고정　□ 실제　□ 연장선

낱말을 읽고, ＿＿ 부분에 밑줄을 그으면서 낱말 공부를 해 보세요.

프리즘
뜻 유리나 플라스틱 등으로 만든 투명한 삼각기둥 모양의 기구.
예 햇빛이 프리즘을 통과하자 무지개 빛깔처럼 나누어졌다.

빛의 굴절
빛의 + 屈 굽힐 굴 + 折 꺾을 절
Tip 굴절은 휘어서 꺾인다는 뜻이에요.
뜻 서로 다른 물질의 경계에서 빛이 꺾여 나아가는 현상.
예 공기와 물의 경계에서 빛의 굴절을 관찰할 수 있다.

이것만은 꼭!
물질에 따라 빛이 나아가는 속력이 다르기 때문에 빛이 굴절이 일어나.

▲ 레이저 지시기 빛의 굴절

정답과 해설 ▶ 59쪽

경계
境 지경 경 + 界 경계 계
'경계(境界)'의 대표 뜻은 지경이야.
뜻 서로 다른 두 지역이나 사물이 나누어지는 지점.
예 빛을 수면에 비스듬하게 비추면 빛이 공기와 물의 경계에서 꺾여 나아간다.
글자는 같지만 뜻이 다른 낱말 경계
'경계'는 돗부나 사고나 위험이 생기지 않도록 살피고 조심한다는 뜻이야.
예 비 오는 날에는 교통사고 예방을 위한 경계를 더욱 주의해야 한다.

▲ 공기와 물의 경계

고정
固 굳을 고 + 定 정할 정
'정할'의 대표 뜻은 '정하다'야.
뜻 물건 같은 것을 움직이지 못하게 한곳에 붙이거나 박는 것.
예 우리 모둠은 실험을 위해 운동장으로 나가 스탠드에 프리즘을 고정했다.
여러 가지 뜻을 가진 낱말 고정
고정은 한번 정한 내용을 바꾸지 않는다는 뜻도 있어.
예 내가 좋아하는 배우가 새 드라마에 고정 출연을 결정했다.

실제
實 열매 실 + 際 즈음 제
'실(實)'의 대표 뜻은 '열매', '제(際)'의 대표 뜻은 즈음이야.
뜻 있는 그대로의 상태나 사실.
예 물속에 있는 실제 물고기는 보는 사람의 물고기의 위치보다 더 아래쪽에 있다.
반대말 허구
'허구'는 사실과 다르거나 실제로는 없는 일을 사실처럼 꾸며 만든 것을 뜻해.

연장선
延 늘일 연 + 長 길 장 + 線 줄 선
뜻 어떤 일이나 현상, 행동 등이 계속하여 이어지는 것.
예 사람은 물속의 물고기를 볼 때 눈에 들어온 빛의 연장선에 물고기가 있다고 생각한다.
관련 어휘 연장과 단축
'연장'은 시간이나 거리를 더 늘리는 것을 뜻하고, '단축'은 시간이나 거리를 짧게 줄이는 것을 뜻해.

4주차 4회

과학 교과서 어휘

수록 교과서 [과학 6-1]
5. 빛과 렌즈

다음 중 낱말의 뜻을 잘 알고 있는 것에 ✓ 하세요.

□ 볼록 렌즈 □ 구실 □ 일직선 □ 평면 □ 현미경 □ 모방

낱말을 읽고, 부분에 맞춤을 그으면서 낱말 공부를 해 보세요.

도시의 저녁 불빛들을 카메라로 찍은 사진이야. 우리가 카메라로 풍경을 찍을 수 있는 것은 볼록 렌즈 덕분이지. 볼록 렌즈와 관련 있는 낱말들을 공부해 보자.

이것만은 꼭!

볼록 렌즈

뜻 가운데 부분이 가장자리보다 두꺼운 렌즈.
볼록 렌즈로 물체를 보면 실제보다 크게 보이거나 상하좌우가 바뀌어 보이기도 함.
예 볼록 렌즈는 빛을 굴절시켜 물체가 실제 모습과 다르게 보이도록 한다.

구실

뜻 마땅히 해야 할 맡은 바 책임.
예 햇빛을 볼록 렌즈에 통과시킬 때 볼록 렌즈는 햇빛을 모으는 구실을 한다.
글자는 같지만 뜻이 다른 낱말 [구실]
'구실'은 불리한 사실을 감추거나 옳은 것처럼 보이려고 내세우는 이유라는 뜻이야.
예 감기에 걸렸다는 구실로 학원을 이틀이나 빠졌다.

일직선

一 한 일 + 直 곧을 직 + 線 줄 선

뜻 한쪽으로 곧게 뻗은 줄.
예 태양과 볼록 렌즈, 하얀색 도화지가 일직선이 되게 한 다음, 햇빛이 하얀색 도화지에 만든 원의 크기를 관찰한다.

▲ 일직선으로 늘어선 원

평면

平 평평할 평 + 面 겉 표면 면

뜻 높낮이 없이 판판하게 고른 면.
예 평면 유리는 볼록 렌즈와 달리 햇빛을 모을 수 없다.
관련 어휘 [곡면]
'곡면'은 공이나 원기둥의 겉면과 같이 평평하지 않은 굽은 곡은 면을 뜻해.

현미경

顯 나타날 현 + 微 작을 미 + 鏡 거울 경

뜻 볼록 렌즈를 이용해 맨눈으로는 볼 수 없는 작은 물체나 물질을 확대해서 보는 기구.
예 현미경을 이용해서 세포나 미생물 등 맨눈으로 보기 힘든 작은 물체를 관찰할 수 있다.
관련 어휘 [대물렌즈, 접안렌즈]
현미경에는 '대물렌즈'와 '접안렌즈'라는 두 개의 볼록 렌즈가 있어. '대물렌즈'는 현미경에서 관찰하는 물체에 가까운 쪽의 렌즈이고, '접안렌즈'는 눈으로 보는 쪽의 렌즈야. 대물렌즈로 물체의 모습을 크게 해서 접안렌즈로 보는 거야.

접안렌즈
대물렌즈

모방

模 본뜰 모 + 倣 본받을 방

뜻 다른 것을 본뜨거나 본받음.
예 곤충 눈 사진기는 넓은 범위를 볼 수 있는 곤충 눈을 모방해서 만든 사진기이다.
반대말 [창조]
'창조'는 전에 없던 것을 처음으로 만든다는 뜻이야.

확인 문제

126~127쪽에서 공부한 낱말을 떠올리며 문제를 풀어 보세요.

1 뜻에 알맞은 낱말을 보기에서 찾아 쓰세요.

보기
경계 실제 프리즘 연장선 빛의 굴절

(1) 실제 ( ): 있는 그대로의 상태나 사실.
(2) 경계 ( ): 서로 다른 두 지역이나 사물이 나누어지는 지점.
(3) 연장선 ( ): 어떤 일이나 현상, 행동 등이 계속하여 이어지는 것.
(4) 빛의 굴절 ( ): 서로 다른 물질의 경계에서 빛이 꺾여 나아가는 현상.
(5) 프리즘 ( ): 유리나 플라스틱 등으로 만든 투명한 삼각기둥 모양의 기구.

해설 | (1) 있는 그대로의 상태나 사실을 뜻하는 낱말은 '실제'입니다. (2) 서로 다른 두 지역이나 사물이 나누어지는 지점은 '경계'입니다. (3) 어떤 일이나 현상, 행동 등이 계속하여 이어지는 것은 '연장선'입니다. (4) 서로 다른 물질의 경계에서 빛이 꺾여 '나아가는 현상'을 '빛의 굴절'이라고 합니다. (5) 유리나 플라스틱 등으로 만든 투명한 삼각기둥 모양의 기구는 프리즘입니다.

2 밑줄 친 낱말의 뜻으로 알맞은 것을 보기에서 찾아 기호를 쓰세요.

보기
㉠ 한데 정한 내용을 바꾸지 않는 것.
㉡ 물건 같은 것을 움직이지 못하게 한곳에 붙이거나 박는 것.

(1) 스마트폰에는 화면을 고정하는 기능이 있다. (㉡)
(2) 아르바이트(트)만 해서는 고정적인 수입을 기대하기 어렵다. (㉠)

해설 | (1) 스마트폰의 화면을 움직이지 않게 한다는 뜻이므로, ㉡의 뜻으로 쓰였습니다. (2) 한데 정함이 아닌 임시로 하는 일이 아니므로 정해진 수입을 뜻할 수 없다는 뜻이므로, ㉠의 뜻으로 쓰였습니다.

3 빈칸에 들어갈 알맞은 낱말을 글자 카드로 만들어 쓰세요.

(1) 좌장이 지구만 넘어가서 필통으로 고 정 시켰다.

정 연 고 장

(2) 빛이 굴 절 하기 때문에 물속에 있는 물체가 실제와 다른 위치에 있는 것처럼 보인다.

굴 절 경 동 물

(3) 빛이 공기와 유리처럼 서로 다른 물질이 만나는 경 계 에서 꺾여 나아간다.

경 정 실 계 제

해설 | (1) 좌장이 움직이지 않게 했다는 것이므로, '고정'이 알맞습니다. (2) 빛이 휘어서 꺾여 나아가기 때문에 물속에 물체의 위치가 다르게 보인다는 것이므로, '굴절'이 알맞습니다. (3) 공기와 유리처럼 서로 다른 물질이 만나는 지점을 '경계'라고 합니다.

128~129쪽에서 공부한 낱말을 떠올리며 문제를 풀어 보세요.

4 뜻에 알맞은 낱말을 글자판에서 찾아 묶으세요. (낱말은 가로(―), 세로(|), 대각선(\) 방향에 숨어 있어요.)

우	물	해	직	일
모	자	타	우	선
방	구	실	비	차
평	마	하	면	

❶ 한쪽으로 곧게 뺀 줄.
❷ 다른 것을 보거나 볼 반송.
❸ 높낮이 없이 판판하게 고른 면.
❹ 엄마와 배화점에서 ○○ TV를 얻어보았다.
❺ 마땅히 해야 할 일은 바 책임.

해설 | ❶ 한쪽으로 곧게 뺀 줄을 '일직선'이라고 합니다. ❷ '다른 것을 보거나 본받음'을 뜻하는 낱말은 '모방'입니다. ❸ 높낮이 없이 판판하게 고른 면은 '평면'입니다. ❹ 평면이 없이 ○○가 할 듯은 바 책임을 '구성'이라고 합니다.

5 두 친구가 설명하는 낱말을 골라 ○표 하세요.

(1)

맨눈으로는 볼 수 없는 작은 물체나 물질을 확대해서 보는 기구야.

(현미경 , 볼록 렌즈)

(2)

가운데 부분이 가장자리보다 두꺼운 렌즈이야, 물체가 바깥에 보여 상하좌우가 바뀌어 보여

(평면 유리 , 볼록 렌즈)

해설 | (1) 맨눈으로는 볼 수 없는 작은 물체나 물질을 확대해서 보는 기구는 '현미경'입니다. (2) 기운데 부분이 '현미경'이 보다 두꺼운 렌즈를 볼록 렌즈입니다.

6 주어진 첫소리를 참고해 ( ) 안에 들어갈 알맞은 낱말을 쓰세요.

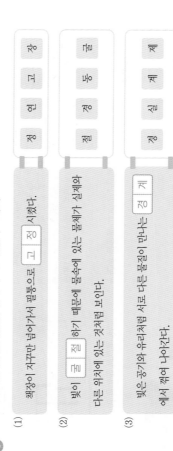

(1) ㅍ, ㅁ → 위성 사진으로 보면 높은 에베레스트 산도 평평한 (평면)으로 보인다.

(2) ㄱ, ㅅ → 볼록 렌즈는 검은색 종이나 검은 글씨 부분을 태울 때 햇빛을 모으는 (구성)을 한다.

(3) ㅎ, ㅁ → 볼록 렌즈인 대물렌즈와 접안렌즈를 이용한 (현미경)은 바이러스나 세균을 관찰하는 데 쓰인다.

(4) ㅁ, ㅂ → 사람이나 동물이 지닌 독특한 특징을 이해하고 본 떠 새로운 것을 만들어 내는 기술을 (모방) 기술이라고 한다.

응용 생체

해설 | (1) 우주에서 내려다보면 높은 산도 평평하게 보이므로, 빈칸에는 '평면'이 알맞습니다. (2) 검은색 종이나 검은 글씨 부분을 태울 때 햇빛을 모으는 '구성'을 합니다. (3) 볼록 렌즈인 대물렌즈와 접안렌즈를 이용해 만든 기구는 '현미경'입니다. (4) 사물이나 동물이 만든 특징을 본 떠는 것은 '모방'입니다.

結 (결)이 들어간 낱말

맺을 결

'結(결)'이 들어간 낱말을 읽고, ▨ 부분에 답들을 그으면서 낱말 공부를 해 보세요.

'결(結)'은 가는 실과 강하고 좋은 일이 결합한 모습의 글자야. 길하고 좋은 일에 실을 이어 매면 모든 일이 술술 잘되겠지? 그래서 '결(結)'은 '맺다'나 '모으다', '묶다'의 뜻으로 쓰인단다.

結실
結과
단結
結초보은

맺다 結

결실 結 맺을 결 + 實 열매 실
뜻 풀이나 나무가 열매를 맺는 것.
예 가뭄은 결실의 계절이다.
여러 가지 뜻을 가진 낱말 결실
'결실'은 일하여 얻은 좋은 결과라는 뜻도 있어.
예 훈련의 결실

결과 結 맺을 결 + 果 결과 과
뜻 열매를 맺음. 또는 그 열매. '실과'
예 어떤 사정이나 까닭 때문에 생긴 일.
예 우리 팀이 경기에서 승리한 것은 모두 함께 노력한 결과였다.
속담 콩 심은 데 콩 나고 팥 심은 데 팥 난다
모든 일은 근본에 따라 거기에 걸맞은 결과가 나타난다는 속담이야.

모으다 · 묶다 結

단결 團 모일 단 + 結 모을 결
뜻 여러 사람이 마음과 힘을 한데 뭉침.
예 동해의 지역에 선물이 일어나자 전국이 소방대 경들이 단결하여 선물을 진화했다.
비슷한말 단합

결초보은 結 맺을 결 + 草 풀 초 + 報 갚을 보 + 恩 은혜 은
뜻 죽은 뒤에라도 은혜를 잊지 않고 갚음.
예 선열들은 목숨을 구해 준 선장에게 결초보은하겠다고 다짐하였다.
비슷한말 각골난망
'각골난망'은 남에게 입은 은혜가 뼈에 새길 만큼 커서 잊혀지지 않는다는 뜻이야.

4주차 5회

한자 어휘

出 (출)이 들어간 낱말

날 출

'出(출)'이 들어간 낱말을 읽고, ▨ 부분에 답들을 그으면서 낱말 공부를 해 보세요.

'출(出)'은 사람의 발이 동굴이나 움집의 입구를 벗어나는 모습을 본떠 만든 글자야. 원래 있던 자리를 떠난다는 데서 '출(出)'은 '나가다', '떠나다'라는 뜻을 갖게 되었어. 세상으로 나간다는 뜻에서 '나다, 태어나다'로도 쓰인단다.

출생
청출어람
출입
외출

나가다 出

출입 出 날 출 + 入 들 입
뜻 들어가거나 나오는 것.
예 문에는 출입 금지라는 팻말이 붙어 있었다.
관련 어휘 출입구
'출입구'는 나가 밖으로 나가거나 나가 안으로 들어오는 입을 뜻해.

외출 外 바깥 외 + 出 날 출
뜻 집이나 일터 밖으로 잠시 나가는 것.
예 오랜만에 부모님과 외출을 하게 돼서 마음이 들떴다.
비슷한말 나들이
'나들이'는 집을 떠나 가까운 곳에 잠시 다녀오는 일을 말해.

나다, 태어나다 出

출생 出 날 출 + 生 날 생
뜻 아이가 세상에 태어나는 것.
예 드라마에서는 출생의 비밀에 얽힌 이야기가 많이 나온다.
반대말 사망
'사망'은 사람이 죽는 것을 말해.

청출어람 靑 푸를 청 + 出 날 출 + 於 ~에서 어 + 藍 쪽 람
뜻 제자나 후배가 스승이나 선배보다 나음.
예 청출어람이라더니, 자전거를 가르쳐 준 형보다 동생이 더 잘 타는구나.
비슷한말 후생가외
'후생가외'는 젊은 후배가 학문을 닦아 큰 인물이 될 수 있어 선배가 두려워한다는 뜻이야.

확인 문제

132쪽에서 공부한 낱말을 떠올리며 문제를 풀어 보세요.

1 뜻에 알맞은 낱말을 빈칸에 쓰세요.

(1)
❶ 외	
❷ 출	입

(2)
❶ 정	❷ 출	어	람
	생		

해설 | (1) 집이나 일터 밖으로 잠시 나가는 것은 '외출'이라 하고, 들어가거나 나오는 것은 '출입'이라고 합니다. (2) 제자나 스승이나 선배보다 낫다는 뜻을 가진 말은 '청출어람'입니다.

2 밑줄 친 부분의 뜻으로 알맞은 것은 무엇인가요? (⑤)

> 통계청의 조사 결과, 우리나라에서 쌍둥이 <u>출생</u>이 가장 많은 도시는 서울이었다.

① 기르다 ② 가지다 ③ 오르다 ④ 나가다 ⑤ 태어나다

해설 | '출생'은 아이가 세상에 태어나는 것을 뜻하는 말입니다. '출생'에서 놓을 세상에 나간다는 의미에서 태어나다라는 뜻을 쓰였습니다.

3 빈칸에 들어갈 알맞은 낱말을 찾아 선으로 이으세요.

(1) 언니는 시내에 ☐ 하려고 옷을 차려 입고 맞은 부렸다.

(2) 동생은 몸이 약해서 어렸을 때부터 병원 ☐ 이 잦았다.

(3) 나에게 배운 동생이 춤 동작이 훨씬 좋아 보여 ☐ 이라고 할 만했다.

[출입] [외출] [청출어람]

해설 | (1) 언니가 시내에 나갔다는 의미이므로 '외출'이 들어가야 합니다. (2) 동생이 병원을 자주 갔다는 뜻이므로 '출입'이 어울립니다. (3) 격려하고 응원해 준 고객이 내보다 낫다는 뜻이므로, '청출어람'이 알맞습니다.

133쪽에서 공부한 낱말을 떠올리며 문제를 풀어 보세요.

4 뜻에 알맞은 낱말을 보기에서 찾아 쓰세요.

보기
결과   단결   결실   결초보은

(1) (결실): 풀이나 나무가 열매를 맺는 것.
(2) (단결): 여러 사람이 마음과 힘을 한데 뭉침.
(3) (결과): 어떤 사정이나 까닭 때문에 생긴 일.
(4) (결초보은): 죽은 뒤에라도 은혜를 잊지 않고 갚음.

해설 | (1) 풀이나 나무가 열매를 맺는 것은 '결실'입니다. (2) 여러 사람이 마음과 힘을 한데 뭉치는 것은 '단결'입니다. (3) 어떤 사정이나 까닭 때문에 생긴 일은 '결과'입니다. (4) 죽은 뒤에라도 은혜를 잊지 않고 갚는다는 뜻을 가진 말은 '결초보은'입니다.

5 안의 낱말과 비슷한말에 ○표 하세요.

단결   기함   단합   시합

해설 | '단결'은 여러 사람이 마음과 힘을 한데 뭉친다는 뜻입니다. 이와 비슷한 뜻을 가진 말은 '단합'으로 한마음으로 뭉치는 것을 뜻하는 말입니다.

6 첫소리를 참고해 (   ) 안에 들어갈 알맞은 낱말을 쓰세요.

(1) 시험에 최선을 다했으니 좋은 ㄱㄴ 가 나올 거야. (결과)

(2) 일 년 내내 정성 들여 키운 노의 벼가 ㄱ ㅅ 을 맺었다. (결실)

(3) 박 사장은 고객의 격려와 응원에 ㄱ ㅊ ㅂ ㅇ 하 겠다고 다짐했다. (결초보은)

해설 | (1) 시험이 끝난 후의 일이므로, 반칸에는 '결과'가 알맞습니다. (2) 논의 벼가 열매를 맺었다는 뜻이므로, 결실이 어울립니다. (3) 격려하고 응원해 준 고객의 은혜를 잊지 않겠다는 뜻이므로, '결초보은'이 알맞습니다.

4주차 어휘력 테스트

4주차 1회~5회에서 공부한 낱말을 떠올리며 문제를 풀어 보세요.

낱말 뜻

1 낱말의 뜻이 알맞지 <u>않은</u> 것은 무엇인가요? (⑤)

① 비속어: 거칠고 점잖지 못한 말.
② 구실: 마땅히 해야 할 맡은 바 책임.
③ 추구: 목적을 이룰 때까지 뒤쫓아 구함.
④ 무역: 나라와 나라 사이에 물건과 서비스를 사고파는 것.
⑤ 항목: 문장이나 사물 등으로 표현된 내용을 이해하고 설명함.

해설 | '항목'은 어떤 것을 한데 묶어 하나하나 나누어 놓은 것을 말합니다. 문장이나 사물 등의 내용을 이해하고 설명한다는 뜻의 낱말은 '해석'입니다.

낱말 활용

2 ( )안에서 알맞은 낱말을 골라 ○표 하세요.

(1) 우리가 많이 사용하는 줄임 말의 (실태 , 색차)를 조사해 보았다.
(2) (현미경 , 사진기)(으)로 순바늘을 보았더니 아주 미세한 세균까지 보였다.
(3) 우리나라는 다른 나라에 빌린 도움 장치 못해 (외환 , 관세) 위기를 겪은 적이 있다.
(4) 우리 반 친구들의 장래 희망별로 백분율을 구해 (프리즘 , 원그래프)(으)로 나타냈다.

해설 | (1) 줄임 말을 사용하는 실제 상태나 형편을 조사했다는 뜻이므로 '실태'가 알맞습니다. (2) 세균처럼 맨눈으로 보기 힘든 작은 물체를 볼 수 있게 해 주는 것은 '현미경'입니다. (3) 다른 나라에 빌린 돈과 관련 있는 낱말은 '외환'입니다. (4) 우리 반 친구들의 장래 희망별로 백분율을 구하면 원그래프로 나타낼 수 있습니다.

비슷한말

3 밑줄 친 낱말과 바꾸어 쓸 수 있는 낱말을 보기에서 찾아 쓰세요.

보기: 부문 / 협의 / 고정 / 모방 / 단결

(1) 우리 학교 야구 팀은 모든 선수가 <u>단합</u>해 올해 전국 우승이라는 성과를 거두었다. (단결)
(2) 우리나라는 수입으로 일어난 갈등이나 무역 문제를 해결하기 위해 다른 나라와 <u>협상</u>을 한다. (협의)

반대말

4 반대되는 뜻을 가진 낱말끼리 짝 지어지지 <u>않은</u> 것은 무엇인가요? (③)

① 수입 – 수출
② 연장 – 단축
③ 분야 – 부문
④ 증성 – 사망
⑤ 모방 – 창조

해설 | 분야와 부문 등과 같이 쓸 수 있습니다.

여러 가지 뜻을 가진 낱말

5 밑줄 친 낱말이 보기의 뜻으로 쓰인 문장에 ○표 하세요.

보기: 하나를 여럿으로 가르거나 쪼개다.

(1) 우리는 같은 부모에게서 태어난 피를 <u>나눈</u> 형제이다. ( )
(2) 오늘 수업 끝나고 엄마 생신 선물에 대해 이야기를 <u>나눴으면</u> 좋겠어. ( )
(3) 현준이는 도화지를 여덟 조각으로 <u>나누어</u> 선거에 쓸 투표 용지를 만들었다. (○)

해설 | 주어진 뜻으로 쓰인 문장은 (3)입니다. (1)은 같은 핏줄을 타고났다는 뜻으로 쓰였고, (2)는 이야기나 인사를 주고받는다는 뜻으로 쓰였습니다.

관용어

6 빈칸에 들어갈 알맞은 관용어를 찾아 선으로 이으세요.

(1) 함박눈이 많이 내려 도로 위에 차들이 □ 가 • — • 하늘과 땅
      북이 걸음을 했다.

(2) 조용하고 차분한 형과 활발하고 노는 것을 좋아하는 □ • — • 꼬리에 꼬리를 물고
      나는 성격이 □ 만큼 다르다.

해설 | (1) 눈이 많이 와서 도로 위에 차들이 움직이지 못하고 서 있는 모습이므로, '꼬리에 꼬리를 물고'가 알맞습니다. (2) 형과 나의 성격이 매우 다른 상황이므로 '하늘과 땅'이 어울립니다.

낱말 활용

7~10 ( )안에 들어갈 알맞은 낱말을 보기에서 찾아 쓰세요.

보기: 경계 / 가치 / 걸넘이 / 노사 갈등

7 발명왕 에디슨이 어린 시절부터 추구한 (가치)은/는 끝없는 호기심이었다.

해설 | 에디슨이 어린 시절부터 얻고 싶어 하거나 목표로 삼았던 것이므로, 빈칸에는 '가치'가 알맞습니다.

8 자동차 회사는 근로자들과 (노사 갈등)을/를 해결하지 못해 자동차 생산이 중단되었다.

해설 | 회사에서 경영자와 근로자 사이에 갈등이 일어나 자동차 생산하지 못하는 상황이므로 빈칸에는 '노사 갈등'이 들어가야 합니다.

9 준비물 상자에 (걸넘이)은/는 직육면체의 두 밑면과 네 옆면과 넓이를 구한 것이므로, '걸넘이'가 들어가야 합니다.

해설 | 상자의 두 밑면과 네 옆면의 넓이, 즉 여섯 면의 넓이를 구하는 것이므로

10 물속에 있는 물체가 실제와 다르게 보이는 것은 공기와 물의 (경계)에서 빛이 꺾여서 나아가기 때문이다.

해설 | 물속의 물체가 실제와 다르게 보이는 것은 공기와 물이 서로 맞닿는 지점인 '경계에서 빛이 꺾이기 때문입니다.